オプション

理論・制度・応用

大村敬一｜俊野雅司｜楠美将彦

一般社団法人金融財政事情研究会

はしがき

わが国でオプション取引が初めて開始されたのは1989年だが、アメリカでは、16年前の1973年にシカゴオプション取引所（CBOE）が開設され、すでに個別株式のオプション取引が開始されていた。わが国では、流動性を懸念して個別株式ではなく日経平均株価を対象とする指数オプションの取引を対象とすること、知識のない個人投資家が安易に参加するのを制限するために預り資産を積ませることで、まずは大阪証券取引所で開始された。当時、大阪では、関西国際空港と金融先物・オプション取引の開設が２大活性化策として掲げられており、かなりの力の入れようだった。開所式当日、北浜の証券会館講堂は満員の証券関係者であふれていた。私は、まだ30代最後だったが、関西経団連会長に続いて開所講演をした。株とは勝手が違うよくわからない商品だったうえに、壇上の演者がまだ若輩で講演に不慣れなこともあって、会場はざわつき、自分の話す声が打ち消されるほどだったことを覚えている。

いまや「オプションって何？」と聞き返されるようなことはほとんどない。オプション取引自体はまだ一般投資家には近づきがたいかもしれないが、オプションを仕組んだ商品は街中に氾濫している。最近では、銀行が手数料ビジネスに重心をシフトしたことから、オプション付きの預金、リスク限定投信や毎月分配型投信などのように配当を高める目的で、オプションのショートが組み込まれた仕組商品の販売も拡大し、さらに、中堅中小企業による貿易取引の活発化に伴って通貨リスクの管理機能を宣伝文句に通貨オプションを組み込んだ仕組ローンも拡大している。

わが国にオプション取引の導入がこれほどに遅れた理由は、わが国の個人投資家のリテラシーが低いために事故が多発することが懸念されたことによるが、21世紀に入ってからは、専門家による運用現場にとどまらず、高齢者の運用商品から中堅中小企業の経営者のリスクマネジメント手段として、一般国民が最も信頼する銀行によって活発に扱われている。

仕組商品が注目され始めた重要な背景は超低金利である。たとえば仕組投信では、オプションの売りポジションを組み込み、元本からの繰入を行うことで、そのリスクプレミアム収入を前提に高いリターンや配当を実現しようとした。オプションや仕組もわからない高齢者にとって、高配当の仕組投信は魅力的な運用商品にみえたはずだ。しかし、「うまい話には裏がある」ことがあきらかになる。証券会社や銀行に対する訴訟案件は急増した。銀行業界は協会にADR（裁判外紛争処理）窓口を設けて示談を進めたので、表面上、証券会社におけるような騒ぎにはなっていないが、実際のトラブルはかなりの件数になっていた。

先物・オプション等デリバティブは、アメリカでは、ブラックマンデーを引き起こした悪玉として、また、わが国でも、90年初の株価大暴落のときに、その元凶として社会から悪玉批判を浴びた。しかし、すぐ息を吹き返して、MSCB（行使価格修正条項付転換社債）のような新興企業や業績不芳企業を対象とするファイナンス手段が登場して問題を起こしている。さらに、クレジットデリバティブが拡大し、サブプライムローン危機、それに続くリーマンショックのなかで、また悪役として批判の集中砲火を浴びることになる。こうしてみると、デリバティブは、その利用の仕方によってトラブルを招く問題児であった。オプションはその代表的な商品である。

私自身、オプションの仕組商品や仕組ローンの問題の会計処理や訴訟に関与したこともあるが、いずれの場でも関係者の、特に理論面での理解が高くなかった。会計では専門家が急速に増えているが、司法の世界では、どんなにひどい仕組商品でも、商品性自体が問題とされることは少なく、判決のほとんどが説明義務違反による賠償責任の認定と過失相殺組み合わせとなっている。オプションに関する理解不足が影響している。

そのようななか、オプションの市場での取引、仕組商品に至るまで、それも理論的にも、制度や規制面でも、会計処理の観点から読める書籍の執筆を出版編集者から勧められた。これが執筆のきっかけである。本書では、われわれの能力不足で、会計・税務・法務にまで内容を網羅することはできなかったが、多くの関係者が、理論から、市場の現状と制度、商品性に至るまで理解できるようできるだけカバレッジを広げることを心がけた。

本書は、共同執筆者の俊野雅司教授と楠美将彦准教授がまずたたき台を作成し、その後私が修正を加え、さらに会合で議論しながら推敲していくかたちで進められた。章によっては２人が競合してたたき台を作成しているものもある。各人の多忙な時期が前後したりして、完成までにずいぶんと時間がかかってしまった。執筆開始当初は、仕組債や仕組ローンの訴訟や金融ADRの件数も急増した時期であったが、いまは少し落ち着いてトラブルのピークを過ぎたように思われる。われわれの怠慢で、役立つタイミングを逃したかもしれないと反省する一方、すでに膿も出切っており、重要な点を整理しやすくなったようにも思える。最初は、あれもこれも書かなければと章が増えるばかりだったが、なんとか全体で12章に収めることができた。

俊野教授とは、『詳解　株式オプション―日本市場の実証分析』（1991）以来、『オプション　仕組みと実際』（1993）、『証券投資理論入門』（2000）、『証券論』（2014）を共同で執筆している。また、楠美准教授とも『ファイナンスの基礎』（2012）を共同で執筆している。そのような経験も生かされて、本書は単独執筆と同様の一貫性や統一性を実現できていると思っている。

本書の構成については、第１章に概説するので省くが、これまでの類似書に比べると広範囲の内容をバランスよく配置できたと自画自賛している。これまでの書物は、数式でいっぱいの理論書であったり、市場の仕組や制度の解説ばかりであったり、細かい商品性まで解説する実務書であったりと、かなり偏っていたと思う。本書は、ファイナンス理論の初学者でも、また、数式は苦手という読者にも対応しつつ、できるだけ、むずかしい理論、市場の現状と制度、商品性について平易に解説するように心がけた。この本１冊でオプションに関する広範な知識を習得できるはずである。金融ビジネスの関係者ばかりではなく、ファイナンス理論にはなじみのない事業法人の財務担当者、法曹関係者、税務・会計関係者の方々にも読んでいただければと期待している。

本書の刊行に至るまでに、多くの方のお世話になっている。固有名詞は省くが、この場を借りてお礼申し上げたい。そして、最後になったが、今回の刊行を促してくれた一般社団法人金融財政事情研究会・株式会社きんざい出版事業部（当時）の佐藤友紀氏、伊藤雄介氏、５年以上の年月をお待ちいただいた同社出版部の堀内駿氏にお礼を申し上げたい。

2020年２月

大村　敬一

［著者紹介］

大村　敬一（おおむら　けいいち）　早稲田大学大学院経営管理研究科教授

1949年　横浜市に生まれる。

慶應義塾大学商学部卒業（1972）。日本生命保険相互会社、全国銀行協会連合会を経て、慶應義塾大学経済学研究科博士課程修了（1981）。経済学博士（法政大学）。法政大学経済学部助手（1981）、同助教授（1982）、同教授（1990）、早稲田大学商学部教授（1997）、内閣府（経済財政）官房審議官（2001～03）、早稲田大学大学院ファイナンス研究科教授・研究科長（2004）、同大学院経営管理研究科教授（2016）。この間、マサチューセッツ工科大学スローンスクール客員研究員（日米友好基金、1986～88）、ミシガン大学ビジネススクール客員研究員（1993～94）、証券アナリスト試験委員・カリキュラム委員長（1990～2005）、大蔵省財務総合政策研究所特別研究官（旧財政金融研究所1999～2003）、公認会計士試験委員（2000）、日本ファイナンス学会会長（2000～02）、日本リアルオプション学会会長（2006～08）、ニューヨーク大学大学院スターンスクール客員研究員（2006～08）。内閣府経済総合研究所「経済分析」編集委員などを歴任。

著書：『現代金融論』（村井俊夫監修）学文社（1985）、『通貨オプション取引』（共著）金融財政事情研究会（1986）、『株式オプション』（共著）金融財政事情研究会（1987）、『オプション　理論と応用』東洋経済新報社（1988）、『アメリカの株式市場』東洋経済新報社（1990）、『日本の金融システムと金融市場』（田村茂編）有斐閣（1991）、『詳解　株式オプション―日本市場の実証分析』（共著）金融財政事情研究会（1991）、『マーケットマイクロストラクチャー―株価形成・投資家行動のパズル』（共訳）金融財政事情研究会（1991）、『ゼミナール　日本の株式市場』（共著）東洋経済新報社（1992）、『オプション　仕組みと実際』（共著）東洋経済新報社（1993）、『経済学とファイナンス』（共著）東洋経済新報社（1995）、『株式市場のマイクロストラクチャー』（共著）日本経済新聞社（1998）：日経・経済図書文化賞受賞、『現代ファイナンス』有斐閣（1999）、『証券投資理論入門』（共著）日本経済新聞社（2000）、『日本企業のガバナンス改革』（共著）日本経済新聞社（2003）、『金融再生　危機の本質』（共著）日本経済新聞社（2007）、『ファイナンス論』有斐閣（2010）、『金融規制のグランドデザイン―次の「危機」の前に学ぶべきこと』ヴィラル・V・アチャリア／マシュー・リチャードソン著（監訳）中央経済社（2011）、『ファイナンスの基礎』（共著）金融財政事情研究会（2012）、『証券論』（共著）有斐閣（2014）など。

俊野　雅司（としの　まさし）　成蹊大学経済学部教授

1958年　松山市に生まれる。

東京大学法学部卒業（1981）。シカゴ大学MBA（1988）。早稲田大学博士（商学）（2003）。CFA協会認定証券アナリスト、日本証券アナリスト協会検定会員。大和証券入社（1981）、大和総研（1995～2006）、大和ファンド・コンサルティング（2006～13）、成蹊大学経済学部客員教授（2013～16）、日本証券アナリスト協会教育第４企画部長（2016～17）などを経て、2017年から現職。この間、カリフォルニア大学バークレー校客員研究員（1996～97）、一橋大学大学院国際企業戦略研究科客員助教授（2003）、早稲田大学商学学術院非常勤講師（2004～）、中央大学大学院経営戦略研究科兼任講師（2013～18）、日本証券アナリスト協会試験委員会委員（1998～）、同CMAプログラム見直しに関するワーキンググループ委員（2017～）、埼玉県公金管理アドバイザー（2009～）、日生協企業年金基金資産運用委員会委員（2013～）、公立学校共済組合資産運用検討委員会委員（2014～）、全国市町村職員共済組合連合会資金運用委員会委員（2014～）などを歴任。

著書：『オプション・モデルの有効性』（1991）：証券アナリストジャーナル賞受賞、『株価指数先物・オプション取引の現状とその評価』（1992）：大阪証券取引所等主催の懸賞論文で１等入選、『詳解　株式オプション』（共著）金融財政事情研究会（1991）、『現代ファイナンス理論最前線』金融財政事情研究会（1998）、『株式市場のマイクロストラクチャー』（共著）日本経済新聞社（1998）：日経・経済図書文化賞受賞、『証券投資理論入門』（共著）日本経済新聞社（2000）、『証券市場と行動ファイナンス』東洋経済新報社（2004）、『証券論』（共著）有斐閣（2014）など。

楠美　将彦（くすみ　まさひこ）　高千穂大学商学部准教授

1971年　青森市に生まれる。

法政大学経済学部卒業（1993）。慶應義塾大学商学研究科博士課程（単位）修了（2003）。高千穂大学商学部選任講師（2001）、同准教授（2007）、武蔵大学経済学部非常勤講師（2000～14）、早稲田大学商学学術院非常勤講師（2004～2016）。この間、日本証券アナリスト協会試験委員会委員（2003～13）などを歴任。

著書：『企業経営と金融』（藤井耐編）ミネルヴァ書房（2003）、『別冊商事法務　機関投資家とコーポレートガバナンス』（若杉敬明監修）商事法務（2004）、『ファイナンスの基礎』（共著）金融財政事情研究会（2012）、『金融ビジネスの病態と素因』（大村敬一・髙野真編著）金融財政事情研究会（2013）など。

目　次

第Ⅰ部　導入編

第1章　オプションとは何か

第2章　オプションの基本的な使い方

第3章　オプションの歴史

第Ⅱ部　基礎編

第4章　オプション市場とオプション取引の仕組

第５章　プレミアムの特性

第６章　オプションモデル

第7章 オプションモデルを利用した期待の検出

第Ⅲ部 応用編

第8章 企業の発行する証券とオプション

第9章　仕組債・仕組預金・仕組ローン

第10章　クレジットデフォルトスワップ

第11章 ストックオプション

第12章 リアルオプション

第 I 部

導入編

第 1 章

オプションとは何か

本章では、オプションの基本的な概念を説明したうえで、その仕組やリスクマネジメント機能に言及する。さらに、オプションの原資産の多様化、応用分野の広がりについてもふれる。最後に、本書の構成について概観する。

1　オプション取引とは何か

オプション取引とは、一定の金額を支払うことで、金融商品などの資産や指標等を一定の価格で「買う権利」あるいは「売る権利」を取得できる取引のことを指す。あくまで権利であって義務ではない。買う権利をコールオプション（あるいは、コール）、売る権利をプットオプション（あるいは、プット）という。また、権利を取得するために支払われる金額をオプションプレミアム（あるいは、プレミアム）、買ったり売ったりできる価格のことを権利行使価格（あるいは、行使価格）という。

現在、オプション取引の対象はきわめて多岐にわたっている。商品や有価証券のように受渡可能な現物が存在するものもあれば、金利[1]やインフレ率などの経済指標のように受渡不可能なものを対象とするオプション取引も存在する。

また、オプション取引の対象のことを株式では「原株」と呼ぶが、それと同様に、取引対象が何かに応じて、証券全般なら「原証券」、負債なら「原負債」、商品なら「原商品」、経済指標なら「原指標」などのように表現を使い分けることもできる。本書では、便宜上の理由から、オプション取引に共通な説明を行う場合には、オプション取引の対象をその特性の違いにかかわらず包括的に「原資産[1]」と呼ぶこととする。

図表1－1は、コールとプットそれぞれについて、将来の原資産価格S^*とオプションの価値（損益）の関係を図示している。このような図のことを損益ダイアグラム[2]という。まず、「買う権利」であるコールにも、「売る権利」であるプットにも、それぞれについて買手と売手が存在する。

買手とはオプションを買い建てる行為（「ロング」という）を行う主体であり、それによって、約定成立まで未決済状態にある買い建玉（たてぎょく）[3]（「ロングポジション」という）が生じる。売手とはオプションを売り建てる行為（「ショート」という）を行う主体であり、それによって同様に売り建玉（「ショートポジション」という）が生じる。

コールの買手は、コールの売手にプレミアムを支払うことで、原資産を行使価格Kで買える権利を取得する。同様に、プットの買手は、プットの売手にプレミアムを支

1　underlying asset
2　payoff diagram
3　outstanding position

図表1－1　オプション取引の損益

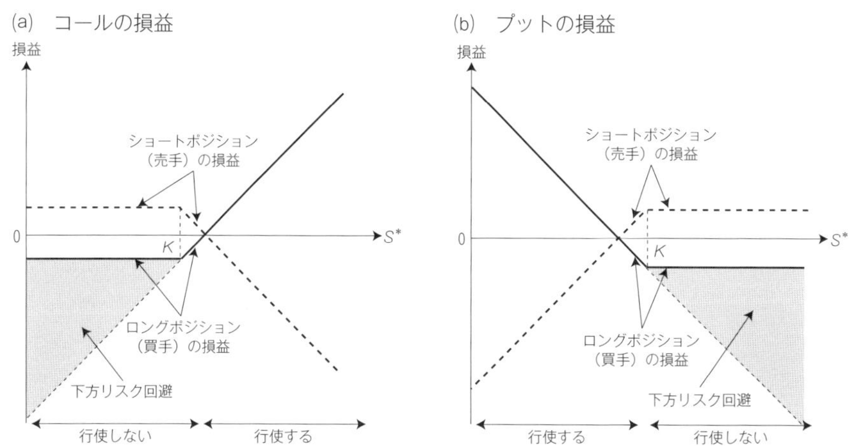

払うことで、原資産を行使価格で売れる権利を取得する。

図表1－1の横軸は、将来の原資産価格S^*を表している。まず、コールの買手は、将来の原資産価格が行使価格Kを上回った場合、権利を行使して「将来の原資産価格と行使価格の差額」を得ることができる（図表1－1(a)参照）。ただし、オプション取引の時点で、買手は売手に対してプレミアムを支払っているため、最終的な利益はその分減少する。これに対して、将来の原資産価格が行使価格よりも低い水準になった場合には、行使すると損失が発生するので、買手は権利を行使せずに放棄（不行使）することで、損失を支払済のプレミアムに限定できる。

図表1－1において「下方リスク回避」と書いてある箇所は、オプションが義務ではなく権利、すなわち、選択権であることによって回避できる損失部分を表している。コールの買手が権利を行使しなければならないとすれば、原資産価格と損益の関係は左下がりの45度線となり、原資産価格が行使価格以下に下落すると、下落幅に応じて損失が発生する。ところが、実際には買手は権利を行使する義務を負わないため、自分にとって不利な状況が生じた場合には権利を放棄できる。その結果、買手にとっては取引時に支払ったプレミアムが最大の損失額であり、それ以上の支払は生じない。

コールの売手の損益は、横軸を中心に買手の損益を上下対称にした損益パターンとなる（図表1－1(a)参照）。将来の原資産価格が行使価格よりも高くなった場合には、買手は権利を行使し、売手に対して行使価格を支払って、原資産を取得する。このとき、売手は、行使価格を受け取る代りに、（それより価値の高い）原資産を買手に受け渡す義務を負う。そのため、「将来（行使時点）の原資産価格－行使価格」が売手の損失となる。ただし、売手は、プレミアムを受け取ることができるので、その分、損失額は少なくなる。逆に、将来の原資産価格が行使価格を下回った場合には行使されないので、プレミアムは売手に帰属する。これが行使価格よりも左側の部分である。

プットの場合には、損益の関係が行使価格を境にコールの場合と左右対称になる。すなわち、プットの買手は、取引時に売手にプレミアムを支払うことで、原資産を行使価格で売る権利を取得する。将来の原資産価格が行使価格よりも低くなった場合、行使価格で売ることができるので、「行使価格－将来の原資産価格」が利益となる(図表１－１(b)参照)。ただし、支払済のプレミアム分だけ利益が減少する。逆に、将来の原資産価格が行使価格を上回った場合には、行使せずに権利を放棄できるので、支払ったプレミアムが損失額の上限となる。コールの場合と同様、プットの売手の損益は、横軸を中心にしてその買手の損益と上下対称になる。

オプション取引では、買う権利（コールの場合）や売る権利（プットの場合）を保持するのは買手側である。売手は、買手からプレミアムを受け取る代りに、買手が権利行使した場合には、その相手方として受動的に原資産を受け渡す義務を負う。コールでは原資産価格＞行使価格の場合、プットでは原資産価格＜行使価格の場合が該当する。

2 オプション取引の仕組

オプション取引は、取引所に公開される上場オプション取引と、投資家間で相対(あいたい)取引が行われる店頭オプション取引に区別できる。わが国では、大阪取引所[2]に公開されている日経225オプション取引[3]が上場オプション取引の代表例である。銀行等金融機関が顧客向けに提供する通貨オプション取引は店頭オプション取引の例である。上場オプション取引では、売買取引の仕組は取引所ごとに詳細に定められており、市場参加者はこのルールに従ってオプション取引を行うことになる。これに対して、店頭オプション取引では、当事者間の交渉で条件を設定できるという違いがある。

わが国で最も活発に取引が行われている日経225オプション取引について、具体的な取引の仕組を整理しておく[4]。

図表１－２の数値は、2017年11月30日時点の日経225オプション取引の終値、すなわち、この日の売買契約におけるプレミアムの最終取引価格を表している。同じ日経225オプション取引でありながら、26円から695円まで大幅に異なる価格で取引されていることがわかる。価格表は新聞紙面の都合上、一部の取引だけしか表示していないが、実際には第４章で示すように、もっと多数の取引が設定されている。

図表1－2　日経225オプション取引の価格表

	行使価格	プレミアムの終値		
		2017年12月	2018年1月	2月
コール	22,500	400	610	695
	22,625	295	535	—
	22,750	225	475	—
	22,875	165	405	—
	23,000	115	355	—
	23,125	80	300	—
	23,250	55	255	395
	23,375	38	210	345
	23,500	26	190	310

	行使価格	プレミアムの終値		
		2017年12月	2018年1月	2月
プット	22,000	41	235	365
	22,125	55	270	—
	22,250	70	300	—
	22,375	95	345	580
	22,500	120	385	—
	22,625	160	440	—
	22,750	215	495	—
	22,875	300	570	—
	23,000	360	—	—

（注）　2017年11月30日（木）時点の日経225オプション取引におけるプレミアムの終値。行使価格もプレミアムも単位は円。その日の日経平均株価の終値は、２万2,724.96円だった。
（出所）　日本経済新聞2017年12月１日

日経225オプション取引では、原資産は日経平均株価だが、同一原資産のオプション取引において、コールとプットの別、行使価格、満期に応じて、それぞれ独立に取引されている。左側の表がコール、右側がプットに関するプレミアムの一覧である。さらに、表の左側（列）は行使価格、頭側（行）は満期の区別を表している。

ここではじめて満期という概念が出てきたが、オプション市場では、権利行使できる期限があらかじめ定められている。わが国の上場オプション市場では、満期が到来する月のことを「限月（げんげつ）」と称している。限月のなかで、どの日が満期なのかは、オプション取引の種類によって異なる。日経225オプション取引をはじめとする株式関連のオプション取引では、第２金曜日の前営業日が満期日と設定されている[5]。たとえば、2017年12月限月の日経225オプション取引では、第２金曜日が12月８日だったため、12月７日が満期日であった。

権利行使の方法に関して、オプション取引は２種類に区別できる。満期までの間、いつでも行使できるのはアメリカンオプション（あるいは、アメリカン）、満期時点にだけ行使できるのはヨーロピアンオプション（あるいは、ヨーロピアン）と呼ばれる。ちなみに、日経225オプション取引はヨーロピアンであり、満期前の行使はできない。ヨーロピアンは満期前に行使できないため、アメリカンと比べて著しく不利なオプションのように感じるかもしれないが、満期前の時点であっても反対売買することで満期前に利益を確定できる。

図表１－２をみると、コールやプットのプレミアムは、行使価格や限月によって大

きく異なることがわかる。個々のオプションの適切なプレミアムがいくらかがオプション投資家の間では重要な関心事であり、その理論値の算出を目的とするのがオプションモデルである。プレミアムの決定問題については、第６章で詳しく説明する。

また、コールの場合には（現在の）原資産価格Sが行使価格Kを上回っている状態($S>K$)、プットの場合には（現在の）原資産価格が行使価格を下回っている状態（$S<K$）のことをインザマネー（ITM[4]）という。逆に、コールの場合には$S<K$、プットの場合には$S>K$の状態のことをアウトオブザマネー（OTM[5]）という。原資産価格と行使価格がちょうど一致するオプションがあった場合（$S=K$）には、これをアットザマネー（ATM[6]）という。（現在の）原資産価格から行使価格が大きく離れている場合には、ディープ・インザマネーとか、ディープ・アウトオブザマネーとか呼ばれる。

図表１－２の相場表では、この日の日経平均株価の終値は２万2,724.96円だったため、行使価格が２万2,500円と２万2,625円のコール、行使価格が２万2,750円以上のプットがITM、行使価格が２万2,750円以上のコールと行使価格が２万2,625円以下のプットがOTMとなる。同一限月のオプションの場合、OTMよりもITMのオプションのプレミアムのほうが高くなる[6]。

3 オプション取引のリスクマネジメント機能

社会にはさまざまなリスク要因が存在する。そのなかで、ニュース等でも取り上げられることの多い為替リスクを例に、リスクの源泉やオプション取引のリスクマネジメント機能について説明を行っておこう[7]。

わが国経済は貿易依存度が高いため、企業収益が為替レートの変動に影響されやすい。たとえば自動車や電気機器メーカーのような輸出企業では、円高がリスク要因となる。ある海外の企業に対して１億ドルの販売契約をして為替レートが100円/ドルのときに代金を受け取った企業は、手数料などのコストを考慮しなければ、円ベースで100億円の売上高を達成できたことになる。ところが、同じ１億ドルの販売契約を実現したとしても、決済時点での為替レートが90円/ドルにまで円高が進んだ場合には、円ベースでの売上高は90億円に目減りしてしまう。これが典型的な円高リスクである。1985年のプラザ合意後、円/ドル為替レートは大幅に円高になり、わが国の輸出企業は大きなダメージを受けた。たとえば、2007年で最も円安だった水準は６月の

4　in the money
5　out of the money
6　at the money

約124円/ドルであったが、その後、金融危機の影響でアメリカの金利が大幅に低下したことの影響もあって、円高が進行し、2011年10月には約75円/ドルという記録的な円高水準に達した。4年間のうちに、約40%もの円高が進展したことになる。ドルで売上高が計上される契約に関しては、(為替リスクをマネジメントしなければ) 円ベースの売上高が約4割も目減りしたことになる。

逆に、輸入自動車販売会社のような輸入企業の場合は、円安が企業収益の減少要因となる。たとえば、1億ドル相当の製品を輸入して、国内で150億円相当の売上高を達成していたとしよう。この企業は、為替レートが100円/ドルのときに代金決済を行う場合には50億円の粗利益を計上できる。これに対して、120円/ドルに円安が進んだとすると、支払金額が100億円から120億円に20億円増加するため、粗利益は30億円に減少してしまう。さらに円安が進むと、おそらく販売価格を引き上げて赤字になるのを防ぐことが必要になってくるかもしれない。そのことで、国内商品との価格競争力が低下して、輸入販売というビジネスそのものの存続にも陰りが出てくる可能性がある。

これまで説明してきたような為替リスクにさらされている日本企業にとって、どのような対応がありえるのであろうか。その3通りの対応方法について考えてみよう。

1つ目は、リスクをそのまま受け入れること (リスクの受容) である。たとえば輸出を行っている日本企業の場合、円高は企業業績の悪化要因となるが、売上高における輸出依存度が限定的で、多少円高になっても、企業業績に対する影響がそれほど深刻にならないと想定される場合には、為替リスクをそのまま受容するかもしれない。

2つ目は、リスクを避けること (リスクの回避) である。たとえば、輸出依存度が高すぎると為替リスクが大きいため、国内中心のビジネスにシフトすることがリスク回避の一例である。ただし、国内経済が成熟し、国内でのビジネスに限界があり、海外進出に活路を見出そうとする企業が増えている環境のなか、為替リスクの回避はむずかしい企業も多い。そこで、現地法人をつくって、生産も販売も現地で行うことで、為替リスクを回避ないし緩和しようとする方法が考えられる。現地で原材料を調達し、現地の従業員を雇用し、現地の営業網で現地の消費者に製品を販売することで、一貫して現地通貨で収支を計上できる。

3つ目は、リスクを移転すること (リスクの移転) である。代表的なリスク移転方法には、ヘッジング、インシュアリング、スワッピングがある。

ヘッジング[7]とは、原資産価格の変動リスクを回避して、将来の損益を確定させる行為である。先ほどの為替リスクの例で考えてみよう。現在、為替レートは100円/ド

---

7 hedging

ルとする。１億ドル相当の販売契約を成功させた日本企業が半年後にドルで代金を受け取ることになっているとしよう。このとき、為替レートが変動しなければ１億ドル×100円/ドル＝100億円の売上が達成できるにもかかわらず、半年後にたとえば90円/ドルのような円高になると、円ベースの売上高は90億円になってしまう。そこで、ヘッジング取引では、半年後におけるドルの円換算レートをあらかじめ予約しておくのである。これを先渡（フォワード）契約[8]という。この場合は、ドル売り・円買いの先渡契約となる[8]。いくらのレートで契約できるかは、その時点の先渡価格によって決まる。たとえば、99円/ドルが先渡価格だったとすると、半年後の１億ドルの売上をあらかじめ円ベースで99億円に確定できるのである。これが先渡取引を用いたヘッジング取引の典型例である。ただし、この場合、あくまで円ベースの収益確定はできるが、（為替レートが円安に動いて追加的な収益を獲得し損なった場合の）後悔を回避することはできない。

これに対してインシュアリング[9]は、一定の保険料を支払うことで、損失が発生した場合に、その損失を埋め合わせるような取引（契約）を行うことである。これは本書のテーマであるオプション取引を利用することで可能になる。先ほどの為替リスクの例では、半年後に１億ドルの売上が期待できる場合に、90円/ドルのような円高になると、円ベースの手取額が100億円から90億円へ10億円も目減りしてしまう。このとき、半年後に１ドルを100円で売れる権利（プット）を１円で買ったとしよう。１億ドル相当のプットを買っておけば、もし半年後に相当程度の円高になったとしても、権利を行使することで100億円の売上を確保できる。このオプション取引では、企業は１ドルにつき１円（合計１億円）を取引の相手方にあらかじめ支払うことで、どのような円高水準になったとしても、売手から100億円を受け取ることができる。逆に、110円/ドルのような円安局面になった場合には、この企業は権利を単に放棄すればよい。オプション契約時に１億円を支払っているため、売上として109（＝110－1）億円が確保できる。オプション取引（インシュアリング）では、このような選択権が存在する点が特徴となっている。

最後に、スワッピング[10]は、一定のルールに従って将来のキャッシュフローを交換する行為のことを指す。スワップ取引[11]と呼ばれるデリバティブ取引が、スワッピングの手段として活用される。固定金利と変動金利の交換が最も典型的なスワップ取引であり、第10章で説明する。為替リスクのヘッジ目的では、通貨スワップ取引が用い

8　forward transaction
9　insuring
10　swapping
11　swap transaction

られる。たとえば、為替レートが100円/ドルで、ドル建ての債券のほうが円建ての債券よりも高金利のときに、元本１億ドルの金利３％のドル建て債券と元本100億円の金利１％の円建て債券のキャッシュフローを交換するというような取引が該当する。ドル建ての輸出代金の受取が見込める輸出業者の場合には、ドルを支払い、円を受け取る通貨スワップ取引を行えば、為替リスクのヘッジが可能となる。将来受け取る予定の輸出代金をドル建ての元利金の支払に充当し、その見返りとして円建ての元利金を受け取ることができるからである。

4　原資産の多様化

オプション取引には、インシュアリングという重要なリスクマネジメント機能があることを前節で示した。そこでは為替リスクを例にして、具体的なリスクマネジメント方法を説明したが、実際にはさまざまなリスク要因が存在する。また、それに応じて、さまざまな原資産を対象にしたオプション取引が存在する。そこで、本節では、どのような原資産を対象にしたオプション取引が行われているのかを説明する。

オプション取引の歴史については第３章であらためて説明するが、オプション取引の原始的な形態は数千年前にすでに自然発生していたことが知られている。この時代には、天候不順による農作物の価格変動が主要なリスク要因であったため、農作物を原資産とするデリバティブ取引が行われていた。天候不順によって農作物の不作（凶作）が起これば、これらの商品の価格は高騰することが予想される。たとえば製パン業者のような職業の人々には、小麦を原資産とするコールに対するニーズが存在する。

現代では、商品関連のデリバティブ取引の原資産は、農作物ばかりでなく金属やエネルギーなどにも広がりをみせている。デリバティブ取引の原資産となっている金属には、白金（プラチナ）、金、銀、銅、鉄、アルミニウム、パラジウムなどが含まれており、宝石類や工業品の原材料としての需要がある。たとえばパラジウムは、携帯電話の製造には欠かせない希少金属であり、その価格が高騰すると製造業者は収益の悪化に苦しむこととなる。その他の金属に関しても、価格高騰リスクをヘッジしたい生産者は少なくない。また、原油や天然ガスなどのエネルギーに関しては、わが国のようなエネルギー多消費国にとって、価格高騰に対するヘッジニーズが特に強い。

価格下落がリスク要因になる場合もある。たとえば原油価格の下落は、その生産者にとって大きな減収要因となる。また、シェールガスの生産者にとっても、原油価格の下落は、シェールガスに対する需要の減少を招くことからリスク要因となる。

このように、原資産価格の上昇も下落もリスク要因になりえるため、通常は、どのような原資産に対してもコールとプットが同時に設定されるのが一般的である。

現代社会においては金融資産の蓄積が進み、巨額の金融資産を保有・運用する投資家が増えている。それに伴って、株式や債券、金利、為替レート等の変動に対するリスク回避ニーズが高まっており、金融資産関連のデリバティブ取引が拡大している。

最近は、天候のように金融市場との関連性が薄い指標までも、デリバティブ取引の対象とされるようになった。このなかで、天候関連の指標を原資産とするデリバティブ取引のことを天候デリバティブと称する。気温を対象とするデリバティブ取引はアメリカのシカゴ・マーカンタイル取引所（CME[12]）に上場されており、取引ルールの詳細が同取引所のホームページで公開されている[9]。降雨量や降雪量を対象とするものもある。また、地震や台風などの自然災害を対象とするデリバティブ取引も行われている。

原資産多様化の歩みを振り返ると、古くは、受渡可能性が前提条件であった。ところが、最近は、株価指数、金利、為替レート、インフレ率のような経済指標など、受渡不可能な原資産を対象とするデリバティブ取引も増加しており、新たな原資産の追加は比較的容易になっている。そのため、デリバティブ取引の原資産の多様化傾向は、今後も継続していくものと予想される。

5 オプション概念の幅広い応用分野

本章では、日経225オプション取引のような上場オプション取引を中心にして、オプション取引の仕組や原資産の拡張過程についてみてきた。第Ⅰ部「導入編」の残りの章では、オプションの基本的な使い方（第２章）とオプションの歴史（第３章）について説明する。

第Ⅱ部「基礎編」では、オプションに関する市場や理論、制度などの基本的な内容を整理する。一般的なオプション関連の概説書では、第Ⅱ部の内容が中心になっている。オプション市場とオプション取引の仕組（第４章）、プレミアムの特性（第５章）、オプションモデル（第６章）、オプションモデルを利用した期待の検出（第７章）について説明する。

第Ⅲ部「応用編」では、オプションの考え方が現代社会のなかで幅広く応用されていることをふまえて、金融商品等のかたちですでに商品化されているものや企業経営のなかでオプションの考えを応用することで理解しやすくなる事例を対象にして、オプション概念の応用可能性の広さを示す。

---

12 Chicago Mercantile Exchange

第1に、企業が発行する株式や債券などの証券はオプションであることを示す。たとえば、株式は企業価値を原資産、負債を行使価格とするコールのロングポジションとみなすことができる。株式の保有者は、将来の企業価値（原資産価格）が負債を上回るならば権利を行使して、企業価値－負債（＝将来の原資産価格－行使価格）を得られるが、デフォルトした場合には、権利を放棄すればよい。また、債券は同じく企業価値を原資産、負債を行使価格とするプットのショートポジションを含んでいるとみなせる。債券の保有者は、無リスク金利よりも高い利回りを受け取る代りに、企業がデフォルトした場合には、債券の一部あるいは全部を失うリスクを負っている。

さらに、ハイブリッド型証券と呼ばれる転換社債や優先株、劣後債などの証券は、株式や債券の価値を原資産とするオプションの性格を有する。原資産である株式や債券もオプション的性格を有することから、これらのハイブリッド型証券は「オプションのオプション」という意味で、複合オプションと位置づけることができる。

以上のような企業が発行する証券のオプション的な性格については、第8章で議論を行う。

第2に、オプション概念を組み込んだ金融商品について説明する。仕組債と呼ばれる債券が代表例である。たとえば日経平均リンク債と呼ばれる仕組債では、日経平均株価の水準によって償還金額や利率（クーポンレート）が変動する。債券という商品でありながら、株価変動リスクを負う代りに、クーポンレートは市場金利と比べて相対的に高い水準に設定されていることが多い。長期間にわたって大幅な低金利が続くなかで、少しでも高い利子収入を求める投資家が増えてこのような仕組債が広がっている。仕組債では、たとえば日経平均株価が一定水準以下に低下した場合に償還金額が目減りしたり、利率が引き下げられたりするなどの条件がつけられる。投資家は、日経平均株価はこの水準以下には下がらないであろうという楽観的な期待のもとで、このような日経平均リンク債を購入するが、相対的に高い利子収入の獲得と見返りに、株価下落リスクを負うことになる。

預金にも、このようなオプションが組み込まれている場合がある。仕組預金という。銀行は銀行法のもとで業務範囲が定められているが、付随業務としてデリバティブ取引への投資や仲介を行うことが認められている[10]。高い利息が設定されているが、日経平均株価が一定水準以下に下落した場合に、一定の条件のもとで元本が減額される預金商品はその一例である。銀行が提供する貸付（ローン）契約にもオプションの仕組が組み込まれるものがあり、仕組ローンと呼ばれる。

これらのオプションが組み込まれた金融商品の具体的な仕組については第9章で説明する。

第3に、仕組債や仕組預金・仕組ローン等の「仕組物」以外にも、年金基金など機関投資家向けの投資対象として、オプション機能を組み込んだ金融商品が提供されており、このような商品の概要を説明する。地震や台風、ハリケーンなどの災害を対象にした保険契約を売ることによってプレミアム収入を得て、これを収益源とする金融商品が一例である。具体的にはCAT債[13]が代表例である。契約上、一般的な水準よりも高い金利が支払われるが、一定の基準に合致した災害が特定の地域で発生した場合に金利や元本が減額される債券がCAT債であり、多数のCAT債に分散投資したCAT債ポートフォリオが機関投資家向けの投資対象として提供されている。

また、一定の保険料を受け取る代りに、特定の債券（社債や国債）や住宅ローンなどの債権がデフォルト状態になった場合に保険金を支払うクレジットデフォルトスワップ（CDS[14]）もオプション概念が組み込まれた金融商品である。社債や国債の保有者がデフォルトリスクの負担を軽減するためにCDSを購入する。CDSの投資家は、あらかじめ保険料を受け取るが、対象となる債券（債権）に関してデフォルトが発生した場合には、保険金の支払義務が発生する。CAT債もCDSも、オプションの売りによるプレミアム収入の獲得を狙った金融商品という点では類似性がある。紙幅制約によりCAT債については扱わないが、CDSについては第10章で議論する。

企業経営のなかにも、オプションの考え方が応用できる分野が含まれている。その代表例がストックオプションとリアルオプションである。

ストックオプションとは、企業の役員や従業員に対して、あらかじめ（プレミアムに相当する）所定の金額を払い込むことで自社株を（行使価格に相当する）所定の株価で購入できる権利が与えられるものである。すでに企業の役職員に対するインセンティブ報酬制度の一環として国内外の多くの企業で活用されている。役職員の努力の結果、企業業績が向上して自社株の株価が所定の水準を上回った場合には、自社株を取得してその差額を利益とすることができる。このような権利を報酬形態として提供しようという仕組がストックオプション制度である。この制度は、役職員の士気を高め、それによる業績向上を通じて株価が上昇すれば、企業側と投資家側の双方にとって有益な面があると評価される。ストックオプションの仕組については、第11章で説明する。

リアルオプションは、企業の意思決定に柔軟性を提供する。不確実性の高いプロジェクトの採否判断では、どうしてもリスク調整後の要求リターンが高くなるため、予想キャッシュフローに基づいて判断する伝統的な正味現在価値法などでは採用がむずかしい場合がみられる。しかしながら、そのようなプロジェクトでも、柔軟性（リ

13 catastrophe bondの略称。

14 credit default swap

アルオプション）を考慮することによって採用となる場合が少なくない。この柔軟性の評価にはオプション理論が活用される。リアルオプションについては第12章で説明する。

本書では、取引所で実行されるオプション取引だけに限定せず、上記のようなオプション概念の応用例も含めて、オプションの活用方法について幅広くみていくこととする。

キーワード

コールオプション（コール）、プットオプション（プット）、オプションプレミアム（プレミアム）、権利行使価格（行使価格）、原資産、損益ダイアグラム、ロング、買い建玉（ロングポジション）、ショート、売り建玉（ショートポジション）、上場オプション取引、店頭オプション取引、大阪取引所、日経225オプション取引、満期、限月、アメリカンオプション（アメリカン）、ヨーロピアンオプション（ヨーロピアン）、オプションモデル、インザマネー（ITM）、アウトオブザマネー（OTM）、アットザマネー（ATM）、ディープ・インザマネー、ディープ・アウトオブザマネー、ヘッジング、インシュアリング、スワッピング、先渡（フォワード）契約、オプション取引、スワップ取引、天候デリバティブ、シカゴ･マーカンタイル取引所（CME）、ハイブリッド証券、複合オプション、仕組債、日経平均リンク債、仕組預金、仕組ローン、CAT債、クレジットデフォルトスワップ（CDS）、ストックオプション、リアルオプション

参考文献

・大村敬一・俊野雅司『証券論』有斐閣、2014年
・ツヴィ・ボディ、ロバート・マートン『現代ファイナンス論（改訂版）』ピアソン・エデュケーション、2001年

注

1 本書では、「金利」と「利子」を区別せず、「金利」の表記で統一することとする。
2 日本取引所グループの子会社。正式名称は株式会社大阪取引所。従来、大阪証券取引所（大証）と称していた。2013年１月に、東京証券取引所（東証）と大阪証券取引所が日本取引所グループを設立して以来、経営統合を進めてきた。同年７月からは、現物株式の取引を東証に移管し、デリバティブ取引に特化している。2014年

3月24日以降は、東証のデリバティブ部門を吸収したことを契機に、現在の社名に変更した。

3 当初は、日経平均株価オプション取引としていた。

4 日経225オプション取引の詳細な仕組については、第4章であらためて詳しく説明する。

5 国債先物オプション取引では、限月の前月の最終営業日が取引最終日と定められている。

6 行使価格などのオプションの決定要因とプレミアムの関係については、第5章であらためて説明する。

7 リスクマネジメント機能については、ボディ・マートン［2001］や大村・俊野［2014］を参照。

8 先物取引は取引所で行われる標準化された取引、先渡取引は投資家間の柔軟性の高い相対取引のことを指す。そのため、厳密にいうと、金融機関と企業等との間の相対取引は先渡取引に区分されるが、為替先物予約という呼称が用いられることも多い。

9 CMEでは、CDDとHDDと呼ばれる指標を対象とするオプション取引が上場されている。CDD（Cooling Degree Days）とは一定期間中の「華氏の気温－華氏65度」の累計値を指し、冷房が必要なほど暑い日が続いた時期であることを示している。逆に、HDD（Heating Degree Days）とは一定期間中の「華氏65度－華氏の気温」の累計値を指し、暖房が必要なほど寒い日が続いた時期であることを示している。摂氏と華氏の気温の換算は、「摂氏の気温＝(華氏の気温－32度)÷1.8」によって行われる。華氏の0度は摂氏で約－18度、華氏の100度は摂氏で約38度となり、華氏では、0～100度で、ほぼ日常的に寒い気温から暑い気温までの全体をカバーすることができる。華氏65度は摂氏で約18度と換算され、これより高い気温は冷房が必要な程度の気温の日（CDD）、これよりも低い気温は暖房が必要な程度の気温の日（HDD）とみなされる。

10 銀行法第10条第2項第2号、同第12～17号を参照。

第 2 章

オプションの基本的な使い方

本章では、オプション取引の基本的な活用方法について整理を行う。レバレッジ、リスクヘッジ、ショートの活用方法について説明したうえで、複数のオプションを組み合わせる投資戦略とオプションの市場情報の活用方法にも言及する。

1 レバレッジ効果の活用

図表1－1に示したとおり、将来、原資産価格が行使価格以上に上昇するとコールの買手に利益機会が生じ、逆に、原資産価格が行使価格以下に下落するとプットの買手に利益機会が生じる。そのため、原資産価格が上昇すると予想する場合にはコールを買い、原資産価格が下落すると予想する場合にはプットを買うのが、最も単純なオプションの活用方法である。その際のオプション取引の特徴は、原資産価格の変化率と比べてリターンが増幅されるレバレッジ[1]効果にある。

たとえば、第1章で示したオプション取引の例では、2017年11月30日に、2017年12月限月の行使価格2万2,750円の日経225オプション取引のコールが225円で取引されていた（図表1－2参照）。その日の日経平均株価の終値は2万2,724.96円であったから、ニアザマネー[2]であった。

いま、年末にかけて日経平均株価が上昇すると予想して、このコールを1単位買い建てた投資家がいたとしよう。実際には、日経225オプション取引の最低取引単位は日経平均株価の1,000倍であるため、225×1,000＝22.5万円の投資が必要なのだが、単純化のために225円でコールを買えるものとしよう。この投資家の予想どおりに、2017年12月限月の満期日（12月7日）にかけて日経平均株価が2万3,500円に上昇した場合について、原資産である日経平均株価の上昇率とコールの上昇率を比較してみよう。

まず、株式現物への投資では、日経平均株価の上昇率は、2万2,724.96円から2万3,500円への上昇であるから、＋3.41（≒((23,500－22,724.96)/22,724.96－1)×100）％のリターンということになる。これに対して、コールの買手にとっては「満期日における清算値[1]－行使価格」、すなわち、750（＝23,500－22,750）円が利益となる。投資金額は225円であるから、コールの買手のリターンは＋233.33％[2]である。これがオプション取引のレバレッジ効果の例である。リターンを比較すると約68倍（＝233.33/3.41）になる。このように、オプション取引では予想が的中した場合には、非常に高いリターンを得ることができる。

1　leverage
2　near the money

逆に、株価指数が下落すると予想する投資家は、プットを買い建てることで利益を狙うことができる。図表１－２において、2017年12月限月の行使価格２万2,750円のプットは11月30日時点で215円だった。このプットを買い建てたところ、予想どおりに日経平均株価が大幅に下落し、満期日の日経平均株価が２万2,000円になったとしよう（清算値も同じと仮定）。このとき、日経平均株価は２万2,724.96円から２万2,000円へ下落したことになるので、日経平均株価のリターンは、－3.19（＝((22,000－22,724.96)/22,724.96－１)×100）％のリターンとなる。一方、プットのほうは、215円投資して、「行使価格－満期日における清算値」、すなわち、750（＝22,750－22,000）円の利益が生じるため、リターンは＋248.84％[3]である。やはり、原資産価格の下落率と比べると、プットでは絶対値ベースで約78倍（＝248.84/3.19）という大幅に高いリターンが生じている。

上の例は、オプションのレバレッジ機能をうまく活用できた場合だが、コールもプットも、予想に反した場合には無価値になり、投資金額のすべてを失うのである。

オプションを単独で買ったり売ったりした場合のポジションをネイキッドポジション[3]（あるいは、ネイキッド）という。ネイキッドとは、「裸の」という意味である。上の例でみてきたとおり、ネイキッドでのオプション取引は、通常の投資と比べると、きわめて高リスクであるといえる。

ATMのコールについて、原資産価格のリターンとオプションのリターンの関係を一般式で表してみよう。原資産価格がS（上の例では、$S=22{,}724.96$）のときにコールプレミアムがC（上の例では、$C=225$）で取引されていたとしよう。コールの満期時の原資産価格をS^*、オプション取引時から満期時までの原資産のリターンをr_S（＝$S^*/S-1$）とする。また、オプション取引時の原資産価格とコールプレミアムの比率をδ（＝S/C）とする。このとき、コールのリターンr_cと原資産のリターンr_Sの間には、以下の関係が成立する[4]。

$r_S \geq 0$のとき　　$r_c=\delta r_S-1$　　(1)

$r_S < 0$のとき　　$r_c=-1$　　(1')

上の例では、$\delta=22{,}724.96/225 \fallingdotseq 101.00$（倍）、$r_S=23{,}500/22{,}724.96-1 \fallingdotseq 0.0341$（3.41％）であった。$r_c=750/225-1 \fallingdotseq 2.3333$（233.33％）となっており、原資産のリターンが大きく増幅されていることが確認できる。一方、原資産のリターンがマイナスになると、投資元本をすべて失う。r_Sとr_cの関係を図示すると、図表２－１(a)のように表すことができる。この図では、原資産（ロング）のリターンとして右上がりの45度線の補助線を示しているが、コールのリターンは、原資産のリターンよりδ

3　naked position

図表2－1　レバレッジ効果

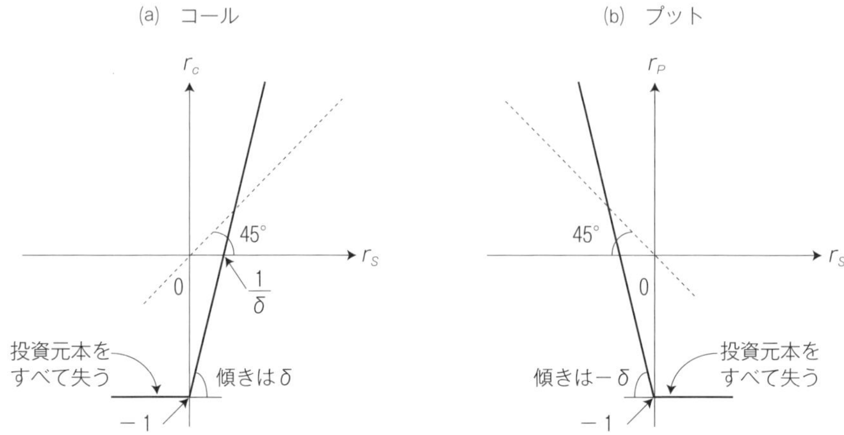

倍、傾きが急になっている。

同様に、ATMのプットについてもレバレッジ機能の大きさを示すことができる。原資産価格がSのときにプットプレミアムがP（例では、P=215）で取引されていたとしよう。プットの満期時の原資産価格をS^*、オプション取引時から満期時までの原資産のリターンr_Sとする。また、オプション取引時の原資産価格とプットプレミアムの比率をδ（$=S/P$）とする。このとき、プットのリターンr_Pと原資産のリターンr_Sの間には、以下の関係が成立する。

$r_S \leq 0$のとき　　$r_P = -\delta r_S - 1$　　(2)

$r_S > 0$のとき　　$r_P = -1$　　(2')

上の例では、δ=22,724.96/215=105.70（倍）、r_S=22,000/22,724.96－1＝－0.0319（－3.19％）であった。プットのリターンは、r_P=750/215－1＝2.4884（248.84％）となっており、原資産のリターン（下落率）と比べて、プットのリターンが絶対値ベースで増幅していることが確認できる。r_Sとr_Pの関係を図示すると、図表2－1(b)のように表すことができる。ここでは、原資産（ショート）のリターンとして右下がりの45度線を補助線として示しているが、プットのリターンは原資産（ショート）のリターンより、－δ倍、傾きが急になっていることがわかる。

2　リスクヘッジ目的での活用

前節では、ネイキッドでオプション取引を行った場合のレバレッジ効果について説明した。これに対して、なんらかの資産を保有している投資家が、保有資産の価格変動リスクを緩和あるいは解消する目的（リスクヘッジ目的）でオプション取引を用いる場合がある。その最も代表的なヘッジ戦略として、プロテクティブプットがある。プロテクティブプットとは、株式を保有している投資家が、株価下落リスクを回避するためにプットを買うことにより、コールのロングの損益を合成する戦略である。

わが国では、事業会社間や金融機関との間で株式を政策的に保有し合っていて、容易に売却できない場合がある。複数の事業会社間、あるいは、金融機関との間で相互に相手の株式を保有し合うことを株式持合という。わが国では、資本自由化後、海外の企業が自由に日本企業を買収できるようになったことから、敵対的な企業買収を防ぐ目的で株式持合が広がった[5]。

また、生命保険会社のように株式会社でない場合でも、販売促進の一環として団体保険を契約した企業の株式を政策的に保有していて売却できないことがある。このようなとき、保有株式を原資産とするプットをロングすることで株価下落リスクをヘッジできる。少数の銘柄しか保有していない場合には、保有銘柄を原資産とする個別株オプション取引が用いられるが、多数の銘柄から構成されるポートフォリオを保有している場合には、株価指数オプション取引が用いられる。株価が下落した場合には保有株式の資産価値は減少するが、その目減りは、プットのロングポジションから生じる利益で補填できる。このような戦略がプロテクティブプットである。

図表２－２(a)の「原資産のロング」は株式の保有に伴う損益を表している。株価S^*が株式の購入価格を上回ると利益が生じて、株価が購入価格を下回ると損失が生じることを示している。この状態が、株式をそのまま保有して、ヘッジ手段を講じなかった場合の損益となる。これに対して、図表２－２(b)の「プットのロング」は、株式の購入価格を行使価格Kとするプットのロングを行った場合の損益を表している。原資産価格が行使価格を上回った場合には、売る権利を放棄できるので当初支払ったプレミアム分が損失となる。逆に、原資産価格が行使価格を下回った場合には利益が生

図表２－２　プロテクティブプット

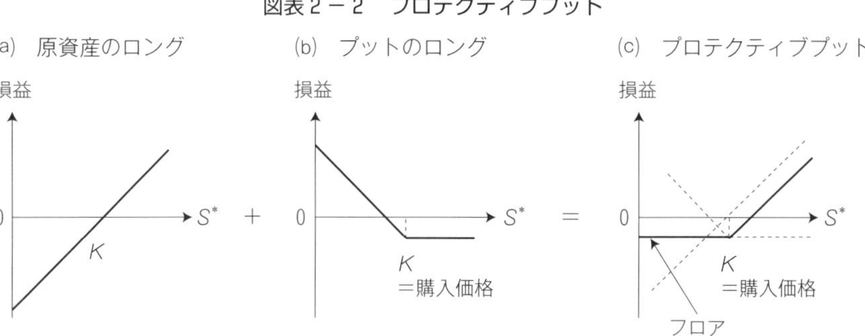

じる。両者を合成した損益が、図表２－２(c)の「プロテクティブプット」に示されている。結果的に、コールのロングの損益が実現している。原資産価格が行使価格以下に下落した場合には、保有株式のキャピタルロスとプットの利益が相殺しあって、株価の下落リスクがヘッジされている。原資産価格が行使価格を上回った場合には権利を放棄することになるが、保有資産の目減りは、当初支払ったプレミアムの分だけで済む。

プロテクティブプットの損益ダイアグラム（図表２－２(c)参照）のうち、左側の水平部分は最大損失額を表し、フロア[4]と呼ばれる。この戦略では、保有資産の下落幅を抑制できるうえ、株価が上昇した場合の値上り益が確保される。このようなかたちで、オプションの損益の非対称性を活用して、原資産価格の下方リスクだけを回避できる。

図表２－２は、プットの購入数量を調整して、保有株式の下落リスクを完全にヘッジ（「フルヘッジ」という）する場合を想定している。実際には、プットの購入数量を減らして、部分的にヘッジする方針を採用することも多い。この場合には、図表２－２(b)左側の傾きが緩くなり、図表２－２(c)左側の水平部分が45度より緩やかな右下りの直線になるため、株価の下落リスクを緩和する効果が期待できる。

ここで、株式ポートフォリオをフルヘッジするためには、実際のオプション取引でどの程度の数量のプットをロングする必要があるのかを確認しておくこととする。ただし、分散化された100億円の国内株式を保有している投資家が日経225プットを用いてフルヘッジする状況を想定する。仮に、この投資家の保有している国内株ポートフォリオは日経平均株価と完全に連動しており、現在の日経平均株価は１万円で、行使価格１万円の日経225プット（現在のプレミアムは200円）を用いてヘッジを行うものとする。第４章で説明するが、日経225オプション取引の取引単位は、日経平均株価の1,000倍であり、１取引単位の売買のことを「１枚」と表現する。このとき、株式ポートフォリオをフルヘッジするために必要なプットの枚数nは、(3)式によって計算することができる。

$$n = \text{株式時価総額}/\text{行使価格}/\text{取引単位} \tag{3}$$

そこで、この例の場合に100億円相当の株式ポートフォリオをフルヘッジするために必要なプットの枚数は1,000（＝100億円/10,000円/1,000倍）枚となり、フルヘッジするために購入すべきプットの金額は２億円（＝200円×1,000倍×1,000枚）となる。

たとえば、フルヘッジを行った後で、日経平均株価が10％下落して、プットの満期

4　floor

までの間に保有株式の価値が90億円に下落したと仮定する。このとき、満期時点におけるプットのロングポジションから、株式価値の下落幅とちょうど同額の10億円（＝(行使価格－満期の原資産価格)×取引単位×数量＝(10,000円－9,000円)×1,000倍×1,000枚）の利益が発生する。こうして、株式価値の下落分がプットの利益によってちょうど相殺されることで、フルヘッジの効果が発生する。ただし、プットの購入時にプレミアムを２億円相当支払っているため、この分がヘッジコストとして発生することとなる。

これに対して、保有株式の２分の１に相当する50億円分だけをヘッジ対象とした場合には、ロングすべきプットの数量は500（＝50億円/10,000円/1,000倍）枚となり、ヘッジコストは１億円（＝200円×1,000倍×500枚）となる。プットの満期までに日経平均株価が10％下落した場合にプットのロングポジションから生じる利益は５億円(＝(10,000円－9,000円)×1,000倍×500枚）となり、ヘッジ効果もヘッジコストも２分の１ずつとなる。

プットの満期までに株価が上昇して日経平均株価が行使価格を超えた場合には、プットはOTMで終了して無価値となり、そのとき、フルヘッジの場合には２億円、２分の１のヘッジの場合には１億円が損失として確定する。

以上の関係をまとめたものが図表２－３である。ここでは、フルヘッジした場合、２分の１だけヘッジした場合、ヘッジ取引を行わなかった場合のそれぞれについて、株式価値の増減にオプション取引から生じるキャッシュフローを加えた資産額を示している。プットの満期までの間、日経平均株価が10％上昇した場合、ヘッジコストの分だけ資産額が目減りするが、10％下落した場合にはオプション取引によって利益が

図表２－３　ヘッジ効果

（単位：億円）

満期までの株価変動	ヘッジ行動	現在		満期		資産額
		株式価値	オプション取引によるヘッジコスト	株式価値	オプション取引による損益	
10％上昇	フルヘッジ	100	−2	110	0	108
	1／2ヘッジ		−1			109
	ヘッジなし		0			110
10％下落	フルヘッジ	100	−2	90	10	98
	1／2ヘッジ		−1		5	94
	ヘッジなし		0		0	90

（注）資産額は、満期時点における株式価値に、現在および満期におけるオプション取引の損益を加減した金額。

生じるため、株式時価総額の下落リスクを限定できることが確認できる。

3 ショート取引の活用方法

オプションのロングとショートでは、図表1－1に示したとおり、損益の発生パターンが正反対（上下対称）となる。

すでに第2節で示したとおり、ネイキッドポジションの損益はコール、プットともにロングでは、取引に際してプレミアムを支払うことになるが、その後は、自分にとって有利なときにだけ権利行使して利益を得ることができるため、当初支払ったプレミアム以上の損失を被ることはない。

これに対して、ショートでは、取引時にプレミアムの受取が確保されるが、その後は、買手に有利な状況が発生して行使されると、コールの場合には、行使価格を受け取って買手に（行使価格より価値の高い）原資産を引き渡し、プットでは（行使価格より低い）原資産を受け取って買手に行使価格を支払う義務が生じるので、損失が発生する。ネイキッドでのショート戦略では、行使されないとの期待のもとでプレミアムを稼ごうとするものである。

しかし、ネイキッドでのショート戦略はかなりのリスクを伴うことから、運用の現場では、原資産のロングと組み合わせた活用形態が一般的である。原資産を保有したうえでのオプションのショート戦略をカバード戦略と呼び、上掲のネイキッド戦略はアンカバード戦略とも呼ぶ。原資産の保有を前提に同資産を原資産とするコールをショートする戦略はカバードコール・ライティング[5]と呼ばれる。実務界では、オプションのショートをライト[6]とも表現することから、このような名称となっている[6]。

カバードコール戦略は、政策的事情から当該資産を保有し続けている投資家、あるいは、継続保有を前提にインカムゲインの向上を目的とする買持型の投資家を想定すると、わかりやすい。団体保険契約の見合いで当該企業の株式を安定保有する生命保険会社や、系列内企業の株式を政策目的で保有する金融機関などが代表例である。

図表2－4(a)の「原資産のロング」に示されるとおり、保有株式の株価S^*が購入価格を上回れば利益、下回れば損失が発生する。また、図表2－4(b)の「コールのショート」では、原資産価格が行使価格Kを下回った場合には行使されず、受け取ったプレミアムがそのまま利益として残るが、原資産価格が行使価格を上回って行使された場合には、損失が生じることを示している。図表2－4(c)は、これら2つの図

5 covered call-writing
6 write

図表２－４　カバードコール・ライティング

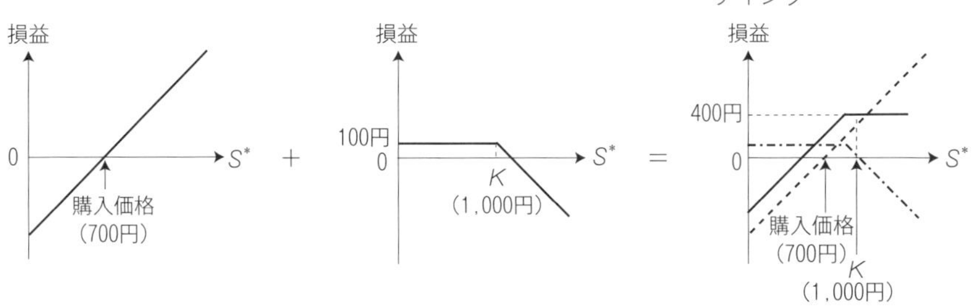

を合成したカバードコール・ライティングの損益を示している。原資産価格が行使価格を上回ってコールが行使された場合には、行使価格を受け取って保有株式を買手に引き渡すことになるが、その代りに「行使価格＋プレミアム（の満期価値）」を得ることができる。実質的には、オプション取引時にプレミアムを受け取ったうえで、行使価格で株式を売却した場合と同等の結果が生じる。これに対して、満期に、原資産価格が行使価格を上回らない場合には、コールが行使されず、ショートして受け取ったプレミアムが手元に残るため、単に株式を保有していた場合と比べるとプレミアム分だけ損失を補える。

たとえば、原資産である株式の購入価格が700円、行使価格1,000円のコールのプレミアムが100円、金利が０％だったとする。このとき、ショートしていたコールが行使されたとすると、株式を渡して1,000円を受け取ることになる。ショートしていたコールのプレミアム100円と値上り益300（＝1,000－700）円の合計400円がこの投資家の利益となる。株価が行使価格を上回らずに行使されなかった場合には、株式をそのまま保有し続けることになるが、ショートしたときに受け取ったプレミアムの100円が手元に残る計算となる。

したがって、この戦略は、当該株式を保有している投資家が、プレミアム収入によって含み損を軽減しつつ、値上り機会を放棄することで、少しでも高い安定的なリターンを確保したい場合に有効である。

4　複数のオプション取引を組み合わせた投資戦略

オプション取引では、原資産価格の上昇と下落に対して、非対称的な損益が生じることから、さまざまなオプションを組み合わせることによって、複雑な損益パターンを合成できる。そのため、原資産価格の変動に対してさまざまな予想をもつ投資家たちに多様な投資戦略を提供できる。ここでは、代表的なオプション投資戦略の一部を例示する[7]。

まず、原資産、行使価格、満期がすべて同一のコールとプットを１単位ずつ組み合わせて投資する戦略をストラドル[7]という。コール、プットともにロングする場合をロングストラドルあるいはボトムストラドル[8]、両方ともショートする場合をショートストラドルあるいはトップストラドル[9]という（図表２－５参照）。

ボトムやトップは、形状が下方に尖っている（谷型）か、上方に尖っている（山型）かの違いである。市場環境が荒れていて、原資産価格が大幅に上昇するか、下落するか、どちらか一方に大きく変動しそうな状況の場合には、両端に利益機会のあるボトムストラドルが有効な投資戦略となる。逆に、原資産価格の変動が比較的安定しており、小幅でしか変動しそうにない場合には、中央に利益機会のあるトップストラドルが有効な投資戦略となる。

1995年にイギリスの名門ベアリングズ銀行が、同行のトレーダーによる巨額損失が原因となって倒産するという事件（ベアリングズ事件）が起きた。この事件では、日経225オプション取引を用いたトップストラドル戦略が活用されていたことが知られている（**【コラム：ベアリングズ事件】**参照）。

図表２－５　ストラドル

(a)　ロングストラドル

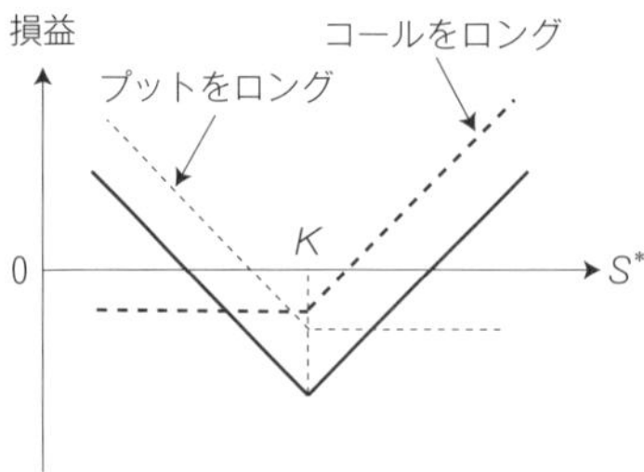

(b)　ショートストラドル

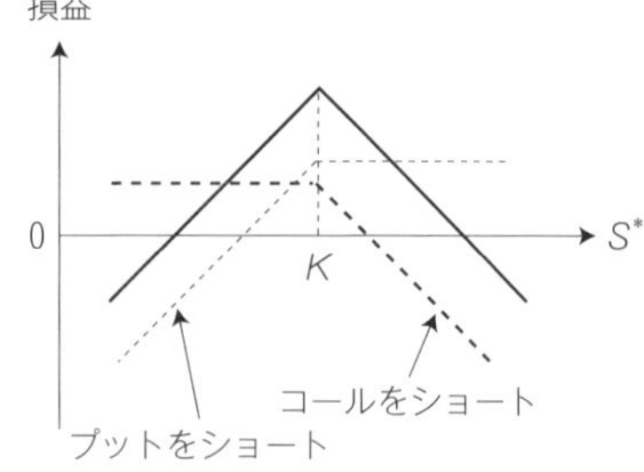

7　straddle
8　long straddle, bottom straddle
9　short straddle, top straddle

図表2－6　ストラップとストリップ

(a)　ロングストラップ

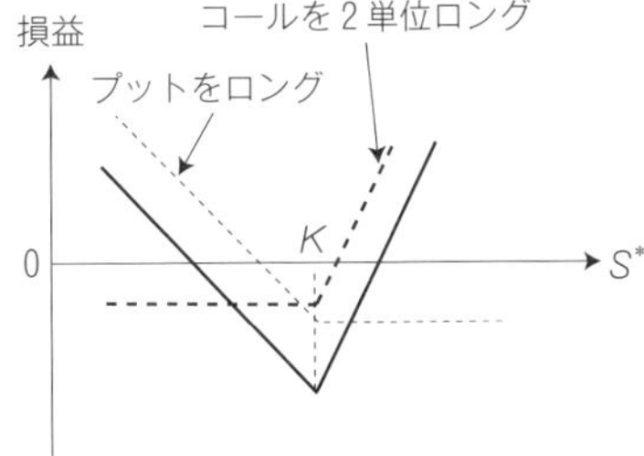

(b)　ロングストリップ

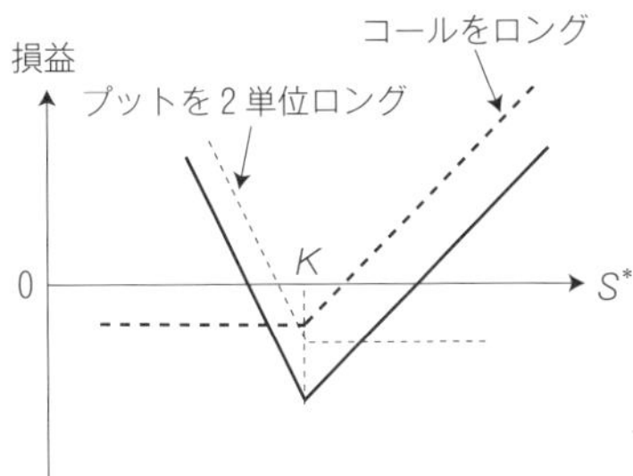

ストラドルをベースに工夫を加えた2つのバリエーションを以下で紹介する。1つは、上昇と下落の変化が非対称と予想される場合の戦略である。もう1つは、上昇と下落の領域に幅をもたせたい場合の戦略である。

ロングストラドルとショートストラドルは、原資産価格の上昇と下落が対称であるとの予想のもとで、同一行使価格のコールとプットを1単位ずつ組み合わせる基本的な戦略である。ところが、対称的ではなくどちらかの方向に偏っていることがあらかじめ予想される場合がある。下落よりも上昇のほうが起こりやすいと予想する場合には、コール2単位（あるいはそれ以上）のロングとプット1単位のロングとを組み合わせることで、予想が当たった場合により高い利益を得られる可能性がある。逆に、上昇よりは下落のほうが起こりやすいと予想する場合には、コール1単位のロングとプット2単位（あるいはそれ以上）のロングを組み合わせることが効果的な戦略となる。図表2－6は、(a)に同一行使価格のコール2単位のロングとプット1単位のロングを組み合わせるロングストラップ[10]と(b)にコール1単位のロングとプット2単位のロングを組み合わせるロングストリップ[11]の損益を示している。

また、同一行使価格の組合せではなく、同一原資産だが、高い行使価格K_Hのコールと低い行使価格K_Lのプットを1単位ずつ組み合わせることによって、2つの行使価格の間に水平な中立ゾーンをつくりだすことができる。これがストラングル[12]と呼ばれる戦略である。ロングとロングの組合せをロングストラングルあるいはボトムストラングル[13]、ショートとショートの組合せをショートストラングルあるいはトップストラングル[14]という（図表2－7参照）。

10　long strap
11　long strip
12　strangle
13　long strangle, bottom strangle

図表2－7　ストラングル

(a)　ロングストラングル

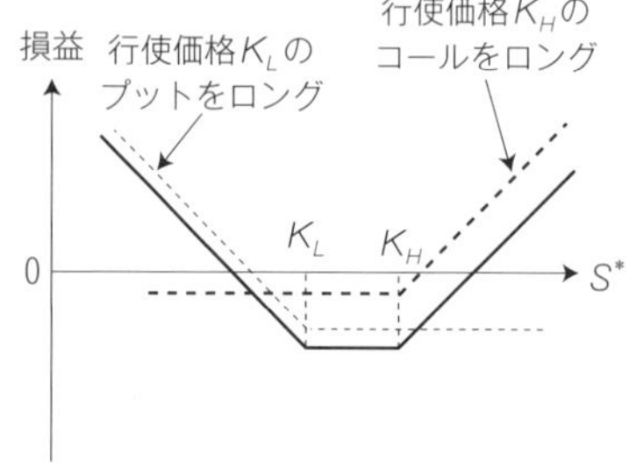

(b)　ショートストラングル

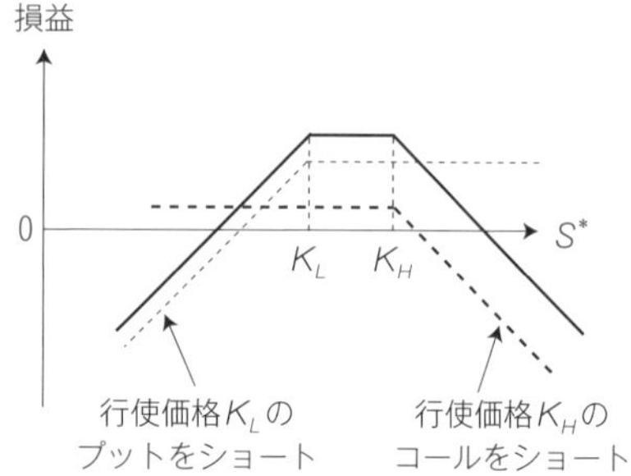

第1章の図表1－2でみたとおり、コールは行使価格が高いほど、プットは行使価格が低いほど、プレミアムが小さくなる。そのため、ストラングルでは、ストラドルと比べて最大損失額（ロングの場合）や最大利益額（ショートの場合）が限定的となる。ところが、ロングストラングルでは損益がマイナスになる原資産価格の範囲がロングストラドルよりも広くなるため、原資産価格の上昇あるいは下落の幅が非常に大きいと予想する場合に効果的である。一方、ショートストラングルでは、受け取ることのできるプレミアムはショートストラドルより少なくなるが、ショートするコールとプットの行使価格の幅を広くとることで、利益の生じる確率を高めることができる。

このほか、原資産は同一だが、行使価格の異なるコール（あるいは、プット）のロングとショートを組み合わせる投資戦略をスプレッドという。図表2－8は、満期が同一で行使価格が異なるコールのロングとショートを組み合わせたスプレッドの損益を示している。低い行使価格K_Lのコールをロング、高い行使価格K_Hのコールをショートする場合をバーティカル・ブルスプレッド[15]、逆に、低い行使価格K_Lのコールをショート、高い行使価格K_Hのコールをロングする場合をバーティカル・ベアスプレッド[16]という。バーティカルは、「垂直の」という意味であり、これは、第1章の図表1－2に示されていたように、一般的にオプションの相場表において、行使価格の異なるオプションは縦（垂直）方向に表記されることに由来する。図表2－8に示したバーティカルスプレッドでは（満期が同一で）異なる行使価格のオプションのロングとショートを組み合わせるのに対して、（行使価格が同一で）異なる満期のオ

14　short strangle, top strangle
15　vertical bull spread
16　vertical bear spread

図表2－8　バーティカルスプレッド

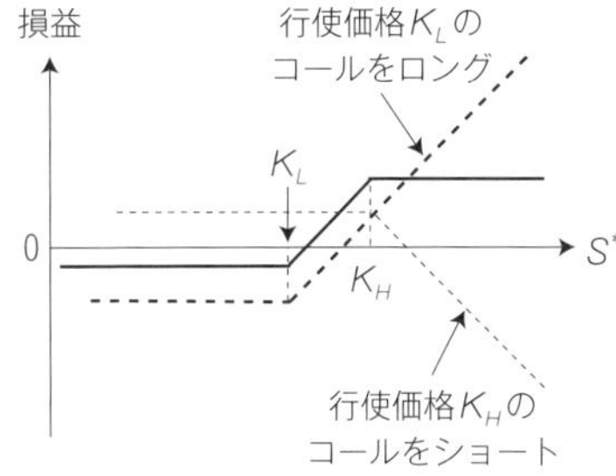

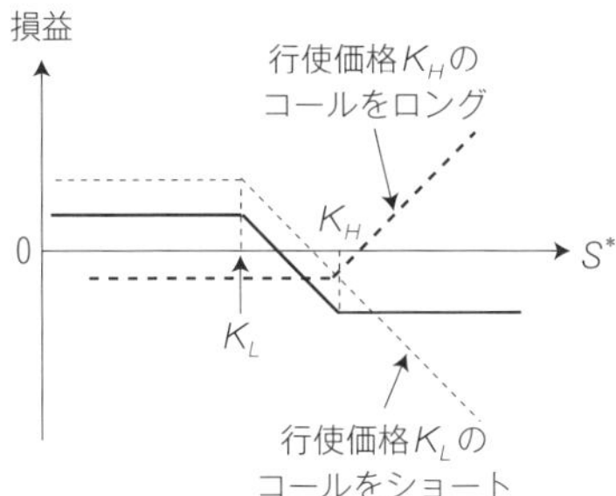

プションのロングとショートを組み合わせるスプレッド戦略も存在する。この戦略は、ホリゾンタルスプレッドと呼ばれる。ホリゾンタル[17]は、「水平の」という意味であり、図表1－2のようなオプションの相場表において、満期の異なるオプションは横（水平）方向に並べて表示されることに由来する。

英語では、ブル[18]は強気筋、ベア[19]は弱気筋のことを意味する。そのため、バーティカル・ブルスプレッドは、原資産価格が上昇すると利益が生じる投資戦略、バーティカル・ベアスプレッドは、原資産価格が下落すると利益が生じる投資戦略となっている。このように、原資産価格の上昇や下落を予想する投資家が、予想の内容に応じて、これらの戦略を使い分けることができる。また、スプレッド戦略の損益をみると、ブルとベアの予想が当たった場合でも外れた場合でも、損益の格差は小さいという特徴がある。

そのほかにも、バーティカルスプレッドをベースにその下方リスクを限定する戦略がある。同一原資産、同一満期で行使価格の異なる3種類のオプションを組み合わせることで、蝶が飛んでいるような形状の損益パターンを実現することができ、バタフライスプレッド[20]と呼ばれる（図表2－9参照）。最も低い行使価格K_Lのコールと最も高い行使価格K_Hのコールを1単位ずつロングし、中間の行使価格K_Mのコールを2単位ショートすることによって、図表2－9のような損益パターンを合成することができる。バタフライスプレッドは、原資産価格の変動がきわめて限定的と予想して

17　horizontal
18　bull 牡牛の意味。英語で強気相場のことをこのように表現するのは、牡牛の角を上に突き上げるしぐさをすることに由来する。
19　bear 熊の意味。熊を意味するベアが弱気相場のことを意味するのは、熊が首を丸めて下を向くしぐさをすることに由来する。
20　butterfly spread

図表２－９　バタフライスプレッド

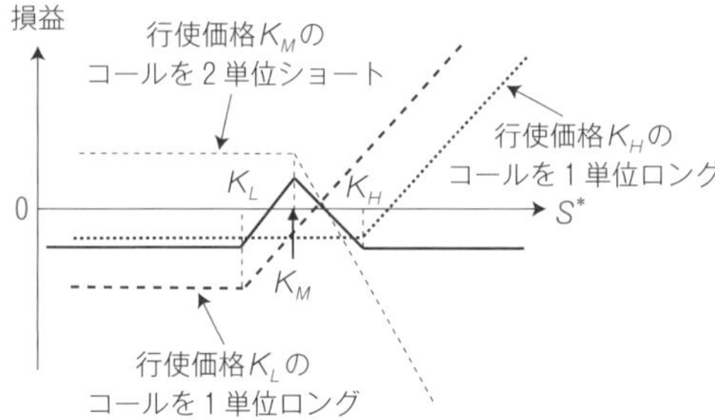

いるが、その予想にあまり自信がなく、予想が外れて原資産価格が大きく変動した場合でも損失を限定できる点に特徴のある投資戦略である。

ベアリングズ事件

ベアリングズ事件は、1995年１月に発覚したイギリスの名門銀行による巨額損失事件である。リーソン[21]は、ベアリングズ銀行のジャカルタ支店のチーフトレーダーとして、シンガポールの証券取引所SIMEX[8]において日経225先物取引や日経225オプション取引を用いたディーリング業務に携わっていた。リーソンは、運用部門と管理部門の責任者を兼ねていたため、イギリスの本社に知られずに隠し口座の設定などが可能な立場にあった。この点については、事件後、銀行自体のコンプライアンス体制の不備として厳しく追及された。

獄中記[9]には、リーソンが、部下の犯した買注文と売注文の取違え等のミスによって発生した損失をいったん隠し口座に移し替えたうえで、その損失を取り戻そうとして、逆に、損失が雪だるま式にふくれあがってしまった経緯が書かれている。損失を穴埋めするために、内規で禁じられていた日経225先物取引のロングと日本国債先物取引のショートを自己勘定で行った。先物取引を継続するためには、第４章で説明するように、証拠金を取引所に差し入れる必要があるが、本文で説明したショートストラドル戦略を日経225オプション取引に用いてプレミアム収入を得て、これを先物取引の証拠金に回していた。リーソンは、これら一連の取引は、本社に知らせずに自身の裁量によって行っていたため、先物取引に

21　Nick Leeson

必要な証拠金を自力で捻出する必要があったのである。

トップストラドル戦略では、その後、原資産である日経平均株価が大幅に上昇しても下落しても買手から権利行使されて損失が生じる。そのため、リーソンは日経平均株価の水準が一定の範囲内に収まるように、先物取引の売買注文を通じて価格維持的な操作を繰り返した。ところが、1995年１月に起こった阪神・淡路大震災の影響で日経平均株価は大幅に下落し、ベアリングズ銀行は1,000億円を超える巨額損失を発生させて倒産する結果となった。震災直後に日経平均株価が大きく値下りしたため、その後の反騰を見込んで最後の賭けに出たが、株価の下げは止まらず、巨額損失の存在を隠しきれずに不正行為が露見したのである。

リーソンは、妻と逃避行先のフランクフルトで逮捕され、シンガポールで６年半の実刑判決を受けた。収監中に執筆した手記が出版され、事件の全容がみえてきた。ちなみに、獄中手記は2000年に「マネートレーダー　銀行崩壊（原題はRogue Trader)」のタイトルで映画化された。

5 オプションの市場情報の活用

オプション市場では、原資産の価格変動をふまえて、リスク管理や投機など多様な目的でコールやプットの売買が行われ、プレミアムが形成される。したがって、オプション市場における取引情報を分析することを通じて、原資産の価格変動に関する投資家の見方をある程度読み解くことができる。本節では、オプション市場におけるプレミアムや取引高などの情報に基づいて、証券投資に役立つ示唆を導く方法を考える[10]。

(1) インプライドボラティリティ

ファイナンス理論では、証券価格のリターンが正規分布に従って発生することを仮定している。正規分布では、期待値と分布のバラツキを表す標準偏差の２つの情報が与えられると、その形状を特定化できる。ファイナンス理論の教科書では、正規分布に従うリターン発生装置を想定して、合理的な投資判断や証券価格の形成に関する議論を展開する。標準偏差（σ[22]）はファイナンス理論における標準的なリスク指標であり、オプション理論でも、原資産価格のリスクを表す指標として用いられている。オプション理論を中心に投資理論の分野ではボラティリティ[23]と呼ばれることが多い。

22　ギリシャ文字のシグマ

オプション理論では、第５章や第６章で説明するとおり、原資産価格に関するボラティリティを推計したうえで、他の説明変数とあわせてモデルに入力することによってオプションの条件に応じた合理的なプレミアムを導くことができるが、説明変数のなかで最も重要なボラティリティは直接入手できる情報ではないので、統計的に推計しなければならない。

過去の原資産の時系列データに基づいて、そのリターンのボラティリティを推計するヒストリカルボラティリティ（HV[24]）が代表的な方法の１つである。ただし、HVが適切なリスク指標であるためには、参照期間における原資産のリターン発生メカニズムが安定していること、すなわち、定常性が前提となる。たとえば、2011年に発生した震災の前後のように、リターン発生メカニズムが大きく変化したような局面では、HVを入力情報として用いることは適切ではない。

このような欠点を補う方法として、現在のオプション価格を所与として、オプション市場で投資家が想定しているボラティリティを探索しようとするアプローチがある。第６章で説明するブラックショールズ・モデルのようなオプションモデルに、ボラティリティ以外の変数と実際のオプション価格（プレミアム）を入力して、逆算されたボラティリティをインプライドボラティリティ（IV[25]）という。

IVには、原資産価格の将来の変動に対する投資家の評価が反映されていると考えることができる。株価指数オプション取引を例にとって考えてみると、株式市場全体にわたって上昇期待が高まっているときにはコールに対する需要が相対的に高まり、コールのプレミアムが平均的に高くなりやすい。逆に、株価指数の下落懸念が高まっているときにはプットに対する需要が相対的に高まり、プットのプレミアムが高くなりやすい。その結果、株価上昇局面ではコールのIV、株価下落局面ではプットのIVが高くなる傾向がみられる。そのため、さまざまなオプションから計算したIVを分析することによって、将来の原資産価格に対するオプション投資家の期待を検出することができる。

シカゴオプション取引所（CBOE[26]）は、1993年以降、S&P500指数[11]を原資産とするオプションプレミアムから計算したIVを集計してVIX[27]と呼ばれる指標を公表している。この指標は、コールとプットのIVをどちらも反映しているが、株価の下落に対する投資家の恐怖心が高まる時期に特に上昇しやすいために、「恐怖指数」とも呼

23 volatility
24 historical volatility
25 implied volatility
26 Chicago Board Options Exchange
27 Volatility Index

図表２－10　VIX

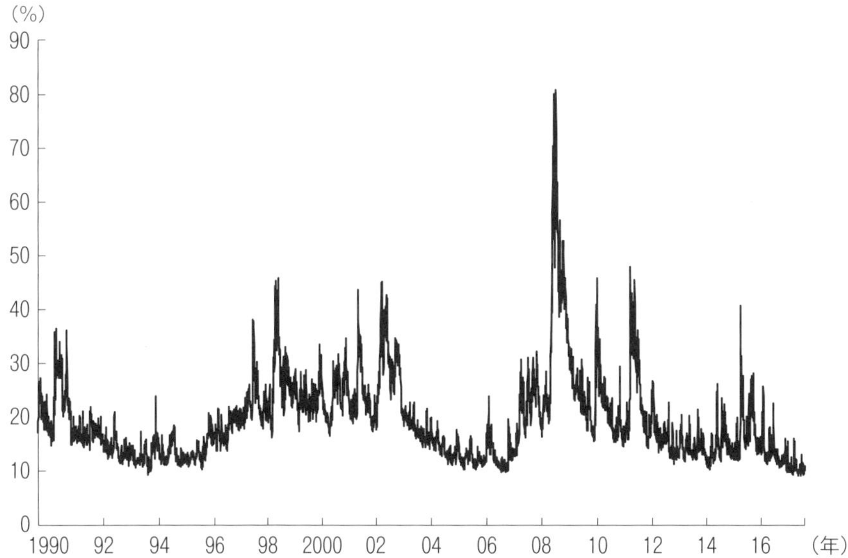

（注）　S&P500オプション取引のうち満期日まで８営業日以上残っている直近限月および次の限月のアウトオブザマネーのオプション取引からIVを計算したうえで、これを加重平均して算出。1990～2017年の日次データ。

（出所）　CBOEのホームページ

ばれる。現在では、このVIXを原資産とするデリバティブ取引も同取引所に上場されているほか、複数の指標について類似のボラティリティインデックスが公表・取引されるなど、さまざまな市場における混乱時のリスクマネジメント手段として活用されている。

図表２－10にVIXの推移を示した。最も高い数値は2008年に記録しており、80ポイントを超えている。過去のVIXの最大値は2008年11月20日の80.86ポイント[12]であり、2017年までの間の最小値である2017年11月３日の9.14ポイントと比べると、９倍近くもの格差がみられる。そのほか、1997年のアジア通貨危機、2000～02年のITバブル崩壊、2010～11年頃の欧州財政危機、2015年のチャイニーズ・ブラックマンデーなどの際にも、VIXの一時的な急上昇がみられる。

⑵　プット・コール・レシオ

オプション市場から得られる情報に基づいて、原資産価格の変動に対する投資家の見方を検出しようとするその他の指標として、プット・コール・レシオ[28]がある。特に、株価指数オプション取引におけるコールとプットの取引高を用いて、株式市場の先行きに対する投資家のセンチメント[29]（市場心理）を測る投資指標として用いられることが多い。これは、株価の上昇期待が高まっているときには株価指数コール、株価の下落懸念が強まっているときには株価指数プットに投資家の関心が集まることによって、それぞれの取引における取引高が増加する傾向がみられるとする経験則に基づく指標である。具体的には、株価指数プットの取引高/株価指数コールの取引高によって計測される。取引高の代りに取引金額が用いられることもある。

図表２－11に、日経225オプション取引における2004～17年の年間の取引高と取引金額（プレミアムの総額）、取引高と取引金額から計算したプット・コール・レシ

図表２－11　プット・コール・レシオ

年	取引高		取引金額		プット・コール・レシオ		日経平均株価	
	プット（万枚）	コール（万枚）	プット（億円）	コール（億円）	取引高（倍）	取引金額（倍）	水準（円）	リターン（%）
2004	887	770	5,013	5,282	1.15	0.95	11,489	7.61
2005	1,376	1,113	5,926	8,416	1.24	0.70	16,111	40.24
2006	1,556	1,267	14,082	13,872	1.23	1.02	17,226	6.92
2007	1,687	1,231	19,927	13,356	1.37	1.49	15,308	−11.13
2008	1,732	1,481	30,785	19,190	1.17	1.60	8,860	−42.12
2009	1,924	1,574	27,757	24,277	1.22	1.14	10,546	19.04
2010	2,525	1,855	25,112	18,003	1.36	1.39	10,229	−3.01
2011	2,659	1,860	31,848	18,954	1.43	1.68	8,455	−17.34
2012	2,563	2,314	25,907	23,325	1.11	1.11	10,395	22.94
2013	2,672	3,055	38,759	62,296	0.87	0.62	16,291	56.72
2014	2,148	2,247	29,505	41,625	0.96	0.71	17,451	7.12
2015	2,053	1,728	35,190	31,882	1.19	1.10	19,034	9.07
2016	1,765	1,611	38,746	33,845	1.10	1.14	19,114	0.42
2017	1,856	1,404	29,957	28,523	1.32	1.05	22,765	19.10

（注）取引高と取引金額は日経225オプション取引の年間の合計額。プット・コール・レシオは、プットの取引高（取引金額）/コールの取引高（取引金額）。日経平均株価は年末時点の数値。
（出所）オプションの取引高と取引金額は日本取引所グループのホームページ、日経平均株価は日本経済新聞社のホームページ（日経平均プロフィルのダウンロードセンター）

28　put-call ratio
29　sentiment

オ、原資産である日経平均株価およびそのリターンの推移を示した。

2007〜08年にかけて金融危機が発生し、株価水準は大幅に下落したが、この間、プットの取引金額が著しく増加して、取引金額ベースのプット・コール・レシオが急上昇した。同様の現象は、ギリシャなどで欧州財政危機の発生した2010〜11年にかけても発生した。逆に、2012年末に第2次安倍晋三政権が誕生して、超金融緩和政策により株価の急上昇した2013年には、コールの取引高や取引金額が増加して、プット・コール・レシオは著しく低下した。日経平均株価のリターンとプット・コール・レシオの相関係数を計算すると、取引高ベースでは−0.47、取引金額ベースでは−0.84となっており、負の相関の存在が確認できる。すなわち、株価の上昇期にはコールの取引高や取引金額が上昇してプット・コール・レシオが低下し、株価の下落期にはプットの取引高や取引金額が上昇してプット・コール・レシオが上昇する傾向が存在することを裏付けている。

この分析は、年間を通じた傾向に関するものだが、実務的には、日次等でプット・コール・レシオを計測して、短期的な投資家のセンチメントを把握する目的で活用されることが多い。

キーワード

レバレッジ効果、ネイキッドポジション（ネイキッド）、プロテクティブプット、損益ダイアグラム、フロア、フルヘッジ、カバード戦略、アンカバード戦略、カバードコール・ライティング、ストラドル、ロング（ボトム）ストラドル、ショート（トップ）ストラドル、ベアリングズ事件、ロングストラップ、ロングストリップ、ストラングル、ロング（ボトム）ストラングル、ショート（トップ）ストラングル、スプレッド、バーティカル・ブルスプレッド、バーティカル・ベアスプレッド、ホリゾンタルスプレッド、バタフライスプレッド、正規分布、定常性、標準偏差（σ）、ボラティリティ、ヒストリカルボラティリティ（HV）、インプライドボラティリティ（IV）、シカゴオプション取引所（CBOE）、S&P500指数、VIX（恐怖指数）、プット・コール・レシオ、センチメント

参考文献

・Black, Fischer and Myron Scholes, “The pricing of options and corporate liabilities,” *Journal of Political Economy* 81, May-June 1973, pp. 637-659.
・大村敬一・俊野雅司『証券論』有斐閣、2014年
・ジョン・ハル『先物・オプション取引入門』ピアソン・エデュケーション、2001年

・ニック・リーソン『私がベアリングズ銀行をつぶした』新潮社、1997年（ニック・リーソン『マネートレーダー銀行崩壊』新潮文庫、2000年）

注

1 第4章で説明するように、日経225オプション取引では、清算時に用いられる価格は、満期日の日経平均株価ではなく、満期日の翌日の始値から計算する特別清算指数SQ（special quotation）である。しかしながら、ここでは簡便化のために満期日の日経平均株価を清算値として計算している。

2 (750/225－1)×100＝233.33(%)

3 (750/215－1)×100＝248.84(%)

4 (1)式は、ATMのコール、すなわち現在の原資産価格がちょうど行使価格と一致している場合にだけ成立する。本文の例では、原資産価格（2万2,724.96円）と行使価格（2万2,750円）の間に少し差があるため、厳密には(1)式は成立しない。ITMのコールの場合には$r_c > \delta r_S - 1$、OTMのコールの場合には$r_c < \delta r_S - 1$となる。

5 1990年代以降は、株式を保有するリスクが高まったことから、株式持合は解消される方向にある。

6 これは店頭オプション時代の名残りである。オプションをショートしたい投資家は、オプション契約を作成（write）して、これをロングしたい投資家に渡していたことが、この表現の由来である。

7 ハル［2001］の第9章「オプションを用いた取引戦略」を参照。

8 シンガポール国際金融取引所（Singapore International Monetary Exchange）の略称。現在は、シンガポール証券取引所と合併して、シンガポール取引所（SGX; Singapore Exchange）に改称されている。

9 ベアリングズ事件の詳細については、リーソン［1997］を参照。2000年の映画化（マネートレーダー銀行崩壊）にあわせて、文庫版のタイトルも変更された。

10 本節で取り上げるボラティリティの推計やオプション市場データに基づく投資家の期待検出の問題については、第7章であらためて議論する。

11 Standard & Poor'sが算出・公表しているアメリカの代表的な株価指数。

12 この数値は終値ベースであり、1日のなか（ザラバベース）ではもっと高い水準が記録されている。瞬間的に最も高い数値が記録されたのは、2008年10月24日の89.53ポイントである。

第 3 章

オプションの歴史

本章では、オプション概念の萌芽的な形態についてエピソード的に紹介した後で、本格的なオプション市場やオプション理論が形成されてきた経緯について議論を行う。最後に、相次ぐ巨額損失事件の発生など、オプション取引の課題にも言及する。

1　オプション取引の萌芽的な形態

イギリスの大英博物館には、古代文明に関する貴重な記録が多数収納されている。そのなかに、紀元前数千年前におけるメソポタミア文明時代の商取引の記録が含まれている。粘土製の文字盤に記録されたものであり、宮殿や寺院の発掘跡から数十万件もの資料が発掘され、大半は翻訳されないまま大英博物館に所蔵されている[1]。

古代メソポタミア文明は、紀元前3500年頃に、現在のイラクに当たるチグリス・ユーフラテス川の沿岸に誕生したが、人口の増加に伴って都市部の住民の食糧を自前で確保することがむずかしくなり、周辺国との交易が始まったとされる。安定した食料確保の必要性から、穀物の収穫時期に合わせて麦などの穀物の売買を事前に約束する先渡取引[1]も行われていた。このように、数千年前の古代文明時代にも、大都市における安定的な食糧確保のニーズから、数カ月先の収穫時期に合わせたデリバティブ取引を行う慣行があったことは注目に値する。

古代ギリシャの代表的な哲学者であるアリストテレス[2]によると、3000年以上も前に地中海で海上交易に携わっていたフェニキア人は、海上輸送のリスクを軽減するために船の積み荷を原資産とするオプション取引を行っていたと記されている[3]。また、アリストテレスの著書『政治学』（全８巻）のなかでは、第１巻の第11章において、紀元前７～６世紀の代表的な哲学者として知られているタレス[4]が実質的にオプション取引とみなすことのできる取引を実践して巨額の利益を獲得した逸話が紹介されている[5]。

タレスは天文学の知識にも精通していたとされる。ある年の冬、天体の観測を通じて翌年秋のオリーブの収穫量が増加して、オリーブ油の圧搾機に対する需要が増加すると予測した。そこで、タレスは、機械の所有者と個別に交渉して、事前に手付金を支払うことにより、近辺の都市[6]にあるほとんどすべてのオリーブ油圧搾機に関する使用権を確保することに成功した[7]。翌年に、実際にオリーブの収穫が豊作となって圧搾機に対する需要が高まった。そこで、タレスは圧搾機の使用権を確保したうえで、「言い値」で圧搾機を転貸して利益を得たとされる[8]。支払った手付金をプレミアムと位置づければ、タレスは、実質的にコールオプション取引を実践したことにな

1　forward transaction

る。アリストテレスは、この仕組はオリーブ油の圧搾機械にかぎらず、「普遍的に応用可能な金融手段」と指摘している[9]。

2 ヨーロッパにおけるバブルとオプション取引

中世以降、ヨーロッパ諸国による重商主義のもとで、アジアなど未開の地域との交易が進展して富の蓄積が進むに従って、人々は、資産価格の急激な高騰や下落、すなわち「バブルの発生と崩壊」を経験した。それらの場面でオプションがかかわっていた。

(1) チューリップバブル

まず、バブルの歴史のなかでは17世紀にオランダで発生したチューリップバブルが特に有名である[10]。当時は、オランダが貿易や金融の中心であった。オランダでは、貿易や金融関連の事業ばかりでなく、繊維、造船、輸送など多様な産業が発展していた。これらの事業活動を支えていたのは、近代株式会社制度の原型であるジョイントストック・カンパニー[2]と呼ばれる組織形態である。ジョイントストック・カンパニーの発行する証券を売買する目的で、世界初の証券取引所であるアムステルダム証券取引所が誕生し、1611年に取引を開始している。そこでは、オランダ東インド会社やオランダ西インド会社などのジョイントストック・カンパニーの発行する株式や債券が活発に売買されていた。アムステルダム証券取引所では、株式や債券の売買にはとどまらず、商品先物やオプションの取引も行われていたとされる[11]。

チューリップは、16世紀の中頃にトルコからヨーロッパに伝わり、17世紀にオーストリアを通じてオランダに輸入された。当時は、チューリップの花や球根は手頃な価格で売買されていたが、モザイク病[3]と呼ばれる病気に罹ったチューリップのなかに、非常に美しい模様が開花するものがあり、高値で取引される球根が現れるようになった。また、フランスで女性がガウンにチューリップの花を身につけることが流行し、男性からのプレゼント用のニーズが高まったことも、チューリップの価値が高まる原因の1つであった[12]。希少なチューリップの球根は非常に高い価格で売買され、人々の平均的な年収の何倍もの高値で取引されるまでに至った[13]。需要の高まりを反映して、1636年には、アムステルダム証券取引所や主要都市の店頭市場で希少なチューリップ球根を対象とする売買が行われるようになり、仲買人がチューリップ球

---

2 joint-stock company（「合本会社」と訳されることがある）
3 mosaic virus

根のトレーディングで巨額の利益を稼ぐ状況にまで至った。

一般庶民も含めて、値上り益を得ようとして多くの投資家がバブルの渦に巻き込まれた。その際、高騰するチューリップ球根を買いやすくするようにオプションの仕組が活用されて、バブルを助長する結果を招いた[14]。具体的には、契約金として時価の２割程度の金銭や物品（馬車や家屋など）を差し入れることによって、一定の金額でチューリップの球根を購入できる権利が与えられた。チューリップ球根の価格がその一定の購入金額を上回った場合には、権利を行使してチューリップ球根を手に入れたうえで、これを時価で売却することによって、利益を得ることができたのである。これはまさにコールの仕組そのものであった。1637年２月にチューリップバブルは崩壊し、ピーク時の1,000分の１や２万分の１にまで下落するような球根もみられた。その後も、チューリップ球根を対象とする売買は続けられたが、バブル期の価格に戻ることはなかった。

⑵ 南海バブル

18世紀前半にイギリスで発生した南海バブルの際にも、債券を南海会社の株式に転換するオプション（転換権）の仕組が活用されて、バブルを促進する役割を果たしたとされる[15]。

南海会社は、大蔵卿であったハーレー[4]によって南米事業を手がける目的で1711年に設立されたジョイントストック・カンパニーである。南海会社は民間の貿易会社であったが、国の債務の整理を目的とする事実上の国策会社でもあった。南海会社には、国債の償還に協力することを条件として、南米地域での貿易に対するイギリス国内での独占的な権利[5]が与えられていた。設立当時はスペイン継承戦争（1701～14年）の最中であり、イギリス政府は戦争遂行のために多額の国債を発行していた。政府は、財政難から国債の元本を一括償還することができず、年間４％程度の利子を支払う一方で、きわめて長期間にわたる償還期限を設定していた[16]。そのうえ、国債は自由に売買することが認められていなかった。このように、イギリス国債は、すぐには元本部分を換金できなかったため、大幅にディスカウントされた価格で取引されるなど、保有者にとっては不人気な商品であった。

南海会社には、この国債と引き換えに株式を発行することが認められた。現在の転換社債に類似した仕組[17]が活用されていたと考えられる。また、現金と引き換えでの株式発行[6]やイギリス東インド会社の株式と南海会社の株式の交換も行われていた。

4　Robert Harley

5　イギリス国王から特許状（charter）が公布された。

6　現在の増資に相当する。

国債とは異なり、ジョイントストック・カンパニーの株式は自由に売買できたうえ、配当や値上り益も見込めたため、南海会社の株式には人気が殺到した。なんとか南海会社の株式を入手しようと、ハーレーのもとには人々が殺到したといわれている。最終的には、国債残高のうち80%以上が南海会社株式に転換されたとされる[18]。こうして、政府の目論見どおり、国債の償還が急ピッチで進んだのである。

南海会社の株価は、投資家からの強い需要を反映して、1720年に入ってから急騰し始め、数カ月間のうちに株価は数倍にも値上りした。投資家は、南海株の値上り益を狙って、預金を取り崩したり、土地や家屋を売却したりするなど、あらゆる手段を講じて南海会社株を購入しようとした。南海会社は、同社の株式を担保に追加的な購入資金を提供するなど、信用取引のような仕組も提供した。その結果、南海会社の株式はファンダメンタル価値を大幅に上回る高値で取引されるようになった[19]。当時、ヨーロッパの国々にとって南米は未知の地域であり、投資家にとって情報が不十分であったうえ、同じ時期にフランス[20]やオランダの株式市場において証券バブルが発生したことも、南海バブルの誘因となった。

世界中では、これまで数多くのバブルが発生・崩壊してきた。それぞれの時代背景に応じて、固有の発生原因が存在する。南海バブルの時期には、大航海時代における未開の地域の発見という時代背景のなかで、イギリス国内で南米事業への独占的な交易権を付与された会社に対して、投資家の間で過大な成長期待が生じた。一方で、当時の不人気な国債を南海会社の株式へ転換できる仕組が、同社の株式に対する需要を増加させた一因であることも事実である。こうして、当時は斬新なアイデアであった転換権というオプションが、歴史的にも有名なバブルを増幅する役割を果たしていた(**【コラム：バブル法の制定と南海バブルの崩壊】**参照)。

バブル法の制定と南海バブルの崩壊

南海バブルの発生した1720年前後には、南海会社以外にも、おびただしい数の珍妙な定款を掲げたジョイントストック・カンパニーが設立され、投資家から資金を騙し取っていた。投資家の資金がさまざまなジョイントストック・カンパニーに拡散することを恐れた南海会社の経営者はロビー活動を行い、国王から特許状を獲得していないジョイントストック・カンパニーを非合法化する方策を講じた。その結果、イギリス議会は1720年６月にバブル法[7]を成立させ、数多くの

7　the Bubble Act

申請中および既存のジョイントストック・カンパニーを非合法化する決定を行った。

非合法化されたジョイントストック・カンパニーのなかには、頭髪を取引する会社、アメリカ大陸での大規模な水産事業を手がける会社、イギリスの紙製品を改良する会社、熱風で麦芽を乾燥する会社、使用人から損害を被った主人や女主人に対してその損害を補填する会社、海賊に襲われないように船を艤装する会社、水銀を鉄に変化させる会社などが含まれている[21]。

バブル法の成立後、バブル熱は急速に冷め、皮肉にも南海会社株の株価も大幅に下落して、バブルは終焉を迎えた。万有引力の法則の発見者として有名なニュートン[8]も南海会社株に投資をして、巨額の損失を被ったとされる。

3 オプション市場の開設と発展

組織的なオプション市場は、まずオランダやイギリスなどのヨーロッパ諸国で開設され、その後、アメリカがオプション市場の中心となっていく。現在では、わが国を含む世界各国でオプション市場が開設されている。本節では、アメリカとわが国におけるオプション市場の開設と発展の経緯について取りまとめる。

(1) アメリカのオプション市場

オプション取引は、まずはオランダ（アムステルダム）で、その後、イギリス（ロンドン）に渡るなどヨーロッパで先行していたが、18世紀以降は、アメリカでも店頭市場で商品や株式を原資産とするオプション取引が行われるようになった[22]。当時のアメリカにおける店頭オプション取引では、ディーラーによる不正行為が多発し、損害を被る投資家が後を絶たなかったとされる。また、オプション取引に対する情報や流動性も不足しており、オプション取引に対する注目度は、一部の投資家を除くときわめて低かった[23]。

南北戦争[9]が1865年に終わると、当時、相場師として知られていたセージ[10]がオプション取引の制度化を進めた[24]。オプション取引業協会を設立したうえで、取扱銘柄数は少なかったものの、会員制度のもとでオプション取引を組織的に行うようになった[25]。

8 Sir Isaac Newton. 1643～1727年。
9 1861～65年。
10 Russell Sage. 1816～1906年。

第２次世界大戦後、オプション取引所の開設が検討されたが、オプション取引業協会の会員にとって、あえて巨額資本を投下までして取引所の発足を目指すインセンティブはなかった。ニューヨーク証券取引所（NYSE）など既存の主要取引所も、地方取引所や新興の店頭市場NASDAQ[11]との競争に多くの経営資源を費やす必要があり、オプション取引所を設立してオプション取引を促進させることなど、まったく念頭になかった。

オプション専用取引所の開設に踏み出したのは、シカゴの商品先物関連の老舗取引所であったシカゴ商品取引所（CBOT[12]）であり、1960年代に準備が始められた。当時、株式市場がNYSEを中心に活況を呈するのとは対照的に穀物市場の低迷が続くなか、老舗商品取引所のCBOTは、シカゴの金融取引を活性化しようとして株式オプション取引の検討を始めた*26*。1968年にCBOTの理事長となったウィルソン[13]は、シカゴでオプション取引所を設立することの将来性に関する調査を外部委託し、株式オプション取引は有望だが清算機関の設立がカウンターパーティリスク*27*対策として不可欠との報告を受けた。そこで、1973年にCBOT内にその清算業務に特化したオプション清算機関*28*（OCC[14]）を設立したうえで、オプション専用取引所としてシカゴオプション取引所（CBOE）を開設した。CBOEがオプション取引の買手に対しては売手、売手に対しては買手として機能することで、懸念材料とされたカウンターパーティリスクの問題を解決した。

CBOEは、1973年４月に、まずはIBMやゼロックスなどアメリカを代表する16銘柄を対象として株式オプション取引を開始した。当初は、コール取引のみであった。1973年10月に発生した第１次石油ショックの影響で株式市場が下落局面に入り、その後の株式市場の判断が錯綜するなか、オプションのロングとショートの双方に対する注文が増加し、オプション取引は活況を呈した。1977年にはプットの取引も開始され、上場オプション取引はきわめて順調なスタートを切ることができた。

1975年には、アメリカン証券取引所（AMEX[15]）やフィラデルフィア証券取引所[16]もオプション取引を開始した。OCCが共通の清算機関として活用され、決済の効率化が図られた。さらに、ポートフォリオ運用でのヘッジニーズに応えるべく、1983年には、CBOEがS&P100指数とS&P500指数を原資産とする株価指数オプション取引や業種別株価指数オプション取引を開始した。

11　National Association of Securities Dealers Automated Quotations
12　Chicago Board of Trade
13　Henry Wilson
14　Options Clearing Corporation
15　American Stock Exchange
16　Philadelphia Stock Exchange

さらに、CBOEは、1990年にはLEAPS[17]オプション取引、1993年にはFLEX[18]オプション取引を開始するなど、多様な投資家ニーズに対応するために、さまざまな新商品の提供を行っている[29]。CBOEは、1993年には第2章で紹介したVIX（恐怖指数）の算出を開始し、2006年からはVIXオプション取引を開始した。こうして、急激な投資家センチメントの変化に対して機動的にリスクヘッジできる手段が投資家に提供されるようになった。2010年にはCBOEは株式を公開し、現在はCBOEホールディングス[19]がNASDAQに上場されている。

⑵ わが国のオプション市場

CBOEにおけるオプション取引の急成長を受けて、わが国では、名古屋や大阪で地場証券会社を中心にオプション取引に関する関心が高まり、1976年には地方証券取引所振興策の一環としてオプション制度の導入を要望する意見が出された[30]。このような動向をふまえて、日本証券業協会は証券取引制度専門委員会を設置したうえで、オプション取引導入の是非をめぐる検討を始めた。1977年4月には、アメリカやカナダに調査団を派遣したうえで情報収集を進めた結果、同年7月には、オプション取引の導入に対する前向きな提言をまとめ、大蔵省や証券取引所へ導入を働きかける方針を決定した[31]。ところがその頃、アメリカでは、オプション取引をめぐって、架空取引の報告、取引執行後の税金対策のための反対売買、インサイダー取引の横行などの不正取引が発生しており、SECが実態調査を実施したうえで、当面の間は、新規の原資産拡大を凍結するという発表を行った[32]。このようなアメリカにおけるオプション取引に関する問題点が指摘されるなか、東京証券取引所（「東証」という）の証券政策委員会はオプション取引の導入を見送る決定を行い[33]、オプション取引の早期導入論はいったん下火になった。

その後、1983年にアメリカで株価指数オプション取引が開設されると、株式売買の東証への一極集中化で衰退が懸念される名古屋や大阪の証券界では、名古屋証券取引所（「名証」という）に名証市場振興研究会、大阪証券取引所（「大証」という）に新構想研究会を開設して、再びオプション取引に関する検討を開始した[34]。地盤沈下対策が不可欠との強い危機感を抱いていた名証は、株式オプション取引の導入によってシカゴの金融界が活性化されたことに大きな刺激を受けていた。名証は、1984年にアメリカの証券取引所や商品取引所へ視察団を派遣し、その結果をふまえて、オプション取引の導入の提言を行う報告書を取りまとめた[35]。

---

17 long-term equity anticipation securities
18 flexible exchange
19 CBOE Holdings

ところが、株式関連のオプション取引を導入するためには、証券取引法の改正など法制度面の整備が必要となるため、すぐには実現しなかった。その間、1984年に実需原則が撤廃されて為替取引が活発化するなか、店頭物だが、同年４月に東京銀行が伊藤忠商事との間で通貨オプション取引第１号契約を締結した[36]。その後も、金利オプション取引がシティバンクの在日支店、金（地金）オプション取引が総合商社や都市銀行によって導入されるなど、店頭オプション取引が先行して開始される展開となった[37]。

取引所上場オプション取引に関しては、1980年代後半になって、ようやく行政主導で導入の検討が始められた[38]。1987年５月には、大蔵省証券局長の諮問機関である証券取引審議会が報告書「証券先物市場の整備について」を大蔵大臣に提出し、そのなかで株価指数先物取引と証券オプション取引の早期導入の必要性を提言した。当時の証券取引法では、法律上の規制の対象となる証券等は個別列挙方式で定められていた[39]。ところが、この法律[40]が制定されたのは第二次世界大戦後間もなくであり、デリバティブ取引の導入は想定されておらず、先物取引やオプション取引を導入して、証券会社が取り扱うためには法律の改正が必要であった。そこで、審議会の提言をふまえて、1988年に証券取引法が改正され、先物取引やオプション取引の導入が可能となった。

改正証券取引法の施行をふまえて、まず1988年９月には、東証と大証で同時に株価指数先物取引が開始された[41]。オプション取引に関しては、アメリカでは個別株式オプション取引から開始されたが、わが国では個別株式では十分な流動性が期待できないなどの理由で、株価指数物から開始されることとなった。会員制の東証にとっては、会員の一部銘柄だけを選別した日経平均株価の採用が立場上むずかしかったこともあり、全銘柄から構成される自家製株価指数のTOPIXを対象とすることとした。これに対して、大証は、幸いにも、運用の現場が最も使い慣れた日経平均株価を原資産として採用できることとなった。

東京、大阪、名古屋の３大証券取引所では、オプション取引導入の準備が進められていったが、これらのなかで、大証が導入に特に積極的であった。現物取引のシェア激減に苦悩し、デリバティブ取引で起死回生を期したのである。関西空港開設と並ぶ重要プロジェクトの１つと位置づけられた。大証は、1985年10月に名証と共同で馬場正雄京都大学教授を団長とする「株式先物調査団」をイギリスとアメリカに派遣し、株式先物取引やオプション取引を導入する意義を取りまとめた[42]。また、大証は、1987年10月に、蠟山昌一大阪大学教授を団長とする視察団をアメリカへ派遣したうえで、具体的なデリバティブ取引の仕組や活用状況について調査を行った[43]。この調査結果に基づいて、大証は1988年11月の定例理事会で「日経平均株価オプション取引制度要綱案」を承認し、翌年1989年6月（12日）には他の取引所に先駆けて、日経平均株価オプション取引[44]を開始した。大証が開始を急いだ背景には、東証が開始する前に少しでも実績づくりをしておきたいとの焦りもあった。

その後、名証が、株価指数オプション取引の原資産として、25銘柄から構成される「オプション25」という名称の株価指数を新たに作成した。これはアメリカン証券取引所のメジャーマーケットインデックス・オプション[20]を範にしたもので、東証ばかりでなく名証にも上場しているわが国の主要銘柄の株価を時価加重して計算する仕組の指数であった。1989年10月に、名証は、東証のTOPIXオプション取引よりも3日早くオプション25株価指数オプション取引を開始した[45]。

他方、東証は、現物取引が好調なこともあって、デリバティブ取引の導入にかならずしも積極的ではなかったが、証券取引法の改正をふまえ、1988年10月に株価指数オプション専門委員会の設置を決定した。同委員会は、同年11月には「東証株価指数オプション取引制度要綱（案）」を取りまとめ、東証は、大証から約4カ月間遅れて、1989年10月にTOPIXオプション取引を開始した。巷では、大証はすぐ東証に追い抜かれるものと噂されたが、先行した大証の日経平均株価オプションが主役の座を譲ることなく、取引を拡大させた。

名証も、株式オプション取引の導入を名古屋証券市場活性化のための起死回生策としたいと意欲をみせたが、ほとんど実績を得ることはなかった。オプション25は東証と名証に重複上場するわが国の主要銘柄を中心に構成されていたが、オプション取引の原資産として急造された経緯もあり、株価指数としての知名度は低かった。また、地場にマーケットメークできる大証券会社があるわけでもなく、オプション25の開設後の状況は不調だったが、それは予想どおりともいえた。期待されたはずの東証のTOPIXオプション取引も、開設当初のご祝儀商いを除くと出来高は伸び悩み、大方の予想を裏切って、大証の独り勝ちとなったのである[46]。

その後、1990年に入ると株価が大暴落した。主にヘッジ目的で株価指数を原資産とするデリバティブ取引の導入が進められたが、暴落前にちょうど間に合ったかたちである。この年の5月には、東証で長期国債先物オプション取引が開始された。この株価暴落で東証の現物取引の出来高は激減するが、大証のオプション取引はヘッジ目的での商いが増加して、むしろ好調を続けた。この対照的な結果が東証によるデリバティブ批判につながる。東証の長岡実理事長が「尻尾が胴体を振る[47]」の表現でデリバティブ取引をバブルの犯人として批判するなど、株価指数オプション取引を含む「デリバティブ悪玉説」が広がり、大蔵省は証拠金規制を強化するなどの対策を実施

---

20 Major Market Index Option

することとした。その結果、わが国におけるオプション取引の多くがシンガポール国際金融取引所（SIMEX[21]）に流れ、国内市場全体が縮小することになる[48]。

暴落後にデリバティブ悪玉説が広がるなか、日経平均株価が単純平均方式で算出されていることが批判された。単純平均なので、株価水準の高い株（「値嵩株」という）の影響が大きく、ボラティリティが高まる傾向があるというのである。そこで、同指数に代る株価指数として300銘柄の時価加重平均の日経300の算出・公表が開始され、1994年2月には大証で日経300オプション取引が開始された。ところが、この新たなオプション取引は投資家からほとんど注目されることなく、結局、日経平均株価オプション取引に取引が集中している状況はそのまま変わらなかった[49]。その後、1997年7月には、東証と大証で個別株オプション取引[50]が開始された。この取引は、個人投資家を中心とした一定の投資家ニーズを確保することに一応成功し、日経225オプション取引には遠く及ばないにしても、TOPIXオプション取引と同水準の取引が行われている[51]。

オプション取引の具体的な仕組については、第4章で詳しく説明するが、デリバティブ取引はリスクヘッジなどに対する機関投資家のニーズが強く、取引の利便性向上の試みが進められている。2007年9月からは、株価指数先物・オプション取引に関してイブニング・セッションが開始され、現物取引の取引時間終了後に発生する決算発表やその他のニュースに対応した取引が可能になるように配慮された。その後、イブニング・セッションの取引時間終了時間が少しずつ延長され、2011年9月以降は翌日早朝までの取引が可能になったことから、ナイト・セッション（夜間立会）と呼ばれるようになった。現在では、株価指数先物・オプション取引ばかりでなく、債券先物取引や債券先物オプション取引に関してもナイト・セッションが設けられている。その結果、ヨーロッパやアメリカなど海外の証券市場における動向をふまえたデリバティブ取引が可能になっている。

21世紀に入ってからは、証券取引所の株式会社化が進んだ。世界規模で取引所間競争が激化するなか、2013年1月に東証と大証が経営統合して、日本取引所グループが両者の持株会社となった。その後、現物取引を東証、デリバティブ取引を大証に集中させるかたちで棲み分けが進められた。2013年7月に、まず現物取引が東証に一本化され、さらに、2014年3月以降は、東証のデリバティブ取引部門が大証に移管され、わが国のデリバティブ取引は大証に集約されることとなった。こうして、大証は得意分野であったデリバティブ取引専門の市場になり、これを契機にして、以後、大証は大阪取引所（「大取」という）に名称変更された。

21　Singapore International Monetary Exchange

4 オプション理論誕生の経緯

オプション理論に関する初期の代表的研究は、19世紀終わり頃にソルボンヌ大学の学生だったバシュリエ[22]によって行われた。「投機の研究」という博士論文のテーマに示されているように、「株価の予測が果たして可能か」という内容の研究であった。バシュリエは、素粒子に関するブラウン運動[52]の理論を資産価格の変動過程に応用することに成功している。アインシュタイン[23]よりも5年早く、ブラウン運動に関する理論を定式化して、オプション理論において重要な役割を果たす確率過程に関する基礎理論を提示したことになる。その研究は、その後、ランダムウォーク仮説などのかたちで引き継がれることとなった。

バシュリエの論文は、議論の対象が株価変動過程の研究にとどまらず、当時すでに活発な取引が行われていたオプション取引にも及んでいる。プット・コール・パリティの関係について議論されているほか、カバードコール・ライティング、スプレッド、ストラドルなどのオプション戦略についても言及されている。また、株価変動に関する確率過程を想定したうえで、株式オプションのプレミアムに関するモデルを提示しており、「プレミアムの水準は、満期までの期間の平方根に比例する」などの示唆を導いている。

しかしながら、バシュリエの研究成果は公表される時期が早すぎた。指導教官だったポアンカレ[24]は、その博士論文に対して「きわめて独創的で緻密ではあるが、研究テーマが通常の研究者が取り上げる内容とは大きく異なっている」とコメントするなど、当時は、その意義が評価されることはなく、注目されずに数十年間にわたって放置されていた[53]。バシュリエの存在が注目されたのは、その研究成果がサベージ[25]によって1950年代半ばに発見され、この情報が、当時、資産価格評価の問題に関心をもっていたサミュエルソン[26]に伝えられたことがきっかけであった[54]。

サミュエルソンは、かねてからワラントの価格形成に関心をもっており、バシュリエの論文に出会ってから、バシュリエの確率過程に関する研究成果を応用して、ワラントの理論価格に関する研究論文を取りまとめた[55]。サミュエルソンは、この論文の最後に、自身の導いたワラントの価格評価に関する理論は、オプション全般にも応用可能と指摘している。

---

22 Louis Bachelier
23 Albert Einstein
24 Jules-Henri Poincaré
25 Leonard Jimmie Savage
26 Paul Samuelson

サミュエルソンは、バシュリエのオプション価格に関するモデルに対して原資産価格が幾何ブラウン運動に従うと仮定するなどの改善を行っている[56]。ただし、原資産価格である株式のリターンとワラントのリターンを所与として、ワラントの理論価格を導くというものであった。ワラントは株式よりもリスクが高く、それぞれの期待リターンが異なる可能性を指摘していた。そのため、実際にワラント理論価格を計算するのに、割引因子として株式やワラントの期待リターンが必要だが、前提となる外生変数の期待リターンはわからず、どのような推定値を与えるのかによって理論価格が変わってくるという恣意性があった[57]。これに対して、ブラックショールズ・モデルは、第6章で説明するとおり、原資産価格の期待リターンを必要としないモデルであり、これと比べると、サミュエルソンのワラント価格評価モデルは初歩的な段階のものにとどまっていた。

1960年代後半から70年代前半にかけてブラック[27]、ショールズ[28]、マートン[29]の3人が出会って、ブラックショールズ・モデルの構築という重要な貢献を行ったが、3人が最初からオプションモデルの構築を目的に共同研究を始めたわけではなかった[58]。

ブラックは、1964年にハーバード大学で応用数学の博士号を取得した。OR[30]や論理学、コンピュータ設計、人工知能などが主要な研究テーマであり、これらの知識を情報処理技術へ応用することに関心があった。博士号取得後は、アーサー・D・リトル[31]（ADL）というコンサルティング会社で、ポートフォリオマネジメント・システムの設計などに携わった。そこで、CAPMやパフォーマンス評価指標の考案者としても知られるトレイナー[32]と出会い、ファイナンス理論に関心をもち始めることになる。ブラックは、理論的な活動においてもゼロベータ型CAPMを1972年に公表するなど、当時脚光を浴びていたCAPMの応用に強い関心をもっていた[59]。その後、株式以外の資産へのCAPMの応用研究に興味をもち、債券や実物資産、ワラントなどへのCAPMの応用を試みている。

一方、ショールズは、ミラー[33]の勧めに応じてシカゴ大学のビジネススクールで研

---

27 Fischer Black. 1938～95年。ノーベル経済学賞の受賞は確実視されていたが、57歳の若さで逝去した。

28 Myron Scholes. 1997年にノーベル経済学賞を受賞。

29 Robert Merton. 1997年にノーベル経済学賞を受賞。

30 operations research

31 Arthur D. Little

32 Jack Treynor

33 Merton Miller. 1923～2000年。MM理論などコーポレートファイナンスの基礎研究が評価されて、1990年にノーベル経済学賞を受賞した。

究者の道を選択し、1968年に博士号を取得した。研究テーマは効率的市場仮説の検証であった。その後、ブラックとショールズは、CAPMにおける均衡フレームワークを応用して、オプションプレミアムの導出を試みたが、この研究はなかなか進まなかった。

3人のなかで最年少のマートンは、学部時代にはカリフォルニア工科大学で工学数理を専攻し、その後MITの大学院へ進学し、1968年からサミュエルソンのもとで研究助手をすることとなった。当時、ワラントの評価理論の研究に取り組んでいたサミュエルソンは、マートンの数学能力を高く評価していた。サミュエルソンとマートンは、ワラントに関する共著論文を執筆している[60]。その後、マートンは、CAPMを連続時間（動学的プロセス）版に拡張するなどの業績を積み上げ、オプション理論についてもブラックとショールズに対して貴重な助言を行った。

ブラックとショールズは、その後、原資産とオプションを適切な比率で組み合わせて完全ヘッジポートフォリオを構築することでリスク中立世界を複製できれば、無リスク金利で現在価値に還元することによってオプションの理論価格を導くことができると考え始めた。2人は、その後、マートンから数学的な解法に関する助言を得て、ブラックショールズ・モデルの導出に成功した[61]。

当時は、オプションの重要性に関する認識が乏しかったこともあって、ブラックとショールズの論文は、投稿してもなかなか学術誌に採択されなかった。きわめてニッチな分野に関するテクニカルな論文とみなされ、審査のプロセスにすら進めなかったとされる。最終的には、シカゴ大学の権威的な2人の学者（ミラーとファーマ[34]）の強い推薦があって、シカゴ大学が責任編集の学術誌*Journal of Political Economy*に1973年に掲載されることとなった。背景には、1973年に最初の上場オプション市場となるCBOEの設立計画が進んでいたという事情もあった。シカゴ大学の教授であったミラーとファーマは、オプション市場の開設とともに、オプション理論の重要性が高まることを見越しており、ブラックたちの論文の掲載を推薦した。1973年に上場オプション市場CBOEの開設とオプション理論の公表が同時に実現したのは、まったくの偶然というわけではなかったのである[62]。

ブラックショールズ・モデルは、連続分布で、かつ、時間的にも連続であることを前提にする連続モデルだが、その後、原資産の価格変動が時間的にも不連続で、離散分布のオプションモデル（二項モデル[35]）がコックス[36]、ロス[37]、ルービンシュタイ

---

34 Eugene Fama
35 binomial model
36 John Cox
37 Stephen Ross

ン[38]の3人の研究者によって提示された[63]。二項モデルは、期間を無限小にすることで、ブラックショールズ・モデルと同一の連続モデルに近似する[64]。しかも、このモデルはブラックショールズ・モデルと比べると直感的にわかりやすく、オプション理論の構造や意義を幅広く浸透させる役割を果たした[65]。

ブラックショールズ・モデルは、満期にだけ権利行使可能なヨーロピアンを想定したオプション理論だが、二項モデルはわかりやすいだけでなく、解が閉じないアメリカンオプションや経路依存型オプションの評価にも活用することができる。通常とは異なる特殊な条件が追加されたオプションをエキゾチックオプション[39]と総称するが、このようなオプションの理論プレミアムを計算する際にも二項モデルは有用である。満期までの間で最も有利な時期を選んで権利行使したものと扱われるルックバックオプションや、過去の原資産価格の平均値を原資産とみなすことができるアジアオプションなどがエキゾチックオプションの例である。

5 オプション取引をめぐる課題

第2章でみてきたように、オプションにはきわめて多様な活用方法があり、適切に用いると、リスク管理や投資戦略への活用、市場情報の分析などの観点からさまざまな便益を得ることが可能である。しかしながら、株式や債券など現物取引と比べると、オプション取引は比較的歴史が浅く、しかも商品性が複雑なうえ、基本的にはレバレッジ商品であるため、使い方によっては巨額の損失が発生したり、金融市場を混乱に陥らせたりする危険性を伴っている。第2章のコラムで示したベアリングズ事件が一例である。この事件では、1人のトレーダーが日経225オプションの売りで獲得したプレミアム収入を証拠金に充当して日経225先物取引を行い、投機的な取引が失敗して1,000億円を超える巨額損失が発生した。その結果、18世紀に設立されたイギリスの名門銀行[66]が倒産する結果となったのである[67]。ここでは、このような具体的事例を通じて、オプション取引やオプションの考え方を用いた投資戦略等の課題をみていく。

(1) ブラックマンデーとポートフォリオインシュアランス

第2章では、オプション取引の代表的な活用方法の1つとしてプロテクティブプットについて説明した。保有株式をそのまま維持し続けながら、プットをロングするこ

38 Mark Rubinstein
39 exotic option

とで、株価が下落した場合の株式評価損をプットの利益で相殺するのがこの戦略の仕組である。

分散投資された株式ポートフォリオを保有している機関投資家の場合には、株価指数プットのロングを用いれば、プロテクティブプット戦略を実行できるが、実際には、株価指数先物のショートを用いるダイナミックヘッジ戦略で代替されることが多い。これは、株価水準に応じて先物のショートポジションの数量を調整することで、プロテクティブプット戦略と同様の効果を実現しようと試みるヘッジ手法である。株価水準が一定限度を下回った段階で先物のショートを始め、株価の下落幅が大きくなるに従って、ショートの数量を増やしていく。最終的には、株価の下落による株式ポートフォリオの評価損と先物のショートによる利益がちょうど相殺されるように調整を行う。

株価指数プットを用いた教科書的なプロテクティブプットではなく、先物を用いたダイナミックヘッジが活用されることが多いのは、実際にプットのロングを用いた場合には取引コストが高くなりやすいことや、一般的にオプション市場よりも先物市場の流動性のほうが高いため、ダイナミックヘッジ戦略のほうが機動的な運用が可能なことによる。これらが、ダイナミックヘッジ戦略が好まれた理由である。

この仕組を用いて、1980年代に機関投資家向けに株価下落リスクのヘッジをビジネスとして提供した学者がいた。カリフォルニア大学バークレー校のルービンシュタインとリーランド[40]である[68]。実務家のオブライエン[41]をマーケティング担当者として招聘して、リーランド・オブライエン・ルービンシュタイン・アソシエイツ（LOR）を結成し、株価の下落リスクをヘッジするポートフォリオインシュアランス[42]を金融商品として提供し始めた。頭文字をとってPIと略称される。当初は、株価の下落時には現物株式を売却する仕組を想定していたが、1982年に株価指数先物取引が導入されたことによって、先物取引を用いるダイナミックヘッジが可能となった。

1980年代は、世界中の市場で株価高騰が続くなか、株価の下落リスクに対するヘッジ機能を備えたPIは機関投資家に対して安心感を与えた。ところが、1987年10月19日に、PIの真価が問われることとなった。ダウジョーンズ工業株平均株価（DJIA[43]）が１日だけで20％以上も下落[69]したのである。この日が月曜日だったことから「ブラックマンデー」と呼ばれた。PIプログラムは、株価の下落リスクをヘッジするために、株価指数先物のショート取引を大量に行った[70]。株価の急激な下落局面では、株

40 Hayne Leland
41 John O'Brien
42 portfolio insurance
43 Dow Jones Industrial Average

価指数先物価格は市場参加者の株価下落予測を反映して遅れずに下落する傾向があるのに対して、株式市場では買手が極端に少なくなり、取引が成立しにくくなるため、株価下落のスピードが株価指数先物価格に対して遅れ気味になる。こうして、株価指数が株式市場の実態を反映するまでに時間がかかることで、見かけ上、株価指数先物価格が原資産である株価指数よりも大幅に割安という状況が起こった[71]。このとき、割安な株価指数先物をロングして、割高な株価指数構成銘柄を空売りする裁定取引によって利益を獲得しようとするプログラムトレーディングが大量に発動され、株価の下落が加速した[72]。さらにこの株価の下落に応じて、PIプログラムは先物のショートを追加的に行うため、カスケード現象と呼ばれる株価の下落スパイラルが発生した。

結果的に、PIは、ブラックマンデー時に株価の下落を加速するという状況を引き起こしてしまったのである。

(2) わが国におけるオプション取引をめぐる巨額損失事件

オプション取引は、戦略的に使えば第２章でみてきたとおり、さまざまな投資戦略への応用が可能だが、単に投機的に用いて失敗して巨額の損失が発生する事例も少なくない。

図表３－１は、1990年代に発覚したわが国におけるオプション取引関連の巨額損失事件を例示している。バブル景気の終焉した1990年代に入ると、オプション取引の絡んだ損失事件が毎年のように発生していたことがわかる。これらの事件は、金額の大きさから公表せざるをえなかったものであり、損失額が軽微で目立たなかったものを含めると、実際にはもっと多くの損失事例が発生していたものと思われる。

昭和シェル石油の事例は、1993年２月にあきらかになった。同社は売上高の規模の割には借入金が少なく、財務状態は健全な企業と評価されていた。それだけに、為替相場に関する投機的な運用の失敗により1,000億円を超える規模の巨額損失が発生し

図表３－１　オプション取引をめぐる巨額損失事件

発覚（発表）	対象企業	対象商品	損失額
1993年２月20日	昭和シェル石油	ドルプットのロング	1,250億円
1993年10月中旬	（旧）神崎製紙	日経225プットのショート	75億円
1994年11月11日	東京証券	米国債プットのショート	150億円
		通貨オプションのショート	170億円
1995年12月15日	キッツ	ドルプットのショート	約150億円
1996年６月14日	住友商事	銅プットのショート	2,850億円
1998年３月19日	ヤクルト	通貨オプション取引	1,000億円超

たことに対して、関係者の間に大きな衝撃が走った。1985年のプラザ合意以降、急激な円高が進行していたが、この円高水準は「行き過ぎで、いずれ円安方向に戻る」との財務担当者の予想が外れた結果であった。円安期待から円売り・ドル買いの為替先物予約を行ったところ、急激な円高が進行して数百億円もの巨額損失が発生した。この損失をカバーするために数百億円規模の通貨オプション取引（ドルプットのロング）を行った結果、さらに損失額が拡大した[73]。

（旧）神崎製紙は、1993年10月に王子製紙と合併して新王子製紙となったが、この組織再編後、神崎製紙時代の財務部長によるオプション取引の失敗があきらかになった。日本株の上昇を見込んで日経225プットのショートを行っていたところ、株価が下落して数十億円もの損失が発生した。本件では、新王子製紙の株主から75億円の損害賠償を求めて、株主代表訴訟が起こされた[74]。これも、財務担当者による投機的な取引が原因で巨額損失が発生した事例である。

東京証券の事例では、アメリカにおける金利上昇の影響で、保有していた米国債に約20億円の含み損が発生したため、アメリカ国債やイギリスポンドのオプション取引などで損失をカバーしようとしたところ、どちらの取引も裏目に出て、それぞれ150億円、170億円の損失が発生した[75]。この事例は、債券部長と外国為替部門の若手職員によって実行されたものであり、1994年11月にあきらかになった。やはり、投資部門の担当者による投機的な判断が損失につながった。

キッツは、子会社の「ホテル紅や」が為替のデリバティブ取引で約150億円の損失が発生したことを1995年12月に公表した。想定元本２万7,800万ドルのプットを１ドル＝150円台でショートする取引を行っていたところ、１ドル＝100円前後にまで円高が進行したことで、特別損失の計上を余儀なくされた事例である[76]。これも、子会社の役員が、為替レートの円高水準が異常と判断し、円安に動くことに賭けた投機的取引の失敗事例である。

住友商事の非鉄金属部長による銅価格の相場操縦に伴う巨額損失事件は、関係者の間ではかなり大きなインパクトのある事例であり、1996年６月にあきらかになった[77]。もともと住友商事の非鉄金属部門は、日本のメーカーに対して銅をはじめとする非鉄金属を安定的に供給する役割を果たしていた。同部長は、1980年代から社内では禁止されていた投機的な先物取引によって収益を計上しようとして、取引関連書類を偽造しながら簿外取引を繰り返しているうちに、最終的な損失額が2,850億円にまでふくらむ結果となった[78]。この簿外取引の損失を補填するためにプットのショートが活用された。外部のディーラー[79]と結託して、銅の現物を買い占めて銅価格を高値で安定するよう相場操縦することで、プットがITMになることを阻止し、プレミアム収入を安定的に確保する操作が行われた。この事件でも、簿外取引を見抜けなかった住友商事の管理体制の不備が指摘された。

ヤクルトも、通貨オプションなど通貨デリバティブ取引を用いた財テクに失敗して1,000億円以上の損失を計上したことが1998年3月にあきらかとなった。1997年に発生したアジア通貨危機の影響で為替相場が混乱したことの影響と説明されている[80]。

これら一連の巨額損失事件の共通点は、企業の財務や商品部門の担当者が株式、為替、金利、商品などの相場予想に基づいて投機的な取引を行い、予想が外れて損失が発生したという単純な図式である。オプション取引は、投機の手段や損失穴埋めのためのプレミアム獲得目的で活用された。オプションのロングでは、予想どおりの方向に原資産価格が変動するときは大きな利益が発生するが、予想が外れた場合には投資金額（プレミアム）が完全に消失する（－100％のリターン）。ショートの場合には、予想どおりになれば受け取ったプレミアムがそのまま収益として残るが、予想が外れてオプションが行使された場合には巨額の損失が発生する可能性がある。この教科書どおりの失敗を多くの日本企業が実践したことになる。財務のプロとみなされていた担当者も、事件の関係者に多数含まれていた。

簿外取引を活用することによって、含み損の状況が数年間にもわたって放置されていた事例も少なくなかったため、会計制度の不備という側面も指摘されていた。その後、このような問題点を考慮のうえ、デリバティブ取引に関してはヘッジ会計の導入など、会計制度の整備が行われた[81]。

(3) LTCM事件

わが国における巨額損失事件は、原資産価格の変動に関する担当者の予想が外れて損失が発生したという単純な事例が中心であった。ところが、1998年に、デリバティブ理論の第一人者ショールズとマートンが運営に絡んだLTCM[44]の巨額損失事件がアメリカで発生して関係者を驚かせた。1998年9月に数十億ドルもの損失を被って経営破綻状態に陥ったことから、連邦準備制度理事会（FRB[45]）が調査に乗り出し、運用の実態があきらかとなった[82]。LTCMは、非常に多様な投資戦略を組み合わせて投資していたが、その主要な戦略として、割高な証券を空売りして割安な証券を購入するマーケットニュートラル戦略が用いられていた。当時は、ロシアなどの新興国の債券が割安で利回りが高く、アメリカ国債が割高で利回りが低かったことから、新興国の国債のロングとアメリカ国債のショートを組み合わせる投資戦略を組んでいた。ところが、1997年に発生したアジア通貨危機の影響で、投資家のリスク回避志向が急激に

---

44 Long-Term Capital Management. 1994年に運用を開始。

45 Federal Reserve Board

強まって「質への逃避」が一気に進んだ。高リスクの証券を売却して、安全性の高いアメリカ国債を購入する動きによって、LTCMは巨額の損失を被る結果となった。

LTCMは、アメリカ株式市場のIVが15～20％程度のボックス圏で推移する傾向があることに注目し、株式市場のボラティリティが上昇した時期にS&P500コールをショートする投資戦略も採用していた。ボラティリティが低下してオプションのプレミアムが下落すれば、オプションが行使される可能性が低下してプレミアム収入を確保できることが、この戦略の狙いであった。LTCMは、S&P500指数のボラティリティが約20％に達した1997年にこの戦略を発動させたところ、1998年もボラティリティの高い状態が続いたため、このポジションからも損失が生じた。

FRBは、LTCMの経営破綻でデリバティブ市場に大きな影響が出ることを強く懸念した。そこで、ニューヨーク連銀と協調して、LTCMへ投資していた大手金融機関に対して36億ドルの追加出資を求めることで、デリバティブ市場における広範囲なデフォルトの発生を防いだ。

LTCMは、過去のデータに基づく市場分析を通じて、市場価格や経済指標等は中長期的に平均的な水準に戻る（平均回帰）傾向が存在するという前提のもとで、多くのポジションを構築していた。ところが、金融危機等の異常事態の影響で、想定どおりに価格が変動しない状況が発生し、巨額の損失を被ったと考えられる。特に高いレバレッジ[83]をかけて高リスクの運用を行っていたため、予想が外れたときの影響が大きかった。

⑷ 詐欺事件―マドフ事件とAIJ事件

オプション取引を用いて安定した収益を実現していると主張していたが、実際に運用は行われていなかった詐欺事件を紹介する。アメリカのマドフ事件とわが国のAIJ事件である。どちらも、ヘッジファンドと呼ばれる投資スキームを用いて顧客から資金を集め、成功報酬を含む多額の報酬を受け取りながら、資産運用を行っていると装っていた。どちらも本質的には「ねずみ講」とか「ポンツィスキーム[46]」とか呼ばれる、新規顧客からの出資金を配当に回す自転車操業的な仕組の詐欺事件であり、マドフ事件は2008年、AIJ事件は2012年に発覚した。顧客は、安定した利益を得ていると報告を受けていただけに、大きな影響を被った。詐欺事件であったことがわかると、多くの資産が消失し、大きな社会問題にまで発展した。

マドフ事件では、元NASDAQ会長のマドフ[47]が、スプリット・ストライク・コン

46 Ponzi scheme
47 Bernard Madoff. 実際には、「マドフ」ではなく、「メイドフ」と発音される。

バージョン[48]と称するオプション取引を用いた投資戦略によって年率10%以上の安定的なリターンを保証するともちかけて、ユダヤ人社会を中心に巨額の資金を集めた。被害を被った顧客は1万人（社）を超え、個人顧客のなかには映画監督のスピルバーグ[49]など多くの著名人も含まれていた[84]。マドフは、S&P100指数の構成銘柄のうち数十銘柄の株式ポートフォリオを保有したうえで、S&P100を原資産とするコールのショートとプットのロングを組み合わせることで株式ポートフォリオの価格下落リスクをヘッジする戦略と説明していた。マドフは、投資戦略の詳細をあきらかにしない秘密主義を貫いていたため、不正の存在の発覚が遅れた。最終的に2008年に事件が発覚したときには、見かけ上の純資産価値は650億ドル（当時の為替レートで約6兆円）にも達していた[85]。破綻する何年も前から問題視する投書があるなど疑惑がもたれ、2006年にはSEC[50]が検査に入ったが、不正行為を見抜けなかった。

わが国でも、企業年金を中心に合計2,000億円もの損害を与えたAIJ事件が2012年に発覚した。被害の対象となった企業年金における利害関係者の多さから、大きな社会問題となった[86]。この事件でも、ヘッジファンドのマーケティング担当者が「オプションのショートを活用して安定した利益を獲得できる」というあいまいな説明で、年金基金から巨額の資金を集めた。

AIJ事件でも、マドフ事件と類似の仕組が採用されて日本版マドフ事件とも呼ばれた。実際の運用は行われていなかったが、顧客には、毎月、安定したリターンが発生している旨の報告が行われていた。AIJから顧客向けに提示された同社の旗艦ファンドであるエイム・ミレニアム・ファンドの運用実績によると、2002年6月～2011年12月まで115カ月間のうち、リターンがマイナスになったのは7カ月にすぎず、勝率94%（=108/115=0.94）という異常な高さであった。また、リターンの水準も115カ月間で3.47倍（年率約14%）という高水準であった。

AIJ事件についても、オプションのショート戦略の投資特性を考えると、これだけ安定的に高水準のリターンを継続できるのはおかしいと気づくはずであり、オプションに対する年金関係者の知識不足も被害を拡大させた一因といえる。同事件では、数年前から証券取引委員会の情報窓口に告発が寄せられおり、AIJの不正行為を放置した規制当局者の責任も小さくない。

48 split strike conversion

49 Steven Spielberg

50 Securities and Exchange Commission

キーワード

タレス、チューリップバブル、ジョイントストック・カンパニー、南海バブル、イギリス東インド会社、セージ、オプション取引業協会、シカゴ商品取引所（CBOT)、オプション清算機関（OCC)、シカゴオプション取引所（CBOE)、CBOEホールディングス、カウンターパーティリスク、アメリカン証券取引所（AMEX)、フィラデルフィア証券取引所、LEAPSオプション取引、FLEXオプション取引、VIX（恐怖指数)、日本取引所グループ、東京証券取引所（東証)、大阪証券取引所（大証)、大阪取引所（大取)、証券取引法、通貨オプション取引、金利オプション取引、金（地金）オプション取引、個別列挙方式、日経平均株価オプション取引、TOPIXオプション取引、オプション25株価指数オプション取引、デリバティブ悪玉説、証拠金規制、シンガポール国際金融取引所（SIMEX)、日経300、イブニング・セッション、ナイト・セッション（夜間立会)、バシュリエ、ブラウン運動、確率過程、ランダムウォーク仮説、プット・コール・パリティ、カバードコール・ライティング、プロテクティブプット、スプレッド、ストラドル、ワラント、ブラックショールズ・モデル、二項モデル、エキゾチックオプション、ルックバックオプション、アジアオプション、ダイナミックヘッジ戦略、ポートフォリオインシュアランス（PI)、ブラックマンデー、プログラムトレーディング、カスケード現象、ヘッジ会計、LTCM、マーケットニュートラル戦略、マドフ事件、AIJ事件、ねずみ講（ポンツィスキーム)、スプリット・ストライク・コンバージョン

参考文献

- Bachelier, Louis, "Théorie de la spéculation," *Annales Scientifiques de l'École Normale Sepérieure* 3, 1900, pp. 21-86; in Davis, Mark, and Alison Etheridge, *Louis Bachelier's theory of speculation: The origins of modern finance,* Princeton University Press, 2006.
- Bernstein, Peter, *Capital Ideas: The improbable origins of modern wall street,* Free Press, 1992.（ピーター・バーンスタイン『証券投資の思想革命』東洋経済新報社、2006年）
- Black, Fischer, "Capital market equilibrium with restricted borrowing," *Journal of Business* 45, July 1972, pp. 444-455.
- Black, Fischer and Myron Scholes, "The pricing of options and corporate liabilities," *Journal of Political Economy* 81, May-June 1973, pp. 637-659.
- Brady, Nicholas (Chairman), *Report of the Presidential Task Force on market mechanisms,* U.S. Government Printing Office, January 1988.

・Brown, Robert, "A brief account of microscopical observations made in the months of June, July and August, 1827, on the particles contained in the pollen of plants; and on the general existence of active molecules in organic and inorganic bodies," *Philosophical Magazine* 4, 1828, pp. 161-173.
・Cox, John, Stephen Ross, and Mark Rubinstein, "Option pricing: A simplified approach," *Journal of Financial Economics* 7, September 1979, pp. 229-263.
・Davis, Mark, and Alison Etheridge, *Louis Bachelier's theory of speculation: The origins of modern finance,* Princeton University Press, 2006.
・Einstein, Albert, "Über die von der molekularkinetischen Theorie der Wärme gefordete Bewegung von in ruhenden Flüssigkeiten suspendierten Teilchen（On the motion of particles suspended in fluids at rest implied by the molecular-kinetic theory of heat）," *Annalen der Physik* 17, 1905, pp. 132-148.
・Einstein, Albert, "Zur theorie der Brownschen Bewegung（On the theory of Brownian motion）," *Annalen der Physik* 19, 1906, pp. 371-381.
・Garber, Peter, *Famous first bubbles,* The MIT Press, 2000.
・Mackay, Charles, *Extraordinary popular delusions and the madness of crowds,* 1841.（チャールズ・マッケイ『狂気とバブル』パンローリング社、2004年）
・Markham, Jerry, *A financial history of the United States,* Volume Ⅰ(From Christopher Columbus to the Robber Barons, 1492-1900), M. E. Sharpe, 2002.
・LeBor, Adam, *The believers: How America fell for Bernard Madoff's $65 billion investment scam,* Weidenfeld & Nicolson, 2009.（アダム・レボー『バーナード・マドフ事件―アメリカ巨大金融詐欺の全容』成甲書房、2010年）
・Paul, Helen, *The South Sea Bubble, An economic history of its origins and consequences,* Routledge, 2011.
・Rubinstein, Mark, *A history of the theory of investments,* John Wiley & Sons, 2006.
・Samuelson, Paul, "Rational theory of warrant pricing," *Industrial Management Review* 6, Spring 1965, pp. 13-39.
・Samuelson, Paul, and Robert Merton, "A complete model of warrant pricing that maximizes utility," *Industrial Management Review* 10, Winter 1969, pp. 17-46.
・Smith, Clifford W., Jr., "Option Pricing: Review," *Journal of Financial Economics,* 3, pp.3-51.
・Swan, Edward *Building the global market: A 4000 year history of derivatives,* Kluwer Law International Ltd, 2000.
・アリストテレス『政治学』（山本光雄［訳］）岩波書店（アリストテレス全集　第15

巻)、1969年
・大村敬一・清水正俊・俊野雅司『詳解　株式オプション』金融財政事情研究会、1991年
・大村敬一・俊野雅司『証券論』有斐閣、2014年
・荻茂生・長谷川芳孝『ヘッジ取引の会計と税務（第5版)』中央経済社、2014年
・可児滋『デリバティブの落とし穴―破局に学ぶリスクマネジメント』日本経済新聞社、2004年
・株式先物調査団（大阪証券取引所・名古屋証券取引所)『株式先物調査団報告書―株式先物市場について』資本市場研究所、1986年
・櫻井豊『数理ファイナンスの歴史』金融財政事情研究会、2016年
・ロバート・ソーベル『ウォール街の内幕』有斐閣、1984年
・エマニュエル・ダーマン『物理学者、ウォール街を往く。―クオンツへの転進』東洋経済新報社、2005年
・俊野雅司「デリバティブ取引が株式市場にもたらしたもの」經濟學研究（九州大学経済学会)、1995年10月、51～65頁
・永森秀和『年金詐欺―AIJ事件から始まった資産消失の「真犯人」』講談社、2013年
・日本経済新聞社［編］『銅マフィアの影―ドキュメント・住商事件』日本経済新聞社、1997年
・ピーター・バーンスタイン『リスク：神々への反逆』日本経済新聞社、1998年
・ピーター・バーンスタイン『証券投資の思想革命』東洋経済新報社、2006年
・藤井健司『金融リスク管理を変えた10大事件』金融財政事情研究会、2013年
・フェリム・ボイル、フェイドリム・ボイル『はじめてのデリバティブ―複雑なテクニックを排し、発想の原点を学ぶ』日本経済新聞社、2002年
・ミハイル・ボース『ブラックマンデーの衝撃』東洋経済新報社、1988年
・ツヴィ・ボディ、ロバート・マートン『現代ファイナンス論（改訂版)』ピアソン・エデュケーション、2001年
・バートン・マルキール『ウォール街のランダムウォーカー―株式投資の不滅の真理』日本経済新聞社、1993年
・レオ・メラメド『先物市場から未来を読む―場立ち取引から電子取引へ』日本経済新聞出版社、2010年
・ペリー・メーリング『金融工学者　フィッシャー・ブラック』日経BP社、2006年
・ニック・リーソン『私がベアリングズ銀行をつぶした』新潮社、1997年
・ロジャー・ローウェンスタイン『天才たちの誤算―ドキュメントLTCM破綻』日本

経済新聞社、2001年

注

1 Swan［2000］の28〜29頁（Figure 2.1, 2.2）に実際の文字盤の写真が掲載されている。

2 アリストテレス（紀元前384〜322年）。ソクラテス、プラトンとともに、西洋の３大哲学者の１人とされる。プラトンの弟子。研究分野は、本書で紹介した政治学以外に、論理学、自然学、生物学・動物学など多岐にわたる。

3 Markham［2002］、メラメド［2010］（第21章）を参照。

4 ギリシャ７賢人の１人。アリストテレスは、タレスを最も初期の哲学者の１人と位置づけており、「万物の根本は水である」などの思索を行ったとされる。

5 この逸話は、バーンスタイン［2006］第11章「普遍的な金融装置」のなかでも紹介されている。

6 ミレトスとキオス

7 オリーブ油圧搾機械の持主は、オリーブの収穫期までかなりの日数があったこともあって、喜んで手付金を受け取り、タレスの申出に応じたとされる。

8 タレスは、決して金銭欲が強かったわけではない。常日頃、タレスが貧乏な生活をしているので、「哲学は、何の役にも立たない無意味な学問である」と批判されたことに憤りを感じたタレスが、その気になれば知恵を生かして大金持ちになれることを示したかっただけであると指摘されている。

9 バーンスタイン［2006］（第11章「普遍的な金融装置」）では、アリストテレスがタレスの逸話をふまえて、タレスは（オプションという）「普遍的に適用できる原理をもった金融装置」の考案者と評価していたと指摘している。しかしながら、アリストテレス［1969］（31頁）では、「かような金儲けの工夫は、一般に適用のできるもので、人が売り捌きを自分の一手に治めるような風にすることができれば、よいのである。それで国の或るものも金に窮すると、この手段をとる。すなわち品物の専売をするのである。」と書かれている。すなわち、アリストテレスが「政治学」のなかでタレスの取引を「普遍的な金融手段」と指摘したのは、オプション概念の普遍性についてではなく、国家がなんらかの財に関して独占的販売権（専売権）を確保することによって、財政基盤を固めることができるという趣旨と理解できる。そのため、アリストテレスは『政治学』におけるタレスの逸話をふまえて、オプションのことを「普遍的な金融装置」と指摘したというバーンスタインの解釈は、必ずしも正確とはいえない。

10 オランダのチューリップバブル（Tulip mania）は、スペインの支配下にあったネーデルラント州が80年戦争（1568〜1648年。オランダ独立戦争とも呼ばれる）と呼ばれる激しい戦争を戦っている最中に起こった。しかも、17世紀前半には、ヨーロッパでペストが大流行し、チューリップバブルの発生した1636年にはアムステルダムで全人口の７分の１に相当する1.7万人以上が死亡した。このように、戦争と伝染病による死の危機が迫るなかで、歴史に残るようなチューリップの狂乱的な価格変動が起こった。

11 チューリップバブル発生前後のオランダの状況については、Garber［2000］を参照。また、ジョイントストック・カンパニーや証券取引所の歴史については、大村・俊野［2014］の第３章、第４章を参照。

12 Garber［2000］の第７章 “The Bulb Market, 1634-1637” を参照。

13 人気のあったチューリップの球根がいかに高い金額で売買されていたかについては、Mackay［1841］（マッケイ［2004］）の第３章「チューリップバブル」に記述がみられる。たとえば、センペル・アウグストゥスと呼ばれた最も希少な品種のチューリップの球根は、1636年初頭のある時期、オランダ国内に２個しか存在しなかった。この球根をどうしても手に入れたかった投機家が、一方に対して12エーカーの宅地の不動産権、もう一方に対しては別の投機家が4,600フロリンの現金（小麦が40トンあるいは牛が40頭近くも買える金額）に新しい馬車と馬２頭、馬具一式を対価として支払ったとされる。

14 マルキール［1993］の第２章「市場の狂気」を参照。チューリップバブルの崩壊後、球根の販売業者と購入希望者との間でトラブルが発生した。まず、チューリップの球根は、苗床から取り出して販売可能なのは６〜９月の間であり（Garber［2000］の第６章 “The Broken Tulip” を参照）、それ以前の取引はすべて予約取引とならざるをえない。マルキール［1993］は、これは契約金をプレミアムとするコールオプション取引であったと説明しているが、現代のオプション取引のように取引や清算のルールが明示的に設定されているオプション取引とは異なり、購入希望者側が価格下落時に引取を拒否できる契約内容であったかどうかは定かでない。実際に、1637年２月にチューリップバブルが崩壊後、同年の６月に売買の予約がされていた取引に関して、多くの案件が裁判所に持ち込まれる事態が生じた。チューリップ球根の販売業者は、購入希望者に対して契約した金額での球根の買取を要求したが、購入希望者側は価格が大幅に下落した球根を引き取ることを拒否した。結果的に購入希望者側が球根を買い取らなかったことで、契約内容がコールオプションであったとみなすことは少し無理があるように思われる。裁判所側は、これら一連の取引をギャンブルと位置づけたうえで、「裁判所はギャンブルの仲裁は行わな

い」として、いっさい審理に応じようとはしなかったようである。

15 南海バブルについては、大村・俊野［2014］第3章を参照。

16 当時のイギリス国債の償還期間は、短いもので22年、長いものは72～87年に達していた（Garber［2000］を参照）。

17 現在の転換社債は、発行時に社債と株式の転換比率が定められている。ところが、南海会社は、国債と南海会社株式の交換比率を事前には定めておらず、転換時点で南海会社の株式に対する需要の強さを見定めたうえで、交付する株数を裁量的に決定したとされる（Paul［2011］を参照）。

18 Paul［2011］の第5章“The bubble and the crash”を参照。

19 南海会社には南米事業に関する独占的な貿易権が与えられていたが、その内容は実質的に南米地域の奴隷貿易であった。ところが、当時、この地域ではスペインの権力が強大であり、南海会社にとっての権益はきわめて限定的であった。スペイン政府との交渉の結果、年に1度しか貿易することができず、しかも、利益のうち一定割合をスペイン政府に納めることが求められた。そのため、本業の南米事業から得ることのできる利益はごくわずかであり、南海会社の保有している資産は、事実上、イギリス国債のみという状況であった。そのため、この時期の株価高騰は、ファンダメンタル価値の上昇を伴わない、まさに「バブル」であったと考えられる。

20 フランスでは、ジョン・ロー（John Law）によって引き起こされたミシシッピ・バブルが有名である（マッケイ［2004］やGarber［2000］を参照）。

21 マッケイ［2004］を参照。

22 アメリカにおけるオプション取引の歴史については、ソーベル［1984］（第6章「アメリカン証券取引所とオプション取引」）を参照。

23 Cox, Ross, and Rubinstein［1979］では、オプション取引は何世紀にもわたって取引が行われてきたが、1973年に上場オプション取引が開設されるまでの間は、あいまいな金融取引手段（obscure financial instruments）であったと指摘している。

24 ソーベル［1984］を参照。セージの第2夫人Olivia Slocum Sage（1828～1918年）は、セージの死後、セージの財産を相続し、ラッセル・セージ財団（Russell Sage Foundation）の設立（1907年）やラッセル・セージ大学（Russell Sage College）の設立（1916年）などの社会貢献を積極的に行った。

25 オプション取引業協会が取り扱っていたオプション商品は、1900年時点で50銘柄、1950年時点では15銘柄にすぎなかった（ソーベル［1984］を参照）。

26 ソーベル［1984］第6章を参照。

27 取引の相手方が債務不履行を起こして、契約どおりの利益を得ることができなくなるリスクのこと。

28 CBOEの清算機関は、CBOEの設立当初はCBOE Clearing Corporationと称していたが、1975年にOCC（Options Clearing Corporation）に名称が変更された。CBOEの沿革については、同社のホームページを参照。

29 アメリカにおけるオプション市場の詳細については、第4章を参照。

30 日本経済新聞1976年6月25日（金）夕刊第4面を参照。

31 日本経済新聞1977年3月8日（火）夕刊第4面（証券業協会、オプション調査団を米・加へ派遣）、1977年4月29日（金）朝刊第13面（オプションに多面的機能、導入否定の材料なし）、1977年7月7日（木）朝刊第13面（オプション取引導入を、市場機能の強化に役立つ―証券業協会、提言まとめる）、1977年7月21日（木）朝刊第13面（証券業協会、オプション導入の政策委報告を了承―大蔵省・取引所に働きかけ）を参照。日本証券業協会の証券取引制度専門委員会では、オプション取引制度の導入について前向きの提言を行う一方、実際に導入する際には、1)証券取引法でオプションを有価証券と認定するための法律改正、2)オプション取引に関する清算機関の設立、3)オプション取引に関するディスクロージャー制度の整備が必要などの課題も指摘している。

32 日本経済新聞1977年7月20日（火）夕刊第4面（米SEC、不正監視体制見直しへオプション取引の拡大一時中止を要請）、1977年10月21日（金）朝刊第13面（米SEC、オプション取引に伴う不正防止へ実態調査を実施へ―銘柄拡大など見送る）、1978年5月11日（木）朝刊第13面（米SEC、オプション取引不正で大手証券のベイチェ・ホルスレイを摘発）、1979年2月7日（水）夕刊第2面（米SEC、ハットン社をオプション取引にからむ不正で摘発、業務停止処分に）を参照。

33 東京証券取引所の証券政策委員会は、「オプション取引は米国で活発に取引されているうえ、これによって新しい個人投資家の発掘や、経営難に陥っている地方業者の営業基盤の拡大にも役立つとして推進論が強かった。しかし、オプション取引自体全く新しい制度であるだけにその検討にはなお時間をかけるべきだとの慎重論が多い」と指摘し、1978年3月に提出する株式制度のあり方に関する中間方針では、オプション取引の導入は盛り込まないことを決定した。日本経済新聞1978年2月7日（火）朝刊第15面（東証政策委、3月末めどに中間報告、オプション取引は含めず）を参照。

34 日本経済新聞1983年6月24日（金）地方経済面中部第7面（名証市場振興研、株価指数オプション売買の導入検討を決定）、日本経済新聞1983年8月31日（水）夕刊第1面（大証、株価指数先物取引など機能強化へ研究会新設）を参照。

35 日本経済新聞1984年3月3日（土）地方経済面中部第7面（名古屋の証券界、4

月9日オプション取引調査団を米へ派遣―導入方法さぐる)、日本経済新聞1984年4月15日（日）第16面（名証調査団、シカゴのオプション市場を調査―市場活性化へ導入探る)、日本経済新聞1984年7月24日（火）地方経済面中部第7面（名証が報告書、オプション取引導入を提言）を参照。

36 日本経済新聞1984年1月1日（日）朝刊第19面（トーキョー・マーケット―東京外為市場、国際金融センターめざす)、日本経済新聞1984年4月16日（月）朝刊第3面（東銀、為替先物リスク回避で顧客に予約決済の選択権を―まず伊藤忠と契約）を参照。

37 日本経済新聞1984年9月3日（月）朝刊第3面（日本でも近く登場、ドル建て金利オプション取引―在日米銀、予想金利設けヘッジ)、日本経済新聞1984年10月26日（金）朝刊第1面（金地金販売、初のオプション方式、値下がり損を回避―住友商事、来月にも導入)、日本経済新聞1984年11月30日（金）朝刊第3面（富士銀行、金オプション販売20日から開始―三井物産と提携)、日経産業新聞1985年1月23日（水）第3面（住商、オプション式金地金販売、スタート―総合商社では2番目）を参照。

38 わが国における上場オプション取引導入の経緯については、大村・清水・俊野［1991］の第9章「日本の株価指数オプション取引」を参照。

39 証券取引法を引き継ぐかたちで2007年9月に施行された金融商品取引法においても、法律の適用対象となる金融商品等に関しては、基本的には個別列挙方式で定義が行われている。しかしながら、デリバティブ取引に関しては、頻繁な法律改正をせずに新たな取引にも対応できるよう、原資産となる金融商品や金融指標を政令で定義できるようにするなどの工夫を通じて、かなり包括的な取扱がなされている。

40 （旧）証券取引法は、1948年に制定された。

41 東証ではTOPIX先物取引、大証では日経平均株価先物取引（現在は、日経225先物取引)。

42 株式先物調査団［1986］を参照。

43 筆者（大村）はシカゴで同視察団と合流したが、その直前の10月19日には、ニューヨーク証券取引所内で、ちょうどブラックマンデーが発生していた。デリバティブ取引が問題視される現場に遭遇したにもかかわらず、帰国直後に市場開設を決定したのは皮肉である。団員であった証券・銀行等金融機関の担当役員たちは、このときは、わが国で類似の市場崩壊が起こるとは予想しておらず、デリバティブ取引導入の副作用に関しては楽観的であった。

44 開設当初の名称は日経平均株価オプション取引だったが、現在は、日経225オプション取引。

45 東証のTOPIXオプション取引は1989年10月20日に開設されたのに対して、名証のオプション25株価指数オプション取引は3日早く1989年10月17日に開設された。

46 大村・俊野［2014］の第11章を参照。

47 原資産を胴体、デリバティブ取引を尻尾に例えて、本来、尻尾の立場であるはずのデリバティブ取引が原資産価格に著しい影響を与えている疑いが強いと批判された。

48 実際には株価指数先物取引の影響力のほうが大きかったが、株価指数オプション取引に対しても同様の規制措置が包括的に適用された。これらのデリバティブ取引に対して批判的な見方が強まり、規制が強化された経緯については、俊野［1995］を参照。

49 当時、日経平均株価はボラティリティが高すぎるとの批判が強く、大蔵省は日本経済新聞社に廃止を迫った。その際、筆者（大村）は、同社からの依頼を受けて、責任者として日経300を作成したという経緯がある。当時の批判は、計算方式が単純平均であること、銘柄数が少ないことの2点であった。そのため、新指数の必要条件は、はじめから、加重平均方式で、かつ銘柄数が225より多いことが前提となっていた。そのうえ、日経平均株価のようにボラティリティが高くない「面白くない指数」であることも暗黙の要請となっていた。そのため、批判熱が沈静し日経平均株価を原資産とするデリバティブ取引の延命が許された段階では、日経300を原資産とするデリバティブ取引の行方は閉ざされていた。

50 東証では有価証券オプション取引、大証では個別証券オプション取引と称されていた。現在では、大阪取引所において有価証券オプションという名称で、一括して取引が行われている。

51 わが国における原資産別のオプション取引の売買状況については、大村・俊野［2014］の第11章を参照。

52 ブラウン運動とは、液体などの媒体のなかで浮遊する微粒子が、不規則（ランダム）に運動する現象のこと。イギリスの植物学者ブラウン（Robert Brown、1773～1858年）は、植物の花粉を顕微鏡で観察中にこの現象を発見し、Brown［1828］（「植物の花粉に含まれている微粒子について」）において公表した。

53 ポアンカレ（1854～1912年）は、トポロジー概念の発見やポアンカレ予想などの業績を残したフランスの有名な数学者。バシュリエは、博士号を取得できたものの、優ではなく良という評価であり、大学教授職にはなかなか就けなかったようである（バーンスタイン［2006］第1章「株価は予想可能か？」、Davis and Etheridge［2006］を参照）。

54 バシュリエの研究成果が発見されて、その後の研究に活用されるようになった経

緯は、Davis and Etheridge［2006］やバーンスタイン［2006］に記載されている。

55 Samuelson［1965］を参照。

56 バシュリエは資産価格が正規確率過程に従って実現すると仮定していたため、価格がマイナスになる可能性があった。サミュエルソンは、資産価格の発生過程を対数正規確率過程に修正することによって、バシュリエのモデルの理論的な問題点を解消し、ワラントの期待リターンが原資産の個別株式より配当分だけ高くなりえることなどの現実的な設定に改良する貢献を行った（メーリング［2006］を参照）。

57 メーリング［2006］第5章「ブラック＝ショールズの公式」を参照。Samuelson［1965］に提示されたサミュエルソンのワラント価格評価モデルは、株式の期待リターンをα、ワラントの期待リターンをβと設定したことから、「α・βモデル」と呼ばれている。

58 3人が出会ってからオプション理論の構築に至った経緯については、Davis and Etheridge［2006］（第3章）やバーンスタイン［2006］（第11章）を参照。また、ブラックの功績や人物像については、メーリング［2006］やダーマン［2005］に詳しい記述がみられる。たとえば、ショールズは、実家が出版業者であったことから、後を継ぐこともありえたようである。ところが、ショールズは、シカゴ大学でミラーの誘いに応じて、ビジネススクールでファイナンスを専攻することとなったため、ブラックと出会うこととなったという経緯がある。

59 当時、アメリカの株式市場を対象にCAPMの有効性に関する実証研究が盛んに行われていたが、実際の証券市場では証券市場線（Capital Market Line）がリスクフリー・レートを通らないなどの実証的な問題点の存在が指摘されていた。そこで、ブラックは、証券市場線がリスクフリー・レートを通らないゼロベータ型のCAPMを提示し、理論と実際の証券市場における価格形成のギャップを埋めようと試みた（Black［1972］を参照）。

60 Samuelson and Merton［1969］を参照。マートンの貢献によって、Samuelson［1965］が数学的に精緻化された。

61 ブラックとショールズは、マートンの貢献を高く評価している。1973年の論文はブラックとショールズの連名となっているが、実質的に「ブラック・ショールズ・マートン・モデル」と呼ぶべきところであったと語っていた。3人の研究者によってブラックショールズ・モデルが完成した経緯については、Davis and Etheridge［2006］やメーリング［2006］第5章「ブラック＝ショールズの公式」を参照。

62 ブラックショールズ・モデルに関する論文掲載の経緯やシカゴ大学の教授陣によるブラックの評価、ブラックショールズ・モデルの公表とCBOE設立の関係については、バーンスタイン［2006］やメーリング［2006］第5章「ブラック＝ショール

ズの公式」を参照。

63 Cox, Ross, and Rubinstein［1979］を参照。

64 ブラックショールズ・モデルと二項モデルの関係については、本書の第6章を参照。

65 ブラックショールズ・モデルと比較した二項モデルの特徴については、Rubinstein［2006］（304～306頁）に整理されている。

66 ベアリングズ銀行はイギリス王室の資産管理も担っており、「女王陛下の銀行」とも呼ばれていたほどの名門銀行であった。

67 リーソン［1997］を参照。

68 ポートフォリオインシュアランスが失敗した経緯については、バーンスタイン［2006］第14章「究極の発明」や藤井［2013］第1章「ブラックマンデー［1987年］」を参照。

69 ダウジョーンズ工業株平均株価は、ブラックマンデー直前の1987年10月16日（金）の終値は2,246.73ドルだったが、ブラックマンデーの起こった同年10月19日（月）の終値は1,738.74ドルだった。この日の下落幅は507.99ドルで、下落率は－22.6%に相当する。

70 ブラックマンデーの発生原因を突き止めるために実施された大統領諮問機関（Presidential Task Force）による調査結果の報告書であるブレイディ報告書（Brady［1988］）によると、その日の株価指数先物取引のショート取引のうち20%以上は、ポートフォリオインシュアランスによるものであったと指摘されている。

71 実際には、株価指数先物価格のほうが株価指数の水準を正確に反映しているのだが、原資産である株価指数の下落スピードが遅いために、「先物価格が割安にみえる」という状況が起こりやすい。ボース［1988］によると、ブラックマンデー時には、株価指数先物は原資産である株価指数に基づく理論価格よりも約20%も割安になっていたとされる。

72 ボース［1988］を参照。

73 日本経済新聞1993年2月21日（日）朝刊第1面（昭和シェル、含み損1,250億円、「為替先物」で失敗―3年かけ消却へ）、日経産業新聞1993年2月23日（火）第1面（財務の“プロ”に思わぬ落とし穴―昭和シェルに何が…）、日経金融新聞1993年2月23日（火）第1面を参照。

74 日本経済新聞1993年10月20日（水）朝刊第3面（旧神崎製紙、株で75億円損失―「オプション」多用、簿外取引、数百億円規模か）、日本経済新聞1993年11月19日（金）第39面（「財テク失敗、75億賠償を」）を参照。

75 日本経済新聞1994年11月12日（土）朝刊第1面（東京証券、320億円特別損失―デ

リバティブ取引で失敗）、日経金融新聞1994年11月12日（日）第１面（東京証券、損失320億円、デリバティブリスク、問われるチェック機能）を参照。

76 日経産業新聞1995年12月18日（月）第15面（キッツ、特損139億円、子会社、デリバティブに失敗—担当専務、常務に降格）、日経金融新聞1995年12月18日（月）第17面（今期、120億円赤字に—デリバティブ失敗でキッツ社長会見）を参照。

77 この事件の経緯については、日本経済新聞社［1997］を参照。

78 日本経済新聞1996年11月13日（水）朝刊第38面（住商巨額損失事件、A容疑者を起訴、東京地検—有印私文書偽造で）、日本経済新聞1997年６月10日（火）第13面（巨額損失のつめ跡、２年目の住商事件⑴—“相場操縦”語る内部文書、英当局の訴追は難航）を参照。

79 日本経済新聞社［1997］のタイトルにもみられるように、これらのディーラーは銅マフィアと呼ばれた。同書では、住友商事の元非鉄金属部長は、これらのディーラーに利用されたと指摘されている。

80 日本経済新聞1998年３月20日（金）朝刊第１面（ヤクルト1000億円損失—財テク失敗で、会長・副社長、引責辞任へ）を参照。

81 ヘッジ会計の概要については、荻・長谷川［2014］を参照。

82 LTCMの経営破綻事件に関しては、ローウェンスタイン［2001］やボイル・ボイル［2002］を参照。

83 レバレッジの水準は100倍に達していたとされる。

84 マドフ事件の全体像は、LeBor［2009］（レボー［2010］）を参照。

85 2008年に発生したリーマンショックに伴う資金の解約要請の殺到が、マドフ事件が発覚するきっかけとなった。マドフは、前代未聞の巨額詐欺事件を起こして金融界の信頼を失墜させたと厳しく糾弾され、懲役150年の刑を言い渡された。

86 AIJ事件の概要については、永森［2013］を参照。

第Ⅱ部

基礎編

第 4 章

オプション市場とオプション取引の仕組

本章では、わが国のオプション市場の規模と投資主体別売買動向について概観したうえで、代表的な日経225オプション取引を中心に上場オプション取引の仕組を説明し、店頭オプション取引にも言及する。さらに、アメリカのオプション市場やその仕組についても概観する。

1 わが国のオプション市場

まず、わが国の上場オプション市場に関する市場規模を示す。また、最も代表的な日経225オプション取引について、投資主体別の売買動向をみることとする。

(1) 市場規模

第3章で説明したとおり、わが国では、東京証券取引所（東証）と大阪証券取引所（大証）の業務統合と日本取引所グループの設立に伴って、2013～14年にかけて東証が現物株式、名称変更した大阪取引所（大取）がデリバティブ取引を管轄する業務分担が実施された。その結果、現在では、すべての上場オプション取引が大取で行われている。図表4－1は、上場オプション取引におけるプレミアムの各年の合計金額を示している。

まず、株式関連のオプション取引についてみてみると、日経225オプション取引[1]の開設後、東証と大証（大取）管轄下の取引としては、TOPIX、日経株価指数300（日経300）、3種類の業種別株価指数（ハイテク、フィナンシャル、コンシューマー）、S&P/TOPIX150、JPX日経400という7種類の株価指数を原資産とするオプション取引が追加された。また、1989年10月には、名古屋証券取引所で、同取引所が独自に開発したオプション25株価指数を原資産とする株価指数オプション取引が開始されたが、現在は取引されていない。1997年以降は、取引所が選定した主要な株式を原資産とする有価証券オプション取引が商品のラインアップに加わっている。

これらの株式関連オプション取引のなかで、日経225オプション取引以外で2017年末時点でも存続しているのは、TOPIXオプション取引、JPX日経400オプション取引、有価証券オプション取引だけであり、JPX日経400オプション取引は、2016年12月以降、売買が未成立という状況である。機関投資家による多様な投資ニーズに対応しようとする取引所の試みがみられるが、ことごとく不調に終わっており、実質的には、日経225オプション取引だけが際立って活発に取引されている。図表4－2には、債券関連の取引も含む主要なオプション取引の売買金額の構成比を掲載したが、2010年以降は、日経225オプション取引のシェアは一貫して90％を超えている。

第3章でもふれたが、日経225オプション取引の原資産である日経平均株価には、特に流動性が低い値嵩品薄株に大量の売買を集中させることで、その水準が相当程度変動しやすいという特徴がある。そのため、たとえばコールのロングポジションをあらかじめ確保したうえで、日経平均株価の水準を吊り上げてコールで利益を稼ぐフロントランニングと呼ばれる相場操縦等の不正行為を誘発しやすい。そこで、1990年代前半に、TOPIXよりも構成銘柄数が少なく時価加重平均方式で計算される日経300を開発し、先物取引もオプション取引も、日経225先物・オプション取引を廃止して、日経300を原資産とする取引をその受け皿として育てようと試みる動きがあった。ところが、投資家は使い慣れている日経平均株価を原資産とするデリバティブ取引のほうを好んで取引し続けており、これらの取引は廃止されることなく、また、日経300先物・オプション取引の利用は広がらなかった。ただし、現在では、日経平均株価の構成銘柄のうち流動性の低いものは高流動性の銘柄に定期的に入れ替える方針が採用されており、操作可能性の問題は若干緩和されている。

債券関連のオプション取引に関しては、1990年5月に長期国債先物オプション取引、2000年11月に中期国債先物オプション取引が開設された。1990年に証券バブルが崩壊した後、大規模な金融緩和が続き、金利水準が大幅に変動するなか、債券の投資に携わっている機関投資家の間で長期国債先物オプション取引に対する投資ニーズが高まっていったものと考えられる。中期国債先物オプション取引は数年間で取引が廃止されたが、長期国債先物オプション取引は、21世紀に入ってからも一貫して年間数千億円程度の売買を確保してきた。しかしながら、2012年に成立した第2次安倍晋三内閣のもとで、黒田東彦日銀総裁による大規模な金融緩和政策が採用され、債券市場では日銀による大規模な国債買入政策が長期間にわたって行われた。その結果、債券現物市場における流動性の低下に伴って投資ニーズが極端に弱まり、長期国債先物オプション取引の売買代金は縮小傾向が続いている。

(2) 投資主体別売買動向

図表4－3は、日経225オプション取引の2008～17年の投資主体別売買金額とその構成比を示している。売買金額に関しては、コールとプットの内訳も示した。日本取引所グループの公表している投資主体別売買動向は、証券会社から収集した買いと売りの売買金額の合計値を示している。そのため、売買金額の合計値は、実際に取引所で約定されたプレミアム総額の約2倍に相当する点に注意が必要である[2]。

第2章で示したように、株価の下落期にはプット、上昇期にはコールに対する取引が相対的に増加する傾向がみられる。リーマンショックで日経平均株価が40％以上も下落した2008年には、プットの売買金額約6兆円は、コールの売買金額3.7兆円を大幅に上回っている。反対に、2012年12月に第2次安倍政権が誕生して、大規模な金融

図表4－1　上場オプ

年	日経225	TOPIX	日経300	業種別	S&P/TOPIX150	JPX日経400
1989	18,409	7,331				
1990	35,610	2,229				
1991	55,123	1,173				
1992	40,961	87				
1993	20,006	80				
1994	11,756	34	417			
1995	14,323	90	274			
1996	9,288	31	232			
1997	12,708	26	63			
1998	11,670	2	24	0		
1999	13,746	6	5	0		
2000	13,721	10	6	0		
2001	12,946	38	7		0	
2002	11,418	236	7		0	
2003	17,212	139	2			
2004	10,295	69	5			
2005	14,342	173	5			
2006	27,954	135	5			
2007	33,284	119	2			
2008	49,975	573	0			
2009	52,034	209	0			
2010	43,115	216	0			
2011	50,802	77				
2012	49,231	62				
2013	101,055	1,140				
2014	71,130	667				
2015	67,160	740				
2016	72,729	337				1
2017	58,691	799				0

（注）　取引所で成立したオプション取引におけるプレミアムの総額。業種別オプション取引には、ハ
が開設されていなかったことを示す。

（出所）　日本取引所グループのホームページ

ション取引の売買金額

（単位：億円）

有価証券	株式小計	長期国債先物	中期国債先物	債券小計	合　計
	25,740				25,740
	37,840	13,888		13,888	51,727
	56,296	6,707		6,707	63,002
	41,048	5,326		5,326	46,374
	20,087	6,995		6,995	27,082
	12,206	8,367		8,367	20,573
	14,687	9,641		9,641	24,327
	9,551	7,556		7,556	17,107
154	12,952	7,001		7,001	19,953
154	11,850	6,186		6,186	18,036
257	14,014	5,652		5,652	19,665
315	14,052	3,124	0	3,124	17,176
136	13,127	2,592	0	2,592	15,720
54	11,715	2,016	0	2,016	13,730
36	17,389	2,925		2,925	20,315
349	10,718	3,361		3,361	14,079
361	14,882	3,572		3,572	18,453
241	28,336	5,009		5,009	33,345
144	33,548	6,344		6,344	39,892
142	50,690	7,355		7,355	58,044
146	52,389	5,730		5,730	58,119
82	43,412	3,919		3,919	47,332
120	50,999	3,428		3,428	54,427
42	49,336	3,064		3,064	52,399
93	102,288	3,008		3,008	105,296
102	71,899	1,191		1,191	73,089
62	67,962	1,440		1,440	69,402
65	73,131	1,294		1,294	74,425
132	59,623	769		769	60,392

イテク、フィナンシャル、コンシューマーを含む。1億円未満は四捨五入。空欄は、その時点で市場

図表４－２　上場オプション取引の売買金額構成比

（単位：％）

年	日経225	TOPIX	日経300	有価証券	長期国債先物	合計
1989	71.5	28.5				100.0
1990	68.8	4.3			26.8	100.0
1991	87.5	1.9			10.6	100.0
1992	88.3	0.2			11.5	100.0
1993	73.9	0.3			25.8	100.0
1994	57.1	0.2	2.0		40.7	100.0
1995	58.9	0.4	1.1		39.6	100.0
1996	54.3	0.2	1.4		44.2	100.0
1997	63.7	0.1	0.3	0.8	35.1	100.0
1998	64.7	0.0	0.1	0.9	34.3	100.0
1999	69.9	0.0	0.0	1.3	28.7	100.0
2000	79.9	0.1	0.0	1.8	18.2	100.0
2001	82.4	0.2	0.0	0.9	16.5	100.0
2002	83.2	1.7	0.0	0.4	14.7	100.0
2003	84.7	0.7	0.0	0.2	14.4	100.0
2004	73.1	0.5	0.0	2.5	23.9	100.0
2005	77.7	0.9	0.0	2.0	19.4	100.0
2006	83.8	0.4	0.0	0.7	15.0	100.0
2007	83.4	0.3	0.0	0.4	15.9	100.0
2008	86.1	1.0	0.0	0.2	12.7	100.0
2009	89.5	0.4	0.0	0.3	9.9	100.0
2010	91.1	0.5	0.0	0.2	8.3	100.0
2011	93.3	0.1		0.2	6.3	100.0
2012	94.0	0.1		0.1	5.8	100.0
2013	96.0	1.1		0.1	2.9	100.0
2014	97.3	0.9		0.1	1.6	100.0
2015	96.8	1.1		0.1	2.1	100.0
2016	97.7	0.5		0.1	1.7	100.0
2017	97.2	1.3		0.2	1.3	100.0

（注）　図表４－１のオプション取引のうち、主要なものの売買金額構成比。

（出所）　日本取引所グループのホームページ

図表４－３　日経225オプション取引における投資主体別売買動向

(1)　売買金額　（単位：億円）

年	法人	個人	海外	証券	委託小計	自己売買	合計
合計							
2008	4,293	5,959	69,322	1,119	80,693	16,979	97,672
2009	1,681	4,508	76,018	1,299	83,506	18,372	101,878
2010	1,459	4,821	64,374	1,394	72,048	11,820	83,868
2011	1,743	4,628	79,426	1,069	86,866	12,858	99,724
2012	1,367	4,077	81,169	368	86,981	10,251	97,232
2013	2,093	7,912	175,385	554	185,944	13,951	199,895
2014	1,878	5,568	114,997	284	122,727	18,083	140,809
2015	3,047	6,955	106,951	398	117,351	15,450	132,801
2016	3,006	5,168	117,547	428	126,149	17,803	143,952
2017	2,627	3,985	95,306	139	102,057	14,028	116,085
コール							
2008	1,523	2,441	26,614	508	31,086	6,413	37,499
2009	745	2,349	35,143	665	38,901	8,479	47,380
2010	473	2,216	26,600	628	29,916	4,962	34,878
2011	502	1,643	30,063	291	32,499	4,723	37,221
2012	577	2,143	38,377	215	41,313	4,721	46,034
2013	1,281	4,657	109,329	317	115,584	7,803	123,387
2014	966	2,968	67,530	150	71,613	10,841	82,454
2015	901	3,434	51,509	181	56,025	7,120	63,145
2016	975	2,413	55,791	229	59,408	7,688	67,096
2017	1,356	2,118	46,196	75	49,745	6,819	56,564
プット							
2008	2,770	3,518	42,708	611	49,608	10,566	60,173
2009	936	2,159	40,875	634	44,604	9,893	54,497
2010	986	2,605	37,775	766	42,132	6,858	48,990
2011	1,241	2,984	49,363	779	54,367	8,136	62,503
2012	790	1,934	42,792	152	45,668	5,530	51,198
2013	812	3,255	66,056	237	70,360	6,149	76,509
2014	912	2,601	47,467	134	51,114	7,241	58,355
2015	2,146	3,521	55,442	217	61,326	8,330	69,656
2016	2,031	2,755	61,756	199	66,740	10,115	76,856
2017	1,271	1,867	49,110	64	52,312	7,209	59,521

⑵　構成比　（単位：%）

年	法人	個人	海外	証券	委託小計	自己売買	合計
2008	4.4	6.1	71.0	1.1	82.6	17.4	100.0
2009	1.7	4.4	74.6	1.3	82.0	18.0	100.0
2010	1.7	5.7	76.8	1.7	85.9	14.1	100.0
2011	1.7	4.6	79.6	1.1	87.1	12.9	100.0
2012	1.4	4.2	83.5	0.4	89.5	10.5	100.0
2013	1.0	4.0	87.7	0.3	93.0	7.0	100.0
2014	1.3	4.0	81.7	0.2	87.2	12.8	100.0
2015	2.3	5.2	80.5	0.3	88.4	11.6	100.0
2016	2.1	3.6	81.7	0.3	87.6	12.4	100.0
2017	2.3	3.4	82.1	0.1	87.9	12.1	100.0

（注）　買いと売りの合計のため、売買金額の合計値は、実際に取引された金額の約２倍になる。証券は、取引所における市場参加者でない証券会社からの委託取引分。
（出所）　日本取引所グループのホームページ

緩和政策のもとで日経平均株価が５割以上上昇した2013年には、コールの売買金額約12.3兆円は、プットの売買金額約7.7兆円を６割以上も上回っている。

投資主体別の売買金額の構成をみると、証券会社による自己売買分が10～20%、残りが投資家からの委託売買分となっている。委託売買分のなかでは、外国人投資家による売買が全体の８割以上、委託売買分のなかでは９割以上を占めており、圧倒的にシェアが大きい。国内の投資家によるオプション取引の売買は、きわめて限定的である。国内の投資家の間では、金融機関や事業法人を含む法人投資家より個人投資家のほうが上回っており、国内の機関投資家によるオプション取引の活用の少なさが目立つ。

⑶　店頭オプション取引

店頭オプション取引に関する公式の統計は存在しないが、取引所取引と比べた市場規模の大きさをある程度推論しえる統計が日本銀行から公表されている。

図表４－４は、世界の先進国金融機関のリスク管理目的で、各国の中央銀行が主要な金融機関のディーラーから半年ごとに収集しているデリバティブ取引のポジションの残高情報である。この表では、日本銀行が国内の金融機関のディーラー向けに実施した2018年６月末時点でのオプション取引の残高に関する調査結果が掲載されている。店頭取引では６兆ドル強、上場取引では２兆ドル弱相当の建玉（ポジション）が

図表４－４　主要デリバティブディーラーのオプション取引残高

（単位：億ドル）

	店頭取引			取引所取引		
	買い	売り	合計	買い	売り	合計
外国為替関連	5,110	5,247	10,357	3	6	9
金利関連	22,139	26,679	48,818	12,050	4,468	16,519
エクイティ関連	581	720	1,300	1,220	1,208	2,427
コモディティ関連	7	7	14	0	0	0
合計	27,837	32,653	60,490	13,272	5,682	18,954

（注）　2018年６月末時点における主要国内金融機関ディーラーのデリバティブ取引の想定元本合計額。
（出所）　日本銀行「デリバティブ取引に関する定例市場報告」

存在していたことを示している。ただし、国内だけではなく、海外のオプション市場における残高も含まれている。

この統計では、各ディーラーが保有しているデリバティブ取引残高の想定元本が用いられている。想定元本とは、デリバティブ取引であらかじめ定めた契約額であり、たとえば金利オプションでは金利の元本額に相当する。実際に取引されるキャッシュフローはプレミアムと損益のみであり、元本の取引は行われない。図表４－１に示されている売買金額はプレミアムを表しており、想定元本に基づく規模の指標と直接的に比較することはできない。

たとえば、あるディーラーが行使価格２万円の日経225コールを１枚当り100円のプレミアムを支払って10枚買い建て、そのまま反対売買等をせずに、そのポジションを保有していたとする。このとき、ディーラーの取引残高は、想定元本ベースで20,000(円)×1,000(倍)×10(枚)＝200,000,000円（２億円）となる。約定されたプレミアムは、100(円)×1,000(倍)×10(枚)＝1,000,000円（100万円）であるから、想定元本は実際のオプション取引の実感と比べるとかなり大きな数値になりやすい。

以上の点に留意する必要があるが、図表４－４によると、国内の主要なデリバティブディーラーは、想定元本ベースで店頭取引において取引所取引よりも３倍以上ものポジションを保有していることがわかる。店頭デリバティブ取引は相対で行われるため、図表４－１のようなかたちでの取引規模を正確に把握することはむずかしい。しかしながら、図表４－４の残高情報をみると、店頭市場では、取引所取引よりも活発にデリバティブ取引が行われているものと推察できる。

2　上場オプション取引の仕組

前節でみてきたように、上場オプション取引のなかでは圧倒的に多くの売買が行われている日経225オプション取引を中心に取引の仕組を概観する[3]。

(1)　取引の設定―限月と行使価格

日経225オプション取引の原資産は、わが国の代表的な225銘柄から構成される日経平均株価[4]である。この取引は1989年6月に大阪証券取引所（当時）に上場され、取引が開始された。権利行使が満期日にのみ可能なヨーロピアンである[5]。第1章でも述べたように、満期前であっても反対売買によって利益を確保できるため、ヨーロピアンであるからといって、投資家にとって特に不都合が生じるわけではない。

満期日（取引最終日）は毎月第2金曜日の前営業日であり、取引は、この日の日中立会時間が終了する15時15分まで行うことができる。満期日の到来する月を限月と呼ぶ。権利行使は、満期日の翌営業日に行われる。日経225オプション取引では、2018年10月時点で直近の連続9限月に加えて、3の倍数月（株価指数先物取引の限月でもある）に関しては、さらに先の限月が設定される。3月と9月に関しては1年6カ月先まで、6月と12月に関しては8年先までの限月が設定される。2015年5月以降は、月次の満期日に加えて、毎週金曜日の前営業日を取引最終日とするWeeklyオプション取引が開始された。通常の限月の週を除く直近の4つの週に設定される。

行使価格は、各時点の日経平均株価を中心に250円刻みで、少なくとも上下それぞれに16種類以上存在するように設定される。さらに、満期日の約3カ月前になり、満期までの間に当該限月を含めて3種類の限月しか残っていない状況になると、125円の刻みで上下に16種類ずつ連続して存在するように行使価格が追加設定される。いったん行使価格が設定されると、これらの取引は満期が到来するまで存続する。そのため、株価水準の変動に伴って、次々と新しい行使価格が設定されることとなり、特に株価水準が大幅に変動する時期には、取引可能な行使価格は大幅に増加する傾向がある。

ちなみに、2018年9月26日（水）時点では、コールについては1万～3万5,000円の間で87の行使価格、プットについては8,500～3万円の間で90の行使価格において建玉が存在した。建玉は反対売買によって解消されずに存続している取引の残高を表しており、過去のオプション取引の履歴を反映している。この日の建玉の合計枚数をみると、コールが約76万枚、プットが約128万枚と、後者のほうが5割以上多くなっており、今後、株価の下落を警戒している投資家が多かったことを示唆している。また、コール、プットともに、2018年10月～2025年12月まで19ずつの限月において建玉が存在しており、かなり先の限月の取引を行う投資家が存在したことがわかる。

図表４－５は、2018年９月26日における１日間の売買金額、すなわち、この日に約定されたプレミアム合計金額の限月別・行使価格区分別の分布を表している。コールについては１万～３万5,000円の間で46、プットについては１万～２万5,000円の間で66の行使価格において売買が行われた。また、売買の行われた限月は、コールでは2018年10月～2021年12月の間で９限月、プットに関しては2018年10月～2021年12月の

図表４－５　日経225オプション取引の売買金額

（単位：万円）

行使価格 / 限月	15,000円以下	15,000円超 20,000円以下	20,000円超 22,000円以下	22,000円超 24,000円以下	24,000円超 26,000円以下	26,000円超
コール						
2018/10	0	0	0	204,513	197,868	13
2018/11	0	0	0	20,613	85,993	1,133
2018/12	1,031,250	0	125,622	70,006	59,199	762
2019/ 1	0	0	0	8,000	1,148	0
2019/ 3	0	0	0	13,870	80	21,770
2019/ 6	0	30,353	0	0	66	200
2019/12	0	0	196,440	7,860	15,111	31,716
2020/12	0	0	0	60,580	0	0
2021/12	0	0	0	88,000	0	0
プット						
2018/10	0	597	8,268	202,906	4,442	0
2018/11	4	10,087	17,354	96,402	952	0
2018/12	117	6,922	27,267	76,173	108,828	0
2019/ 1	0	143	480	50,872	0	0
2019/ 3	1	8,229	25,083	15,700	0	0
2019/ 6	3	2,845	0	0	0	0
2019/ 9	0	0	0	15,250	0	0
2019/12	1,555	31,980	70,473	9,500	0	0
2020/12	0	0	0	58,900	0	0
2021/12	0	0	0	153,280	0	0

（注）　2018年９月26日（水）に取引された売買金額の合計。競争売買市場とJ-NET市場における約定分を含む。

（出所）　日本取引所グループのホームページ

間で10限月であり、やはり数年先の限月までの売買が行われている。

この日の日経平均株価の終値は２万4,033.79円であったから、コールの場合には２万4,000円以下、プットの場合には２万4,125円以上の行使価格の取引がITMとなり、OTMはその逆の関係となる。図表４－５においてコールの場合には右側寄り、プットの場合には左側寄り、すなわち、どちらもOTMの行使価格のほうで相対的に多くの売買が行われる傾向がみられた。

一方、Weeklyオプション取引は、４週間前に設定されて、１カ月ほどの間に満期を迎える短期的な性質の取引のため、月次の限月の取引と比べると、建玉も売買高（金額）も、それほど大きくならない。

⑵ 市場価格の形成

日経225オプション取引をはじめとする上場オプション取引の市場価格（プレミアム）は、基本的に上場株式の取引と同様、オークション（競争売買）方式によって決定される。株式取引では、原則として企業が銘柄単位となるが、上場オプション取引では、コールとプットの別、限月、行使価格の３要素の組合せによって銘柄が特定化される。たとえば、2018年10月限月・行使価格２万4,000円のコール、2018年12月限月・行使価格２万2,250円のプットなどが、それぞれ銘柄と定義される。そのうえで、銘柄ごとに投資家から提示される買注文と売注文をマッチングさせることによってプレミアムが決定される。発注の際には、株式市場の場合と同様、希望する約定価格を指定する指値注文か、価格を提示せず、そのときの最良の価格での取引を指示する成行注文かを選択する。

日経225オプション取引における価格の刻み（「値刻み」という）は、100円以下では１円、100円超1,000円以下では５円、1,000円を超えると10円とされている。第２章で示したとおり、日経225オプション取引の取引単位は、1,000倍であり、１取引単位を「１枚」という。

日経225オプション取引では、昼間の立会（「日中立会」という）以外に、ナイト・セッションが設定されている。これは、株式市場が15時に終了した後でも、大きなニュースが発生した場合に、翌日の日中立会が始まる前に取引する機会を提供することが目的である。ナイト・セッションでは、15時以降に決算発表のような国内のニュースが発生した場合ばかりでなく、海外の金融市場における動向をふまえたオプション取引のニーズにも対応することができる。

日中立会では、オープニング・オークションが９時、クロージング・オークションが15時15分に行われ、銘柄ごとに始値と終値が板寄せ方式によって決定される。また、９時から15時10分までがレギュラー・セッションであり、この間は、ザラバ方式によって約定価格が決定される[6]。このように、上場オプション取引では、昼休みがなく、午前と午後を通して取引が継続する点がわが国における現物株式取引と異なる。ナイト・セッションでは、オープニング・オークションが16時30分、クロージング・オークションが5時30分に行われ、レギュラー・セッションは、16時30分から翌日の5時25分までとなっている。

ザラバでの注文のマッチングは、株式取引と同様、価格優先原則（成行注文が指値注文に対して優先され、指値注文では、高い呼値の買注文と低い呼値の売注文ほど優先される）と時間優先原則（同一条件の注文間では、先に出された注文が優先される）のもとで行われる。

また、現物市場と同様、価格の過度な変動を防ぐために、値幅制限やサーキットブレーカー制度が設けられている[7]。値幅制限は、前営業日の終値から一定の値幅（「制限値幅」という）内でしか約定できない仕組である。制限値幅の上限に達して取引が止まると「ストップ高」、下限に達して取引が止まると「ストップ安」という。制限値幅は、市場動向に応じて3カ月ごとに見直される。一方、サーキットブレーカー制度は、日経225先物取引の中心限月[8]の約定価格が先物取引の制限値幅の上限値あるいは下限値に達するような大幅な価格変動が生じた場合に、取引を一時停止する措置のことをいう。先物取引だけを停止すると、オプション市場との整合性がとれなくなるため、同一原資産のオプション取引も同時に停止される。すなわち、日経225先物取引が中断された場合には、日経225オプション取引も中断される。取引が再開されるときには、板寄せ方式で開始価格が決定される。サーキットブレーカー制度は、取引を一時中断して、投資家に冷静さを取り戻す時間的余裕を与えることを目的とする制度である。

そのほか、日経225オプション取引では、誤発注を防止する目的で、即時約定可能値幅が設定されている。これは、直前の約定価格から10ティックを超えるような約定になってしまうような注文が出されたときに、その取引を一時中断する仕組である。1ティックとは、1単位の値刻みのことを指し、たとえば、80円が直前の約定価格の場合には、値刻みが1円のため、70円未満あるいは90円超の約定ができない仕組になっている。これは、直前の約定価格から大幅に乖離した注文が誤発注[9]である可能性を考慮した制度である。

競争売買市場とは別に、機関投資家と証券会社の間などで大口の売買をしやすいよう、J-NET市場が併設されている。これは、大口注文が競争売買市場で出されると、そこでの価格形成に大きな影響が生じることが懸念されるため、このような問題を回避する目的で活用される。株式取引におけるクロス取引と同様の仕組である。1銘柄ずつ執行するJ-NET単一銘柄取引と複数の銘柄を同時に執行するJ-NETコンボ取引を選択できる。特に後者は、ストラドルやスプレッドなど、複数のオプション取引を同時に約定したい場合などに活用される。取引時間は、8時20分から20時までとなっている。

図表4－6に示しているとおり、図表4－5に示された営業日における日経225オプション取引では、J-NET市場を通じて行われる売買金額のシェアは、特に1年以上先の限月の取引ほど大きくなっている。

図表4－6　J-NET市場における売買金額構成比

（単位：％）

限月＼行使価格	15,000円以下	15,000円超 20,000円以下	20,000円超 22,000円以下	22,000円超 24,000円以下	24,000円超 26,000円以下	26,000円超
コール						
2018/10	—	—	—	22.6	25.2	0.0
2018/11	—	—	—	23.6	20.2	0.0
2018/12	100.0	—	100.0	96.1	89.6	0.0
2019/ 1	—	—	—	100.0	0.0	—
2019/ 3	—	—	—	100.0	0.0	95.6
2019/ 6	—	100.0	—	—	0.0	0.0
2019/12	—	—	100.0	100.0	96.0	95.2
2020/12	—	—	—	100.0	—	—
2021/12	—	—	—	100.0	—	—
プット						
2018/10	—	12.6	31.2	21.5	0.0	—
2018/11	0.0	53.6	17.0	52.4	0.0	—
2018/12	64.0	86.0	82.8	27.8	99.9	—
2019/ 1	—	0.0	0.0	99.8	—	—
2019/ 3	0.0	99.7	99.5	100.0	—	—
2019/ 6	0.0	83.1	—	—	—	—
2019/ 9	—	—	—	100.0	—	—
2019/12	97.1	98.1	99.7	100.0	—	—
2020/12	—	—	—	100.0	—	—
2021/12	—	—	—	100.0	—	—

（注）図表4－5における売買金額（競争売買市場分とJ-NET市場分を含む）のうち、J-NET市場分の構成比。両者の合計売買金額が0の欄は、「—」と表記。

（出所）日本取引所グループのホームページ

(3) 証拠金制度

先物取引や上場オプション取引では、買手も売手も証券取引所（大取）との間で取引を行うため、取引の相手方のクレジットリスクを警戒する必要がない。しかしながら、証券取引所は、市場参加者の債務不履行リスクを負うことになるため、取引成立後、一定のルールに従って証拠金を預託するよう求めている。先物取引では、買手も売手もともに損失を被るリスクがあるため、両者に証拠金の差入が要求されるが、上場オプション取引では、買手には権利放棄することでいっさい損失を被る可能性がないため、証拠金の差入は売手だけに求められる（図表4－7参照）。

オプション取引の売手（顧客）は、売注文の約定が成立すると、所定の証拠金額を取引証拠金として証券会社を通じて、清算機関である日本証券クリアリング機構へ直接差し入れるか、顧客が同意すれば、売買注文を委託した証券会社に委託証拠金として差し入れることができる。証券会社は、顧客から委託証拠金の預託を受けた場合には、顧客全体の取引証拠金の必要総額を証券会社の自己資産のなかから日本証券クリアリング機構へ差し入れる。また、証券会社所が自己売買（ディーリング）で上場オプション取引を行って、ショートポジションを保持していた場合には、証券会社自身の取引証拠金も差し入れる必要がある。価格変動に応じて取引証拠金の不足額が生じた場合には、翌日の11時までに不足額の追加差入が必要となる。

取引証拠金の金額は、シカゴ・マーカンタイル取引所（CME）が開発したSPAN®[1]と呼ばれるシステムによって計算される。このシステムでは、原資産の過去の価格変動に応じて、デリバティブ取引の投資家が被る可能性のあるリスク水準を推計したうえで、差し入れるべき証拠金額を算出する。これに対して、委託証拠金額は、取引証

図表4－7　上場オプション取引における証拠金の流れ

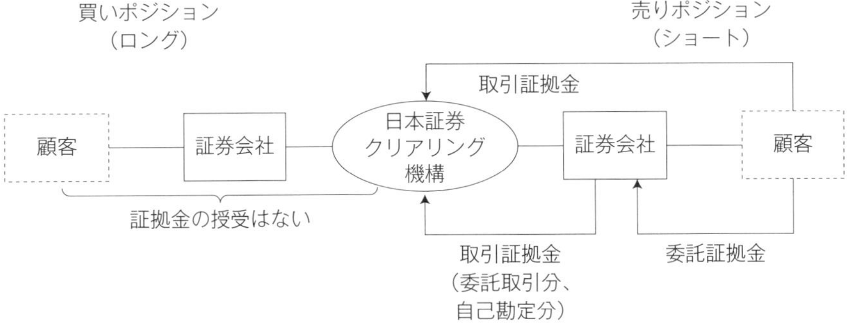

1　The Standard Portfolio Analysis of Risk

拠金額を下回らないという制約の範囲で証券会社が適宜決定できる。取引証拠金は、SPAN®から計算された証拠金所要額から「ネットオプション価値の総額」を差し引くことで、最終的に(1)式のように計算される。

取引証拠金額＝SPAN®による証拠金額－ネットオプション価値の総額　(1)

ネットオプション価値の総額とは、顧客の保有しているオプションポートフォリオにおけるロングポジションの価値合計額からショートポジションの価値合計額を差し引いた値である。証券会社が自己ポジションで保有するデリバティブ取引の取引証拠金額も同様の方法で計算される。

証拠金は有価証券による代用が可能である。ただし、有価証券の種類によってディスカウント率が定められており、これを掛目（かけめ）という。代用しようとする有価証券の前日の時価総額に掛目を乗じた金額を証拠金として充当できる。掛目は、有価証券のリスク水準に応じて決定され、国債のように低リスクの有価証券ほど高く、株券のように高リスクの有価証券ほど低く設定される。

顧客が差し入れた委託証拠金は、証券会社が管理しており、原資産価格の変動に応じて生じたデリバティブポートフォリオの損益を反映して、日々増減する。これを値洗い[2]という。値洗いの結果、証拠金の残高が取引証拠金額を下回ると、証拠金の追加差入が要求される。これを追加証拠金（「追証（おいしょう）」とも呼ばれる）という。顧客が追加証拠金を支払えない場合には、証券会社が顧客に代ってポジションの一部を反対売買などで強制的に解消して、顧客の保有しているデリバティブポートフォリオと証拠金勘定の整合性が確保できるよう調整する権限が与えられている。

(4) 取引の終了

建玉は、取引が成立してから、ポジションがクローズされずに存続しているポジションの枚数を表している。たとえば、2018年９月26日（水）時点では、行使価格が２万4,000円超、２万6,000円以下の2018年10月限月のコールがこの日の取引終了時点で４万125枚存続しているなど、全銘柄の合計ではコールの建玉が約76万枚、プットの建玉が約128万枚残っていた。それぞれの建玉について、買手側と売手側が存在する。

日経225オプション取引はヨーロピアンであり、権利行使は満期まで行うことができない。満期までの間にポジションをクローズしたい投資家は、反対売買を行うことによって実現できる。買い建玉（ロングポジション）を保有している投資家は、まったく同一の銘柄を売り建てる（ショートする）ことによって、その分、ロングポジ

2　marking-to-the-market

ションをクローズできる。逆に、売り建玉（ショートポジション）を保有している投資家は、まったく同一の銘柄を買い建てる（ロングする）ことによって、その分、ショートポジションをクローズできる。

たとえば、あるオプションのポジション（コールでもプットでも同様）を50円のプレミアムで10枚ロングして、その後、満期前に60円で反対売買（転売）した投資家の損益は、(60－50)(円)×10(枚)×1,000(倍)＝100,000円となり、売買手数料等のコストを考慮しない場合には10万円の利益が生じる。また、あるオプションのポジションを70円のプレミアムで15枚売り建てて、その後、満期前に85円で反対売買（買戻）した投資家の損益は、(70－85)(円)×15(枚)×1,000(倍)＝－225,000円となり、22.5万円の損失となる。

反対売買されずに満期まで存続したロングポジションに関しては、行使価格と清算価格の大小関係によって、ITMのポジションは自動的に権利行使され（「自動権利行使」という)、OTMのポジションは権利放棄となる。ただし、手数料や税金などの存在によって、買手が権利行使を希望しない場合には、その旨を証券取引所へ申告することによって権利放棄することができる。

日経225オプション取引の場合、満期日（第２金曜日の前日）の日経平均株価を清算価格として用いるのが自然だが、実際には、満期日の翌日に実現した各構成銘柄の始値から計算される特別清算指数（SQ[3]）が清算価格となる。日経225オプション取引が開設された当初は、満期日の日経平均株価の終値が清算価格であった。ところが、清算価格はオプション取引の投資家にとって損益が決定される重要な指標となるため、自分のポジションにとって有利な水準になるように、日経平均株価の構成銘柄を売買して日経平均株価の水準に影響を与えようとする取引が行われるようになった。その結果、オプション取引の満期が近づくに従って、株式市場における価格形成が混乱する事態が生じた。そのため、比較的操作されにくい取引最終日の翌日の始値を用いて清算価格を決定するように改められたという経緯がある。

ロングポジションを保有していた投資家がITMの状態で自動権利行使されると、コールの場合には、(SQ－行使価格)(円)×数量(枚)×1,000(倍)、プットの場合には、(行使価格－SQ)(円)×数量(枚)×1,000(倍) が利益となる。権利放棄の場合には、当初支払ったプレミアムが最終的な損失として確定する。一方、満期時点で存続しているショートポジションに関しては、その銘柄がOTMの場合には買手が権利放棄するため、当初受け取ったプレミアムがそのまま収入として確定する。また、ITMの状態でショートポジションが満期日を迎えた場合には、買手の自動権利行使

3　special quotation

に伴って生じる上式に基づく利益を売手が負担することとなる。

3 店頭オプション取引

店頭オプション取引は、標準化された条件以外でオプション契約を行いたい場合や、上場オプションには存在しない原資産のオプション契約を行いたい場合などに活用される。典型的には、オプション取引を行いたい投資家と金融機関などとの相対取引のかたちで、個別に満期日や行使価格などの契約条件の交渉が行われる。

店頭オプション取引の種類は多岐にわたるが、主要な取引は通貨オプション取引と金利オプション取引である。店頭オプション取引では、日経225オプション取引のような上場オプション取引とは異なり、反対売買による満期前の契約解消は原則としてできない。また、証拠金制度が整備されていなかったため、取引の相手方との間の最終的な決済が確実に履行されるかどうかについて不確実性があるという問題点があった。これをカウンターパーティリスクという。

通貨オプション取引では、金融機関の経営の健全性という観点から、後者のカウンターパーティリスクについて検討が進められ、2013年に公表されたバーゼル銀行監督委員会の報告書をふまえて、わが国でも2017年に証拠金規制が行われることになった。すなわち、通貨オプション取引の主体である金融機関は、原資産のリスク水準に応じた証拠金額を計測して、取引の相手方である投資家から証拠金の差入れを求めることになった。店頭オプション取引では、上場オプション取引のような制限値幅やサーキットブレーカー制度が存在しないため、短期間のうちに巨額の損失が生じる可能性がある。そこで、顧客の証拠金残高が維持証拠金を下回った場合などに仲介業者が自動的に顧客の保有ポジションの一部を清算して決済する自動ロスカットルールが導入されている。その結果、投資家に過度の損失が発生するリスクを抑制し、金融機関側のリスクも同時に軽減する効果が生じている。

金利オプション取引では、キャップ、フロア、カラー[4]などのバリアオプション取引が代表例である。

キャップ取引は、LIBORなどの変動金利を原資産として設定したうえで、この変動金利が約定上限金利（「キャップレート」という）を上回った場合に、金利の差額（＝原資産である変動金利－キャップレート）をキャップの買手が売手から受け取れる取引である。キャップの買手のポジションは、変動金利を原資産とするコールのロングポジションに相当する。キャップの買手は、変動金利がキャップレートを上回っ

4　それぞれ、cap, floor, collar

た場合には、超過金利分を受け取ることができる。そのため、変動利付債の発行者など変動金利での債務を負っている者がキャップを購入すると、実質的に支払金利をキャップレートに限定できる。

たとえば、キャップレートが10%でプレミアムが1.5%のときに、満期時点で原資産である変動金利が12%に上昇した場合、キャップのロングポジション保有者は金利差の２%を受け取ることができる（図表４－８参照)。そのため、この投資家は、プレミアムを支払うことで、変動金利での利払を12%することになっても、２%分をキャップ取引で得ることができるため、実質的な債務負担は11.5（＝12.0－２＋1.5）%に抑制できる。

キャップ取引のプット版がフロア取引である。フロアはキャップと同様、なんらかの変動金利を原資産として設定したうえで、この変動金利が約定下限金利（「フロアレート」という）を下回った場合に、金利の差額（＝フロアレート－原資産である変動金利）をフロアの買手が売手から受け取れる取引である。フロアのロングポジションは、プットのロングポジションに相当する。変動金利でなんらかの金融資産を運用している投資家は、フロアをロングすることで、実質的にフロアレートの利回りを確保できる。たとえば、フロアレートが５%でプレミアムが1.0%の場合、満期時点で投資している金融商品の変動金利がたとえば３%に低下したとする。このとき、この投資家は、フロアのロングから２（＝５－３）%分の利益を得ることができるため、変動金利の低下に伴う収入の目減りを軽減できる。

カラーは、キャップ取引とフロア取引を組み合わせたもの（一方をロング、他方をショート）である。「キャップのロング（ショート)」と「フロアのショート（ロング)」を組み合わせたものを「カラーのロング（ショート)」という。たとえば、図表４－８には、キャップレート10%でプレミアムが1.5%のキャップのロングと、フロアレート５%でプレミアムが1.0%のフロアのショートを組み合わせるカラーのロン

図表４－８　キャップ、フロア、カラー

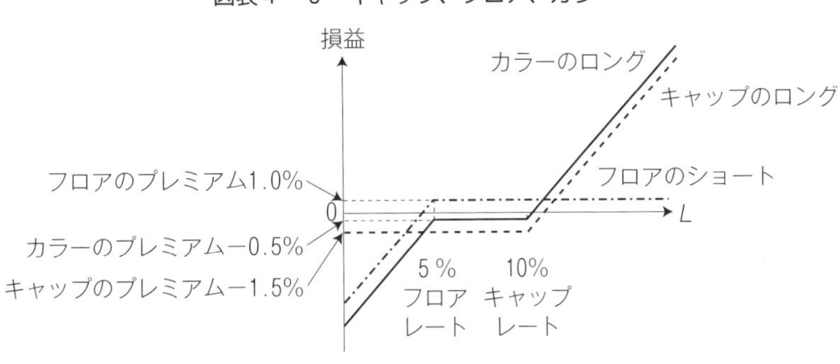

グポジションの損益を示している。キャップのロングと同様に、変動金利Lの債務を負っている者がカラーをロングした場合、変動金利がキャップレートの10%を上回った場合に金利差分の利益が生じるため、実質的に金利負担の上限をキャップレートに抑制する効果が期待できる。ただし、フロアのショートによるプレミアム収入が見込めることから、キャップのロングと比べて、プレミアムの負担を1.5%から0.5%に軽減できるという違いがある。

一方、変動金利がフロアレートを下回った場合には、カラーのロングは損失を被ることとなる。しかしながら、この場合には、カラーのロングにとって変動金利の負担が著しく軽減されることになる。カラーの場合には、フロアレート未満にまで変動金利が低下した場合には、金利負担の軽減効果がカラーの損失を相殺し、実質的に金利負担の下限をフロアレートとカラーのプレミアムの合計とすることとなる。そのため、カラーのロングは、実質的に金利負担の上限と下限を同時に設定するのと同等の効果が生じる。

4 アメリカのオプション市場

アメリカの上場デリバティブ取引は、売買高の規模が大きいだけでなく、さまざまな取引所で多様な原資産に対する取引が行われている。そこで、本節では、上場オプション取引を含むデリバティブ取引に関するアメリカの証券取引所の多様性に加えて、アメリカの上場オプション取引の多様性にも言及する。最後に、アメリカにおける上場オプション取引の出発点となった株式オプション取引の取引状況や仕組を概観したうえで、わが国の有価証券オプション取引の仕組と比較する。

(1) デリバティブ取引関連の証券取引所の多様性

デリバティブ取引の世界的な業界団体であるFIA[5]の統計によると、2018年の上場デリバティブ取引の取引所グループ別売買高ランキングでは、日本取引所が年間約4億枚で世界16位であり、最大規模であるCMEグループの年間約48億枚の1割にも満たない（図表4－9参照）。これに対して、アメリカは、デリバティブ取引の売買高1位となるグループがあるだけでなく、上位7グループのうち、4グループを占めているデリバティブ取引大国であり、その各市場は次の特徴をもっている。

第1位のCMEグループには、シカゴ・マーカンタイル取引所（CME）、シカゴ商品取引所（CBOT）、ニューヨーク・マーカンタイル取引所（NYMEX[6]）、ニュー

5　Futures Industry Association

図表4－9　上場デリバティブ取引の取引所グループ別売買高ランキング

（単位：億枚）

順位	証券取引所	国	売買高
1	CME Group	アメリカ	48.4
2	National Stock Exchange of India	インド	37.9
3	B3	ブラジル	25.7
4	Intercontinental Exchange	アメリカ	24.7
5	CBOE Holdings	アメリカ	20.5
6	Eurex	ドイツ	19.5
7	Nasdaq	アメリカ	18.9
8	Moscow Exchange	ロシア	15.0
9	Korea Exchange	韓国	14.1
10	Shanghai Futures Exchange	中国	12.0
11	BSE	インド	10.3
12	Dalian Commodity Exchange	中国	9.8
13	Zhengzhou Commodity Exchange	中国	8.2
14	Hong Kong Exchanges and Clearing	香港	4.8
15	Miami International Holdings	アメリカ	4.2
16	Japan Exchange	日本	3.9
17	Taiwan Futures Exchange	台湾	3.1
18	ASX	オーストラリア	2.5
19	Borsa Istanbul	トルコ	2.4
20	Multi Commodity Exchange of India	インド	2.3
21	TMX Group	カナダ	2.2
22	Singapore Exchange	シンガポール	2.2
23	Rosario Futures Exchange	アルゼンチン	1.9
24	JSE Securities Exchange	南アフリカ	1.9
25	Euronext	イギリス	1.5
26	Thailand Futures Exchange	タイ	1.0
27	Tel-Aviv Stock Exchange	イスラエル	0.5
28	London Stock Exchange Group	イギリス	0.5
29	MEFF	スペイン	0.4
30	Tokyo Financial Exchange	日本	0.4
	その他		2.0
	合計		302.8

（注）　2018年における先物取引と上場オプション取引の売買高の取引所グループ別ランキング。

（出所）　Futures Industry Associationのホームページ

ヨーク商品取引所（COMEX[7]）の4証券取引所が含まれている。

第4位のインターコンチネンタル取引所（ICE[8]）は、もともとエネルギー関連の店頭デリバティブ取引を取り扱う取引所として設立されたが、高速売買システムの提供を武器に海外の証券取引所やNYSEユーロネクストの買収を行い、世界有数のデリバティブ取引所に成長した。現在、ICEは複数の証券取引所を運営する持株会社となっており、その傘下にはICE先物取引所（ICE Futures）のアメリカ、カナダ、ヨーロッパ、シンガポール取引所に加えて、ニューヨーク証券取引所（NYSE）のアーカ取引所[9]およびアメリカン証券取引所[10]が含まれている。

第5位のCBOE持株会社は、第3章で説明したとおり、上場オプション取引を最初に開始したCBOEの運営を行っている。

第7位のナスダック（Nasdaq）は、もともと1971年に開設された新興企業の現物株式の売買を取り扱うコンピュータネットワークによる取引システムであったが、2008年に北欧の証券取引所運営会社OMXと経営統合したことで、デリバティブ取引の分野でも大手に位置づけられている。現在、ナスダック傘下では、先物取引やオプション取引、商品取引などを取り扱う数多くの証券取引所[10]が運営されている。

アメリカにおけるこれら4つの取引所グループのデリバティブ取引（先物取引と上場オプション取引の合計）の売買高（2018年1年間）を合計すると約112億枚となり、世界全体の売買高303億枚の37％にも相当する。アメリカは、近代的なデリバティブ取引の発祥の地というだけでなく、日常的に活発な売買が行われていることも確認できる。

⑵　上場オプション取引の種類の多様性

アメリカでは、複数の大手証券取引所グループにおいて大規模なデリバティブ取引が行われていることを示したが、原資産の種類も、きわめて多岐にわたっている。

図表4－10には、株価指数、通貨、金利を原資産とする取引について、2018年における種類別のオプション取引売買高のランキングを示した。

株価指数関連の上場オプション取引に関しては、アメリカ以外にも、インド、韓国、ドイツ、台湾など、多くの国で取引が活発に行われている。しかしながら、売買高のランキング上位18取引のうち、11の取引はアメリカで行われている。アメリカでは、

6　New York Mercantile Exchange
7　Commodity Exchange
8　Intercontinental Exchange
9　NYSE Arca
10　American Stock Exchange（AMEX取引所）

図表４－10　上場オプション取引の商品種類別売買高ランキング

(1)　株価指数関連　（単位：万枚）

順位	商品名	取引所	国	売買高
1	Bank Nifty Index Options	National Stock Exchange of India	インド	158,743
2	SPDR S&P 500 ETF Options	アメリカの複数の取引所	アメリカ	83,499
3	Kospi 200 Options	Korea Exchange	韓国	65,783
4	CNX Nifty Index Options	National Stock Exchange of India	インド	62,212
5	S&P 500 Index（SPX）Options	CBOE	アメリカ	37,135
6	Euro Stoxx 50 Index Options	Eurex	ドイツ	27,363
7	Powershares QQQ ETF Options	アメリカの複数の取引所	アメリカ	24,930
8	Taiex（TXO）Options	Taiwan Futures Exchange	台湾	19,444
9	CBOE Volatility Index（VIX）Options	CBOE	アメリカ	16,747
10	iShares Russell 2000 ETF Options	アメリカの複数の取引所	アメリカ	11,608
11	iShares MSCI Emerging Markets ETF Options	アメリカの複数の取引所	アメリカ	11,572
12	iPath S&P 500 VIX Short Term Futures ETN Options	アメリカの複数の取引所	アメリカ	8,017
13	E-mini S&P 500 Options	CME	アメリカ	7,336
14	Euro Stoxx Banks Options	Eurex	ドイツ	4,661
15	Financial Select Sector SPDR ETF Options	アメリカの複数の取引所	アメリカ	4,532
16	EOW3 E-mini S&P 500 Options	CME	アメリカ	4,329
17	iShares MSCI Brazil ETF Options	アメリカの複数の取引所	アメリカ	3,945
18	Kospi 200 Options	Eurex	ドイツ	3,860

(2)　そ の 他　（単位：万枚）

分類／順位	商品名	取引所	国	売買高
通貨関連				
1	US Dollar/Indian Rupee Options	BSE	インド	55,949
2	US Dollar/Indian Rupee Options	National Stock Exchange of India	インド	48,485
3	US Dollar/Russian Ruble Options	Moscow Exchange	ロシア	3,222
4	US Dollar/South African Rand Options	JSE Securities Exchange	南アフリカ	2,085

5	Israeli Shekel/US Dollar Options	Tel-Aviv Stock Exchange	イスラエル	1,377
6	US Dollar Options	B3	ブラジル	883
7	Euro/US Dollar Premium Quoted − 2 PM Fix European Style Options	CME	アメリカ	871
8	Any-Day Expiry US Dollar/South African Rand Options	JSE Securities Exchange	南アフリカ	697
金利関連				
1	Eurodollar - Mid-Curve Options	CME	アメリカ	18,315
2	Eurodollar Options	CME	アメリカ	17,359
3	10 Year Treasury Note Options	CBOT	アメリカ	16,796
4	IDI Index Options	B3	ブラジル	10,290
5	Iboxx High Yield Corporate Bond ETF Options	アメリカの複数の取引所	アメリカ	4,369
6	Euro-Bund Options	Eurex	ドイツ	4,357
7	5 Year Treasury Note Options	CBOT	アメリカ	4,150
8	30 Year Treasury Bond Options	CBOT	アメリカ	3,540
9	3 Month Sterling Options	ICE Futures Europe	イギリス	2,935
10	iShares Barclays 20+Year Treasury Bond ETF Options	アメリカの複数の取引所	アメリカ	2,107
11	Euro-Schatz Options	Eurex	ドイツ	1,944
12	3 Month Euribor Options	ICE Futures Europe	イギリス	1,370
13	Euro-Bobl Options	Eurex	ドイツ	1,201

（注） 2018年における上場オプション取引の商品種類別・証券取引所別売買高ランキング。商品種類別の先物取引とオプション取引をあわせた上位40取引のうち、オプション取引分を抜き出したもの。

（出所） Futures Industry Associationのホームページ

S&P500指数が株価指数オプション取引の主要な原資産となっているが、その他にも、ナスダック100指数（Powershares QQQ[11]）、VIX、Russell 2000株価指数[12]、新興国市場株価指数[11]、金融株、金鉱株、ブラジル株など、多様である。

通貨関連のオプション取引は、インド、ロシア、南アフリカ、ブラジルなど、新興国の証券取引所を中心に取引が行われている。アメリカでは、CMEにおけるユーロ/ドルの通貨オプション取引が最も活発に行われている。

---

11 MSCI Emerging Markets Index

金利関連のオプション取引は、売買高ランキング上位13取引のうち、7種類の取引がアメリカ、6種類の取引がブラジル、ドイツ、イギリスというアメリカ以外の市場で行われている。アメリカ市場では、現物市場における売買が多い国債（5年物、10年物、30年物）を対象としたオプション取引が活発であるが、ユーロ市場[13]におけるドル金利を対象とするオプション取引のほうが、むしろ活発に行われている。

図表4－10には掲載していないが、アメリカでは、農業、エネルギー、金属、貨物、天候などさまざまな種類のオプション取引が活発に行われている。わが国の上場オプション取引は図表4－10のランキングにいっさい登場していないことを考えると、アメリカにおけるオプション取引の多様性が際立っている。

(3) 株式オプション取引

第3章で説明したとおり、アメリカにおける株式関連の上場オプション取引は、まずは個別株について1973年にCBOEにおいて開始された。開設当初はコールのみで、プットは1977年から取引が始まった。

図表4－11には、開設当初以降の株式オプション取引の年間売買金額とそのうちプットの占める比率が示されている。わが国の有価証券オプション取引の売買金額が

図表4－11　CBOEにおける個別株オプション取引の年間売買金額とプット比率

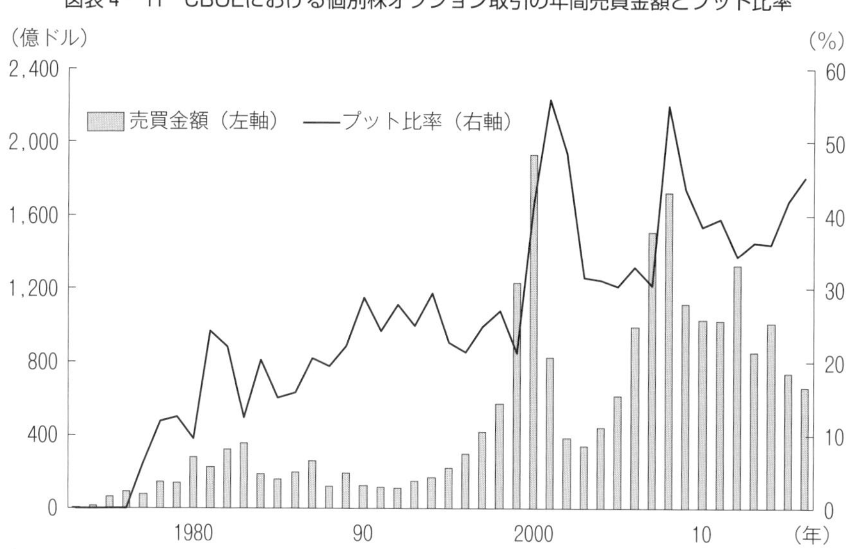

（注）　CBOEの個別株オプション取引の1973～2016年における年間売買金額（左軸棒グラフ）とプットの占める比率（右軸折れ線グラフ）。プットの取引は、1977年以降。

（出所）　2016 CBOE Market Statistics

年間100億円前後（最大でも300億円台）であったのに対して、CBOEにおける株式オプション取引の売買金額はITバブルの起こった1990年代後半から2000年にかけて急上昇しており、最大年間2,000億ドル近く（約20兆円）にも達している。わが国の水準の数百倍の規模に相当する。

アメリカの株式市場は、おおむね上昇基調にあったことから、売買金額に占めるコールとプットの比率を比較すると、株価が上昇すると利益の生じるコールの比率が相対的に大きかった。ところが、ITバブルの崩壊した2000～02年や金融危機の起こった2007～08年にかけては、株価水準が下落すると利益の生じるプットの比率が大きくなっている。

基本的に、わが国の上場オプション取引制度は、アメリカの取引の仕組を参考にして構築されており、両国の制度には類似点が多い。

まず、満期の設定方法に関しては、わが国の有価証券オプション取引が直近２カ月の限月に加えて、これらの月に含まれない３月、６月、９月、12月の限月のうち、近いほうから２限月（計４限月）が常時設定される。これに対して、CBOEでは、個別の株式ごとに１月、４月、７月、10月のサイクル、２月、５月、８月、11月のサイクル、３月、６月、９月、12月のサイクルのいずれかが割り当てられ、直近２カ月の限月に加えて、これらの月に含まれない月のなかで、これらのサイクルのうち近いほうから２つの限月（計４限月）が設定される。たとえば、2018年12月末時点では、１月から始まるサイクルに割り当てられている株式に関しては、2019年１月、２月、４月、７月が限月となる。ちなみにわが国の場合には、すべての株式が３の倍数月のサイクルに割り当てられているのと同じ扱いとなり、2019年１月、２月、３月、６月が限月となる。

各限月の満期（取引最終日）は、わが国が第２金曜日の前営業日であるのに対して、CBOEでは各限月の第３金曜日が取引最終日となる。わが国の立会時間は９時から11時30分（９時がオープニング・オークションで、11時35分にクロージング・オークション）と12時30分から15時10分（12時30分がオープニング・オークションで、15時15分にクロージング・オークション）となっているのに対して、CBOEの立会時間は８時30分から15時まで（米国中部時間）となっている[14]。また、わが国の有価証券オプション取引はヨーロピアンであり、権利行使は満期にのみ可能であるのに対して、CBOEの株式オプション取引はアメリカンであり、満期までの間、いつでも権利行使できるという違いがある。

行使価格に関しては、株価水準に応じて刻みの幅が決まっている点は、両国ともに同様である。わが国では、原資産の株価が500円未満の場合には25円、500円以上1,000円未満の場合には50円、1,000円以上2,000円未満の場合には100円などとなっている。これに対してCBOEでは、株価水準が5～25ドルの間では2.5ドル、25～200ドルの間では5ドル、200ドルを超えると10ドルとなっている。株式分割等で株価水準が変動した場合に行使価格の調整が行われる点は、両国ともに同様である。株価が変動した場合の行使価格の新規設定のルールについては、わが国では、常時、直近の株価水準に最も近いATMの行使価格を中心に上下2本ずつの行使価格が設定されている状態が維持されるのに対して、CBOEでは、上下1本ずつの行使価格の設定にとどまっている。取引単位は、CBOEでもわが国でも、100株単位に統一されており、違いはない*15*。

呼値の刻みは、両国とも、呼値の水準に応じて決まっている。わが国では、呼値が50円未満の場合には10銭、50円以上1,000円未満の場合には50銭、1,000円以上3,000円未満の場合には1円などと決められている。一方、CBOEでは、呼値が3ドル未満の場合には5セント、3ドル以上の場合には10セントとなっている。

約定価格の決定方法については、わが国では、現物の株式売買と同様、成行注文と指値注文による個別競争取引の仕組が用いられているのに対して、CBOEでは、競合マーケットメーカーシステムと呼ばれる約定方法が採用されている。すなわち、投資家からブローカー経由で出された成行注文や指値注文に対して、マーケットメーカーがビッド（買い気配）とオファー（売り気配）を提示したうえで、約定が順次成立していくが、その際、各ディーラーがどの銘柄のマーケットメーカーとなるかを日々変えられる。このため、複数のマーケットメーカーが1つの銘柄を担当することができ、競争原理が働いて、より効率的な価格発見がなされている。

CBOEでは、LEAPS[12]といわれる満期が9カ月から3年先という長期のオプションも取引されている。このLEAPSの限月は毎年1月となっており、残存期間が9カ月未満になると通常のオプションと同じ扱いとなっていく。CBOEは、この仕組を通じてより長期のリスク管理ニーズに応えようとしている。ただし、LEAPSの対象となることのできる株式は、CBOEによって定められている*16*。

キーワード

日本取引所グループ、東京証券取引所（東証）、大阪取引所（大取）、上場オプション取引、日経225オプション取引、日経株価指数300（日経300）、オプション25株価指数、有価証券オプション取引、TOPIXオプション取引、JPX日経400オプション取引、フロントランニング、長期国債先物オプション取引、店頭オプション取引、想定

12 long-term equity anticipation securities

元本、ヨーロピアン、反対売買、限月、Weeklyオプション取引、行使価格、建玉、オークション（競争売買）方式、マッチング、指値注文、成行注文、値刻み、取引単位、日中立会、ナイト・セッション、オープニング・オークション、クロージング・オークション、レギュラー・セッション、板寄せ方式、ザラバ方式、価格優先原則、呼値、時間優先原則、値幅制限、制限値幅、サーキットブレーカー制度、ストップ高、ストップ安、中心限月、即時約定可能値幅、ティック、J-NET市場、クロス取引、証拠金、取引証拠金、委託証拠金、日本証券クリアリング機構、シカゴマーカンタイル取引所（CME）、SPAN®、ネットオプション価値、掛目、値洗い、追加証拠金（追証）、特別清算指数（SQ）、自動権利行使、カウンターパーティリスク、自動ロスカットルール、キャップ、フロア、カラー、約定上限金利（キャップレート）、約定下限金利（フロアレート）、CMEグループ、シカゴ商品取引所（CBOT）、ニューヨークマーカンタイル取引所（NYMEX）、ニューヨーク商品取引所（COMEX）、NYSEユーロネクスト、ICE先物取引所（ICE Futures）、ナスダック（Nasdaq）、OMX、S&P500指数、アメリカン、競合マーケットメーカーシステム、マーケットメーカー、ビッド（買い気配）、オファー（売り気配）、LEAPS

参考文献

・大村敬一・清水正俊・俊野雅司『詳解　株式オプション』金融財政事情研究会、1991年

・大村敬一・俊野雅司『証券論』有斐閣、2014年

・日本銀行「『デリバティブ取引に関する定例市場報告』の調査結果（2018年6月末）」、2018年9月

注

1　開設当初の名称は日経平均株価オプション取引であったが、その後この名称に改称された。

2　実際には、証券会社からの集計漏れがありえるため、2倍より低い数値となっている。

3　取引の仕組は適宜変更される。ここでは、大阪取引所が2018年7月17日に改定している指数オプション取引制度要綱に基づいて執筆している。

4　日経平均株価は構成銘柄の平均価格（単位は円）であり、厳密にいうと株価指数ではない。株式分割や銘柄入替などの際に発生する不連続的な株価変動の影響を排除して、1949年5月16日に計算開始時以降の連続性が確保できるよう修正が行われ

ている。しかしながら、株式市場の動向を表す経済指標として、株価指数と同様の取扱をされることが多いため、以下では、この指標を株価指数の１つとして取り扱うこととする。

5 日経225オプション取引の開設当初（当時の名称は日経平均株価オプション取引）は、毎週木曜日には権利行使が可能であったが、現在は、完全なヨーロピアンとなっている。

6 板寄せ方式は、一定時間までのすべての注文を合算して、買いの注文数と売りの注文数が一致する価格（プレミアム）の水準で一括売買される方法、ザラバ方式は、板寄せ方式での約定価格決定後、価格優先と時間優先の原則に従って、個別の注文ごとに約定価格が決定される方法である。これらの方式については、大村・俊野［2014］の第５章を参照。

7 値幅制限とサーキットブレーカー制度の詳細については、日本取引所グループのホームページを参照。

8 中心限月とは、最も売買高の大きい限月のこと。

9 2005年12月８日に発生したジェイコム株式の誤発注事件が特に有名である。この日に東証マザーズ市場に新規上場されたばかりの総合人材サービス会社ジェイコムの株式に対して、某証券会社のトレーダーが「61万円１株売り」と発注すべきところを誤って「１円61万株売り」と入力する誤発注が発生した。この株式は人気銘柄で、90万円前後で寄り付く気配を示していたが、この注文の影響で株価が急落し、57.2万円のストップ安で株価が張り付くという異常事態が生じた。ちなみに、当時のジェイコム株の発行済株式数は１万4,500株であり、61万株の売注文はありえない内容であった。このような誤発注をそのまま通してしまった証券取引所のシステムの不備も指摘された。この誤発注の影響で、この証券会社は400億円を超える損失を被ったとされる。逆に、誤発注が発生した可能性を見抜いた個人投資家のなかには、ジェイコム株への買注文と反対売買によって、５億円を超える利益を確保した投資家もいたとされる。オプション取引においても同様の誤発注が起こりえることから、本文で記載した即時約定可能値幅制度が採用されたと考えられる。

10 Nasdaq Futures（NFX）、Nasdaq Options Market、Nasdaq Commodities、Nasdaq PHLX、Nasdaq Boston、Nasdaq Exchanges Nordic Markets、International Securities Exchangeなどがナスダック傘下の主要な証券取引所である。

11 超小型株を組入対象とする株価指数。

12 Russell 2000株価指数はアメリカの代表的な中小企業の株価指数であり、時価総額のランキングにおいて上位から1,001～3,000社を含む。

13 ユーロ市場とは、自国以外の市場で行われる取引のことを意味する。そのため、

ユーロ市場におけるドル金利のオプション取引とは、アメリカ以外の市場で形成されるドル金利を対象とする取引のことを指す。

14 シカゴ時間（Central Time）とニューヨークなどアメリカ東海岸の地域が属する東部時間（Eastern Time）の間には、1時間の時差がある。東部時間では、CBOEの株式オプション取引の立会時間は、9時30分から16時となる。

15 わが国では、従来、株式の売買単位は100株以外にも、1,000株、500株など複数の選択肢があった。有価証券オプション取引では、各株式（銘柄）の売買単位が1単位とされており、銘柄によってオプション取引1単位当りの株数に違いがあった。しかしながら、わが国でも、2018年10月以降、東京証券取引所が売買単位を100株に統一したことから、この点での両国の差はなくなっている。

16 そのほか、値幅制限や建玉制限など、さまざまな規則が取り決められているが、具体的内容については、日本取引所グループとCBOEのホームページを参照。

第 5 章

プレミアムの特性

本章では、次章でオプションモデルの議論を行う予備段階として、プレミアムの一般的な特性について整理する。プレミアムの決定要因について説明した後に、プレミアムの本質価値と時間価値の問題にふれる。最後に、コールとプットのプレミアムの関係を示す。

1 プレミアムの決定要因

図表５－１は、日経225オプション取引に関するプレミアムの終値を示している（図表１－２の再掲）。実際にはもっと多数のオプション取引が行われているが、新聞の表示形式に従って、コールとプットのそれぞれについて、９クラスの行使価格のプレミアムを３限月分を示している。

まず気づくのは、コールについては行使価格が小さくなるほど、プットについては行使価格が大きくなるほど、プレミアムが高い点であろう。また、コールもプットも、（満期までの期間が長い）期先のオプションほどプレミアムが高くなっている。この２点に関しては例外なく成立している。図表５－１の簡単な観察からも、少なくとも行使価格と満期までの長さが決定要因に含まれることがわかる。そのほかに、どのような決定要因があるだろうか。

オプションは原資産を基礎とした条件付請求権であるから、その評価は、基本的に原資産自体の特性と契約条件の影響を受ける。そのうち、原資産の価格発生メカニズ

図表５－１　日経225オプション取引の価格表

	行使価格	プレミアムの終値		
		2017年12月	2018年１月	２月
コール	22,500	400	610	695
	22,625	295	535	—
	22,750	225	475	—
	22,875	165	405	—
	23,000	115	355	—
	23,125	80	300	—
	23,250	55	255	395
	23,375	38	210	345
	23,500	26	190	310

	行使価格	プレミアムの終値		
		2017年12月	2018年１月	２月
プット	22,000	41	235	365
	22,125	55	270	—
	22,250	70	300	—
	22,375	95	345	580
	22,500	120	385	—
	22,625	160	440	—
	22,750	215	495	—
	22,875	300	570	—
	23,000	360	—	—

（注）　2017年11月30日時点の日経225オプション取引におけるプレミアムの終値。行使価格もプレミアムも単位は円。その日の日経平均株価の終値は、２万2,724.96円だった。

（出所）　日本経済新聞2017年12月１日

ムを反映する条件として、原資産価格とボラティリティが挙げられる。単純な正規確率過程を想定するならば、これらの２要因によって将来にわたる原資産価格分布の変化が特定できるが、現実的にはもう少し追加的な検討が必要となる。原資産がキャリーコスト[1]を伴うのであれば、その考慮も必要であろう。株式を原資産とするオプションの場合には、配当支払などの資本還元ルールも考慮すべき要因となる。実際、ブラックショールズ・モデルでは配当支払についても考慮している。オプションの契約条件としては、行使価格と満期までの期間がある。プレミアムの理論値は無裁定均衡を前提として導かれるので、資本還元のための割引率として無リスク金利も必要となる。

こうして、原資産価格、行使価格、金利、ボラティリティ、満期までの期間の５要因がプレミアムの主な決定要因となる。株式が原資産の場合には配当支払が加わることになるが、以下では、一般的な原資産を想定することから、配当は除外することとする。

2 決定要因とプレミアムの関係

まず、前節で示したそれぞれの決定要因とプレミアムの関係について整理を行う。

(1) 原資産価格と行使価格

行使価格については、図表５－１に示されるとおり、他の条件が同一ならば、その水準が高いオプションほどコールのプレミアムは価値が低く、プットのプレミアムの価値は高い。

コールの場合、行使価格は原資産を買う権利を行使するためのいわば「支払代金」である。したがって、コールでは、行使価格が低いオプションほど少ない金額で原資産を取得できるので、価値が高くなる。プットの場合、行使価格は権利が行使されたときのいわば「受取代金」を意味するから、行使価格の大きなオプションほど価値が高くなる。

次に、原資産価格とプレミアムの関係についてはどのように考えたらよいであろうか。いま、現在の原資産価格をS、満期時点の原資産価格をS^*、行使価格をKとする。

コールはKと引き換えに原資産を買う権利であるから、S^*が高くなるとその価値が高くなる。プットの場合には反対となる。Sが高いときほどS^*も高くなる傾向があるため、Sが高いときほどコールの価値は高く、プットの価値は低くなると考えられる。

原資産価格とプレミアムの関係を考える際には、第１章で示したITM、ATM、

図表5－2　満期における損益と原資産価格の関係

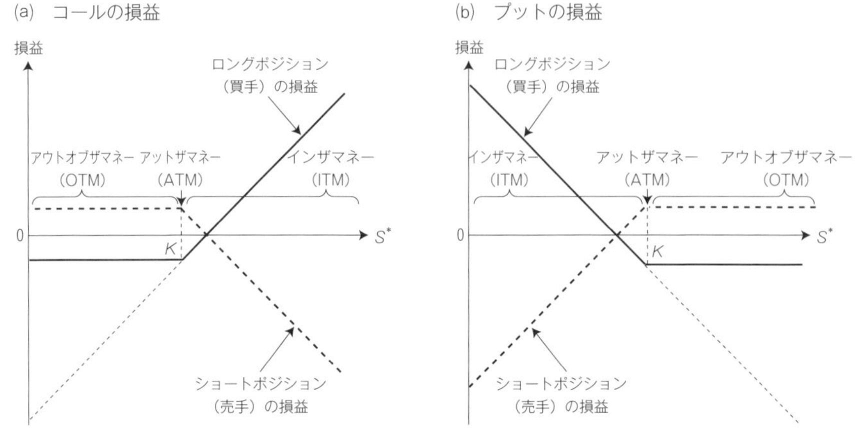

OTMという用語を思い出すとわかりやすい（図表5－2参照）。

第1章では、コールに関しては、$S>K$のときにITM、$S<K$のときにOTM、$S=K$のときにATMと呼ぶことを示した。プットの場合には、ITMとOTMの関係は正反対であり、$S>K$のときにOTM、$S<K$のときITMとなる。原資産価格と同様、オプションについても満期時点の価値を表すとき右肩に＊をつけるものとすると、満期時点におけるコールの価値C^*は$C^*=Max[S^*-K, 0]$となる。ここで、$Max[A, B]$は「AとBのうち大きい値」を意味する。Sが高くなるほど、満期時点でITMとなる確率が高まって$Max[S^*-K, 0]$が大きい数値になる可能性が高くなるため、コールの期待利益が高まり、その価値が高くなる。一方、満期時点におけるプットの価値P^*は$P^*=Max[K-S^*, 0]$となる。プットの場合には、Sが低いほど行使確率が高まり満期時点における期待利益が高くなるから、Sの上昇はプット価値の低下要因になる。

(2)　金　　利

金利とプレミアムの関係は、行使価格とプレミアムの関係に関する議論を応用して理解することができる。結論は、金利が高いときほどコールプレミアムは高く、プットプレミアムは低くなる。

すでに述べたとおり、行使価格は、コールにとっては買う権利を行使して原資産を得るための支払、プットにとっては売る権利を行使して原資産を受け渡す代りに受け取る収入という意味合いをもつ。したがって、コールにとっては支払である行使価格が低い（高い）ほど、プットにとっては収入である行使価格が高い（低い）ほどプレミアムが高い（低い）という関係になる。

コールの保有者が行使価格を支払うのは満期時点であり、満期時点までの間は運用できるので、現時点では、この間の金利分だけ少ない金額を用意しておけばよい。これが金利の高い場合ほどコールの価値が高くなる理由である。プットの場合には、これと反対の関係が成立する。すなわち、プットを行使して行使価格を得ることができるのは満期時点である。そのため、金利が高くなると、受取代金である行使価格の現在価値が小さくなる。

⑶ ボラティリティ

図表5－2から再確認できるように、オプションの買手は、自分にとって不利な場合には権利放棄することができるため、（支払プレミアムを超えて）失うものがない。

コールの満期時点における価値は $C^*=Max[S^*-K,0]$ となる。すなわち、原資産価格が大幅に上昇すれば、大幅な利益が生じるが、原資産価格がどれほど大幅に下落した場合でも、価値がマイナスになることはない。そのため、原資産価格が大きく変動する可能性がある場合ほど、コールの価値は高まる。この点は、プットについても同様である。プットの買手の満期時点における価値は、$P^*=Max[K-S^*,0]$ となる。すなわち、原資産価格が大幅に下落した場合には大きな利益が生じるが、原資産価格がどれほど大幅に上昇した場合でも、価値はマイナスにならない。

したがって、コール、プットともに、原資産価格のボラティリティが大きいほど価値が高くなるという結論が導かれる。

⑷ 満期までの期間

最後に、満期までの期間とプレミアムの関係は、金利およびボラティリティとの関係を同時に考えることで結論を導くことができる。

まず、満期までの期間が長いオプションほど、金利の上昇と同様の効果が生じる。金利が同一でも、満期までの期間が長いほど、行使価格とその現在価値の差が大きくなるからである。そのため、満期までの期間が長いほど、金利要因では、コールのプレミアムが高く、プットのプレミアムが低くなる。

また、満期までの期間が長いほど、ボラティリティの上昇と同じ効果が生じる。ボラティリティが同一でも満期までの期間が長いほど、原資産価格が現在の価格よりも乖離した水準へ変動する可能性が高まるからである。そのため、満期までの期間が長いほど、ボラティリティ要因ではコール、プットともにプレミアムが高くなる。

両者の関係を整理すると、満期までの期間が長くなると、コールは金利要因でもボラティリティ要因でもともにプラスに働くためプレミアムも高くなるのに対して、プットの場合には、満期までの期間が長くなると、金利要因からはプレミアムが低くなるが、ボラティリティ要因ではプレミアムは高くなる。そのため、満期までの期間とプットプレミアムの関係は、2つの要因の相対的な大小関係に依存し、この段階では一概にはいえない。

(5) 決定要因とプレミアムの関係のまとめ

図表5－3は、これまで行ってきた議論の結果を要約している。決定要因とプレミアムの関係について、両者の間に「↑」は正の相関、「↓」は負の相関が存在することを表している。

すなわち、原資産価格の上昇はコールプレミアムの上昇要因だがプットプレミアムの下落要因であること、行使価格が高いオプションほどコールプレミアムは低く、プットプレミアムは高くなることを示している。また、金利の上昇は原資産価格の上昇と同じ効果をもち、ボラティリティの上昇は、コール、プットともにプレミアムの上昇要因であることを示している。ただし、満期までの期間は、コールについては金利要因もボラティリティ要因も正の相関なので、期間が長いほど、プレミアムは高くなるが、プットについては金利要因とボラティリティ要因の相対的な強さに応じて決まるため、この段階では「？」としている。

図表5－3　決定要因とプレミアムの関係

決定要因	コール	プット
原資産価格	↑	↓
行使価格	↓	↑
金利	↑	↓
ボラティリティ	↑	↑
満期までの期間	↑	？

3　プレミアムの価値の分解

前節では、プレミアムと決定要因の関係について説明したが、プレミアムは、本質価値[1]と時間価値[2]と呼ばれる2種類の構成要素に分解できる。前者は、(現在の) 原資産価格と行使価格、後者は、その他の3つの決定要因（金利、ボラティリティ、満

1　intrinsic value
2　time value

図表5－4　本質価値と時間価値（コールの場合）

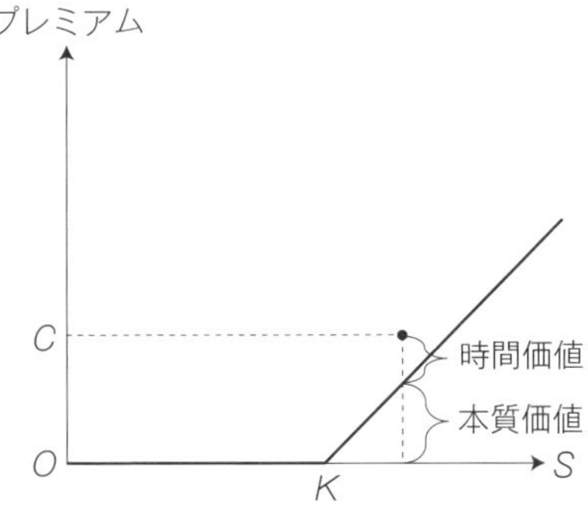

期までの期間）と関連している。後者の時間価値は、さらに金利要因とボラティリティ要因に分解できることを示す。

図表5－4には、コールの例を示した。これまでの表記方法を用いると、コールの本質価値は、$Max[S-K, 0]$ のように表すことができる。たとえば、個別株オプションの場合、Kが1,000円、Sが1,200円、現在のコールプレミアムCが300円とすると、本質価値は$Max[S-K, 0]=Max[1200-1000, 0]=200$円、時間価値は100（＝300－200）円と分解できる。一方、Kが1,000円、Sが900円、Cが50円とすると、本質価値は$Max[S-K, 0]=Max[900-1000, 0]=0$円、時間価値は50（＝50－0）円となる。

理論的に、プレミアムは本質価値を下回らない。それは、仮にプレミアムが本質価値を下回るような水準になれば、裁定取引が発生するからである。

裁定取引とは、「自己資金が0で、確実に利益を得る」投資行動をいう。ただし、ここでは所与の金利水準で無制限に貸借できること、証券投資においてはロングばかりでなくショート（空売り）も制限されずにできることなど、完全市場[2]であることを前提としている。また、裁定取引の結果、獲得できる利益のことを裁定利益、裁定利益を得ることのできる状況を裁定機会という。そこで、プレミアムが本質価値を下回ると裁定機会があることを、数値例で確認しておこう。

いま、Kが1,000円、Sが1,200円、Cが本質価値を下回る100円、満期までの金利rが5％だとする。図表5－5に示されるとおり、原資産である株式のショート（1単位)、コールのロング（1単位)、満期に元本と利息込みでKが支払われる定期預金の3つの取引を同時に行うと、満期で0以上の利益を得ながら、現時点で148円の利益を確保できる。

図表5－5をもう少し詳しく説明しておこう。まず、原資産である株式のショートに伴う損益が$-S^*$となっているのは、満期時点の株価で原資産を買い戻して、これ

図表５－５　プレミアムが本質価値を下回った場合の裁定機会

投資行動	現時点		オプションの満期時点	
			S^*≧1,000	S^*<1,000
株式のショート	S	1,200	$-S^*$	$-S^*$
コールのロング	$-C$	−100	$S^*-1{,}000$	0
満期にKの定期預金	$-K/(1+r)$	−952	1,000	1,000
合　計	$S-C-K/(1+r)$	148	0	$1{,}000-S^*$

（注）S^*は満期時点の原資産価格、数値はキャッシュフローの大きさ（プラスは受取、マイナスは支払）を表す。

図表５－６　時間価値の分解（コールの場合）

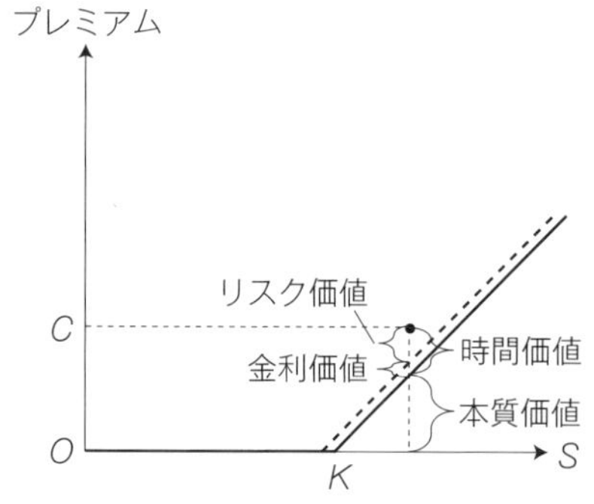

を返却する必要があることによる。次に、オプションの満期時点のキャッシュフローは、S^*とK（1,000円）の大小関係によって異なる。$C^*=Max[S^*-K,\ 0]$ であるため、$S^*\geq K$の場合には$C^*=S^*-K=S^*-1{,}000$、$S^*<K$の場合には$C^*=0$となる。最後に現時点で952円を預金すると、満期に1,000円が払い戻される。これにより、コールの満期時点における３つの取引結果を総合した損益の合計は、$S^*\geq 1{,}000$の場合には０円、$S^*<1{,}000$の場合には$1{,}000-S^*$（>0）円となる。そのため、満期時点の原資産価格がどのような水準になった場合でも、損失を被ることがない。このようにして、「自己資金が０で、確実に利益を得る」ことができる。

上の例において裁定機会が生じているのは、コールプレミアムの100円が本質価値（200円）を下回っているためである。このような裁定機会が存在する場合、合理的な投資家はこのような絶好の機会を見逃さない。割安なコールのロングと（相対的に）割高な原資産のショートを通じて、コールプレミアムの上昇と原資産価格の下落が起こり、少なくともコールプレミアムが本質価値を上回る水準になるまで、価格調整が行われると予想される。これが「プレミアムは本質価値を下回らない」理由である。

前節(4)では、プレミアムには金利要因とボラティリティ要因が含まれていることを指摘した。この議論を応用して、図表5－4で示した本質価値と時間価値の関係に関する理解をさらに深めることができる。図表5－6では、プレミアムの時間価値は、無リスク金利による成分（「金利価値」という）とボラティリティによる成分（「リスク価値」という）に細分化できることを示している。すなわち、プレミアムは本質価値、金利価値、リスク価値に分解できることを意味する。コールの場合には、金利要因は行使価格の現在価値の低下を通じてプレミアムに対してプラスになると説明してきた。これは図表5－6では、金利価値の部分に相当する。リスク価値と表示されている部分は、現在から満期までの間に、原資産価格がオプション保有者にとって有利な方向へ変動する可能性があることによって生じるプレミアムの付加部分を示している。

4 プット・コール・パリティ

いま、以下のような2つの投資戦略を考えてみよう。第1は、第2章で説明したプロテクティブプットと呼ばれるもので、原資産1単位のロングとプット1単位のロングからなる。これは、図表5－7の上段に示したとおり、K以上の部分では原資産の

図表5－7　原資産価格、プット、コールの関係

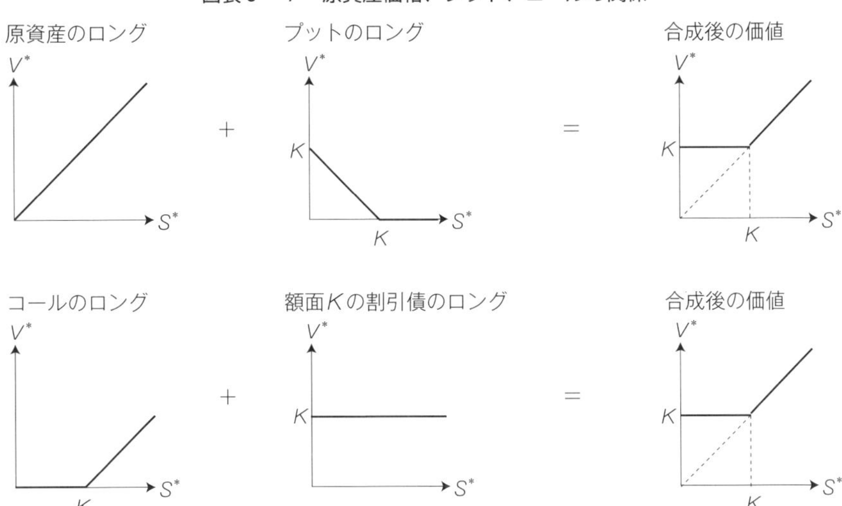

（注）S^*はオプションの満期時点における原資産価格、Kは行使価格、V^*はそれぞれのポジションの価値を表している。

買いと等価、K以下の場合には行使価格と等価になる。第2は、図表5－7の下段に示したとおり、コール1単位のロングと行使価格を額面とする割引債のロングの組み合わせである。これによっても第1の投資戦略と同じ損益パターンを組成できるため、この2つの投資戦略は満期時点で等価になることがわかる。

したがって、原資産、コール、プット、割引債の間には、満期時点において(1)式が成立する。(1)式の左辺はプロテクティブプットの価値、右辺はコールと額面Kの割引債の価値の合計値を表しており、満期時点において両者がちょうど一致することを示している。このとき、$K>S^*$の場合は、左辺のプットは行使されて$K-S^*$の価値が生じるが、右辺のコールは行使されず0となるので、両辺の値がKで一致する。一方、$K \leq S^*$の場合は、左辺のプットは行使されず0となるが、右辺のコールは行使されてS^*-Kの価値が生じるので、両辺の値がS^*となり、やはり等しくなる。

原資産　プット　　　コール　　　割引債

$$S^* + Max[K-S^*, 0] = Max[S^*-K, 0] + K \quad (1)$$

この2つの投資戦略は、満期時点で等価なので、現時点でも等価となる。等価でなければ、割安なポジションをロングして、割高なポジションをショートする裁定取引が行われ、(1)式が成立するまで価格調整が行われるからである。したがって、現時点で(2)式が得られる。この均衡関係をプット・コール・パリティという。

原資産　プット　コール　割引債の現在価値

$$S + P = C + K/(1+r) \quad (2)$$

プット・コール・パリティを用いると、(3)式や(3')式のように、コールかプットのうち一方のプレミアムがわかっていれば、他方のプレミアムを容易に計算できる。

$$P = C - S + K/(1+r) \quad (3)$$

$$C = P + S - K/(1+r) \quad (3')$$

たとえば、図表5－1に示された2017年12月限月の行使価格2万3,000円の日経225コールプレミアム115円と日経225プットのプレミアム360円の間にプット・コール・パリティが成立しているかどうかを確かめてみよう。この日の日経平均株価の終値は2万2,724.96円だったので、S=22,725円としよう。また、この時期は金融緩和政策の影響で金利水準がきわめて低く、ゼロ金利状態であったため、r=0とする。このとき、コールプレミアムが正当な値であると仮定すると、その115円と整合的なプットプレミアムは、(3)式を用いて、

$$P = 115 - 22{,}725 + 23{,}000 = 390(\text{円})$$

となり、実際のプットプレミアム（360円）は割安だったことになる。

図表5－8　プット・コール・パリティが成立していない場合の裁定取引

投資行動	現時点		オプションの満期時点	
			$S^* \geqq 23,000$	$S^* < 23,000$
コールのショート	C	115	$23,000-S^*$	0
プットのロング	$-P$	−360	0	$23,000-S^*$
原資産のロング	$-S$	−22,725	S^*	S^*
満期にKの借入れ	$K/(1+r)$	23,000	−23,000	−23,000
合　計	$C-P-S+K/(1+r)$	30	0	0

（注）S^*は満期時点の原資産価格、数値はキャッシュフローの大きさ（プラスは受取、マイナスは支払）を表す。

プット・コール・パリティが成立していない場合には、裁定取引によって確実に利益を得ることができる。図表5－8では、割高なコールをショートし、割安なプットと原資産をロング、行使価格の現在価値を借り入れた場合の、現時点とオプションの満期時点におけるキャッシュフローを表している。満期時点では損益がちょうど0で、現時点でプラスの利益が生じており、裁定機会が生じていることがわかる[3]。裁定機会が消失するまで、この取引が続くはずである。

コールとプットの間には、プット・コール・パリティという一定の関係があることがわかったが、それでは、なぜコールとプットという2種類のオプションが取引されるのであろうか。たとえば、図表5－7に示されているとおり、コールがなくても、プットのロングと原資産のロングを組み合わせることによってコールと同様のペイオフをつくりだすことができるのであれば、どちらか一方のオプションだけで十分と考えられる。事実、第3章で示したとおり、CBOEのオプション取引開始時にはコールしか取引されていなかった。しかしながら、実際の市場では価格形成が効率的に行われるとはかぎらず、オプション価格が理論的にあるべき水準から乖離する可能性がある。その結果、オプションを用いたリスクヘッジなどの取引を行う際に、追加的なコストの発生が懸念される。このとき、コールとプットが取引されていれば、裁定取引を通じて両者の関係が合理的な範囲内に収まることで、異常な価格形成を抑制する効果が期待できる。

キーワード

決定要因、条件付請求権、正規確率過程、キャリーコスト、ブラックショールズ・モデル、無裁定均衡、ボラティリティ、ITM、ATM、OTM、本質価値、時間価値、裁定取引、裁定利益、裁定機会、ショート（空売り）、完全市場、金利価値、リスク価値、プロテクティブプット、プット・コール・パリティ

参考文献

・大村敬一・清水正俊・俊野雅司『詳解　株式オプション』金融財政事情研究会、1991年
・大村敬一・俊野雅司『ゼミナール　オプション　仕組みと実際』東洋経済新報社、1993年
・大村敬一・俊野雅司『証券論』有斐閣、2014年
・ジョン・ハル『先物・オプション取引入門』ピアソン・エデュケーション、2001年
・俊野雅司・大村敬一『オプション　仕組みと実際』東洋経済新報社、1993年

注

1　carry cost. 原資産を実際に保有するために必要な費用のことを意味する。たとえば、小麦や大豆のような穀物が原資産の場合には、倉庫代のような保管費用や保管している間に品質が劣化するコストなどがキャリーコストに含まれる。逆に、株式や債券を保有する場合には、配当や利子などのインカムゲインが発生する。これは、マイナスのキャリーコストと位置づけることができる。

2　完全市場では、無制限に貸借できることや空売りに対する制約がないこと、取引コストや税金が存在しないこと、無限に細かい単位で証券の売買ができること（1円でも市場全体のポートフォリオを購入できること）などが想定されており、ファイナンス理論が前提としている。

3　現実的には、それぞれの価格の終値が形成される時間がずれていたり、裁定取引を行うためには取引コストがかかったりするなどの理由で、常に厳密なかたちでプット・コール・パリティが成立しているとはかぎらない。また、価格データを見て裁定機会が生じている場合でも、裁定取引を行うために必要なすべての取引が市場で成立するとはかぎらないという問題も存在する。

第 6 章

オプションモデル

前章では、いくつかの変数（決定要因）とオプションプレミアムの関係について解説した。本章では、これらの決定要因を説明変数として、オプションモデルを提示する。代表的な二項モデルとブラックショールズ・モデルの概要を説明したうえで、プレミアムの決定要因の変化に関する感応度を意味するグリークス（ギリシャ文字）の意味と活用方法にも言及する。

1 二項モデル

まずは１期間モデルについて、コールとプットの理論プレミアムの計算を示したうえで、２期間モデルから多期間モデルへ拡張する。

(1) コールプレミアムの導出

二項モデルでは、原資産価格が二項過程に従って変動することを想定する[1]。二項過程とは、現在から将来のある時点にかけて、原資産価格が一定の倍率で上昇するか下落するか、２通りの場合が想定されるプロセスのことを指す。

１期間モデルでは、現在の原資産価格がSで、１期間後に満期を迎えて、満期時点の原資産価格S^*が現時点のu倍になってuSか、d倍になってdSか、いずれかになるものと仮定する（図表６－１の左側）。ただし、$u>1>d$である。図表６－１の右側には、ヨーロピアンコールのプレミアムCの価値が示されている。C_uは原資産価格が上昇（u倍）した場合、C_dは原資産価格が下落（d倍）した場合のコールプレミアムの満期価値を表している。図表に示されているとおり、$C_u = Max[uS-K, 0]$、$C_d = Max[dS-K, 0]$ となる。

一般的に、リスク資産の現在価値は、キャッシュフローをリスク水準に見合う要求リターンで割り引いて求める。将来のキャッシュフローが無リスクであればリスクプレミアムを考慮する必要がなく、要求利回りは無リスク金利であり、容易に現在価値を求めることができる。しかしながら、原資産もコールもともにリスク変数だが、その割引率（要求リターン）がわからないため、現在価値を導くことができない。

図表６－１　二項過程

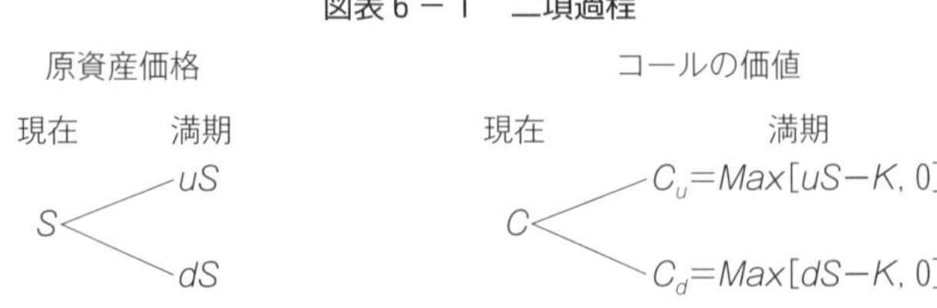

そこで、オプションの理論価値を求める際には、まずコール１単位と原資産Δ単位を組み合わせて、無リスク資産を複製する[1]。これをヘッジポートフォリオ、Δをヘッジ比率という。そのキャッシュフローは無リスクなので、無リスク金利で割り引くことによって現在価値を計算できる。そのうえで、ヘッジポートフォリオの現在価値から原資産の価値を差し引けば、コールの理論プレミアム（コールの現在価値）を求めることができる。

原資産価格が上昇（下落）すると、コールの価値も上昇（下落）するため、ヘッジポートフォリオを組成するためにはコールのショート（ロング）と原資産のロング（ショート）を組み合わせることが必要となる。

図表６－２では、コール１単位のショートに対して原資産Δ単位のロングを組み合わせている。満期時点で原資産価格が上昇した場合のポートフォリオの価値は$uS\Delta-C_u$、原資産価格が下落した場合のポートフォリオの価値は$dS\Delta-C_d$である。どちらの場合でも損益が同一となるためには、

$$uS\Delta-C_u=dS\Delta-C_d$$

が条件となる。これより、ヘッジ比率Δは(1)式のとおりとなる。

$$\Delta=\frac{C_u-C_d}{uS-dS} \tag{1}$$

すなわち、コール１単位のショートと原資産Δ単位のロングを組み合わせることによって、ヘッジポートフォリオが構築できる。(1)の分子は原資産価格の上昇時と下落時のコールプレミアムの差、分母は原資産価格の差を示しており、両者の比率をウェイトとして組み合わせることで、将来の価格変動リスクが完全にヘッジされ、無リスクとなることを示している。効率的な市場では、ヘッジポートフォリオのリターンは、無リスク金利と一致しなければならない。これを無裁定条件[2]という。

ヘッジポートフォリオの投資額（現在の価値）は$S\Delta-C$であり、ヘッジポートフォ

図表６－２　ヘッジポートフォリオ

投資行動	投資額	満期時点の損益	
		$S^*=uS$	$S^*=dS$
コール１単位のショート	$-C$	$-C_u$	$-C_d$
原資産Δ単位のロング	$S\Delta$	$uS\Delta$	$dS\Delta$
合　計	$S\Delta-C$	$uS\Delta-C_u$	$dS\Delta-C_d$

1　Δは、ギリシャ文字のデルタの大文字。

リオのリターンは無リスク金利と同一なので、投資額と満期時点の損益との間には(2)式の均衡関係が成立する。ただし、ここでは小数点表示の無リスク金利rに1を加えた値をRとしている。たとえば、無リスク金利が5%の場合には、$R=1+r=1.05$となる。

$$(S\Delta - C)R = uS\Delta - C_u \tag{2}$$

(2)式のΔに(1)式を代入して、Cについて整理すると(3)式が導かれる。これが、コールプレミアムに関する1期間の二項モデルである。

$$C = \left\{ \frac{R-d}{u-d} C_u + \left(1 - \frac{R-d}{u-d}\right) C_d \right\} / R = \frac{pC_u + (1-p)C_d}{R} \tag{3}$$

ただし、

$$p = \frac{R-d}{u-d}$$

ここで、(3)式の特徴について考えてみよう。図表6－1をよくみると、二項過程において原資産価格の上昇や下落に関する確率は当初から与えられていない。それにもかかわらず、コールの理論プレミアムを導くことができるのは、原資産とオプションを用いて無リスクな状態を組成できるため、原資産価格が上昇（下落）する確率を考慮する必要がないことを示している。ところが、(3)式をあらためてよくみると、コールの理論プレミアムは、あたかもpを原資産価格が上昇する確率、$1-p$を原資産価格が下落する確率とみなしたうえで、コールの将来の期待キャッシュフローを無リスク金利で現在価値に割り引いた値になっていることがわかる。

pの性質について、もう少し補足しておくこととする。(3)式のただし書から、

$$R = pu + (1-p)d$$

と変形できるので、pは原資産価格の上昇倍率uと下落倍率dを按分して、その結果がちょうど無リスク金利と等しくなるようなウェイトとなっていることがわかる。このとき、リスク資産の期待リターンは無リスク金利と一致することとなり、リスクプレミアムが0となる[3]。そのため、pはリスク中立確率と呼ばれている。

これまで説明した内容を整理すると、二項モデルにおけるコールプレミアムの導出プロセスは、以下の2ステップとなる。

第1ステップ　ヘッジポートフォリオの構築……原資産とコールを組み合わせて、コールの満期時に原資産価格が上昇した場合でも下落した場合でも価値が同一となるようなヘッジポートフォリオを構築する。

第2ステップ　無裁定条件によるプレミアムの導出……ヘッジポートフォリオの満期価値を無リスク金利で現在価値に割り引いた値がその投資額と一致するように、コールプレミアムの値を求める。

(2) 数値例

ここでは、現在の株価が1,000円の株式を原資産とする行使価格1,000円のヨーロピアンコールを想定して、二項モデルの使い方を例示する。

図表6－3の左側は原資産価格の変化を示す。将来、株価が20％上昇して1,200円になるか、20％下落して800円になるものとする。ただし、無リスク金利は5％とする。このとき、満期時点におけるコールの価値は、図表6－3の右側に示されているとおり、株価が上昇した場合は$C_u = Max[1{,}200 - 1{,}000, 0] = 200$円、下落した場合は$C_d = Max[800 - 1{,}000, 0] = 0$円となる。

(1)の議論から、満期時点で原資産価格が上昇した場合と下落した場合のヘッジポートフォリオの価値は、それぞれ$1{,}200\Delta - 200$、800Δとなる。そこで、両者が同一となるように、ヘッジ比率Δの値を求める。

$$1{,}200\Delta - 200 = 800\Delta$$

$$\Delta = 0.5$$

こうして、コール1単位のショートと原資産0.5単位のロングを組み合わせることによって、ヘッジポートフォリオを構築できることがわかる。

ヘッジポートフォリオの投資額（現在の価値）は$1{,}000\Delta - C (= 500 - C)$であり、ヘッジポートフォリオのリターンは無リスク金利と同一となる。そのため、

$$(500 - C) \times 1.05 = 400$$

となるので、コールプレミアムは$C = 119$円となる。

この結果は、(3)式の公式を用いても同じである。リスク中立確率は、

$$p = \frac{10.5 - 0.8}{1.2 - 0.8} = 0.625$$

であるから、リスク中立確率と満期でのオプション価値を公式に代入すると、以下のとおり、理論プレミアムを求めることができる。

$$C = \frac{0.625 \times 200 + (1 - 0.625) \times 0}{1.05} \cong 119(\text{円})$$

すなわち、コールプレミアムは$C = 119$円となり、2ステップをたどりながら計算した結果と同一の値が得られる。

図表6－3　二項過程（数値例）

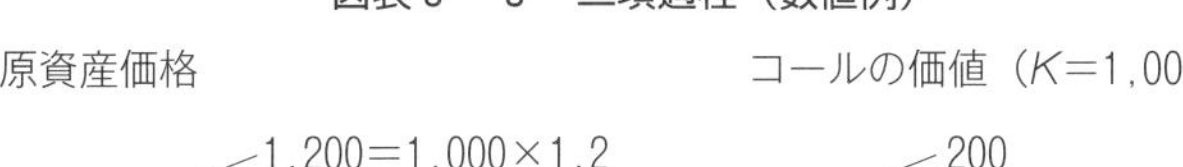

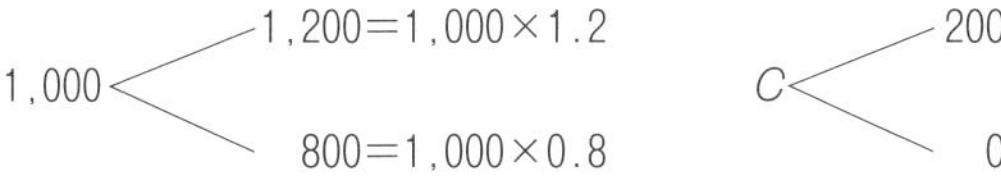

(3) 理論プレミアムと実際のプレミアムが乖離していた場合の裁定

実際に取引されているプレミアムが理論プレミアムと一致しない場合には、第5章で説明したような裁定機会が生じる。割安な資産を買い、割高な資産を売ることで、「自己資金が0で、確実に利益を得る」ことができる。このような裁定機会が存在する場合には、合理的な投資家の売買によって割安・割高な関係が存在しない状態になるまで価格調整が行われて、最終的に、プレミアムは裁定利益が消滅するような均衡水準（これが理論プレミアム）に収束する。

図表6－4は、コールプレミアムが理論値である119円から乖離していた場合に、どのような裁定機会が生じるのかを示している。コールプレミアムが150円である割高な場合をケース(a)、100円で割安な場合をケース(b)としている。いずれのケースにおいても、満期時点の損益は、1,200円に上昇しようが、800円に下落しようが0なので、現在時点での損益も0となるはずだが、いずれのケースでも裁定利益が発生している。

ケース(a)では、割高なコールをショートしたうえで、原資産のロングと借入を行った場合の現時点と満期時点のキャッシュフローを比較している。コール1単位のショート、原資産0.5単位のロング、返済額400円の借入（現在381円）を行うことで、満期時点では原資産価格が上昇しても下落しても損益はちょうど0に確定され

図表6－4　裁定機会

(a) コールプレミアムが割高（150円）

投資行動	現時点のキャッシュフロー	満期時点の損益	
		S^*＝1,200	S^*＝800
コール1単位ショート	150	−200	0
原資産0.5単位ロング	−500	600	400
借入	381	−400	−400
合　計	31	0	0

(b) コールプレミアムが割安（100円）

投資行動	現時点のキャッシュフロー	満期時点の損益	
		S^*＝1,200	S^*＝800
コール1単位ロング	−100	200	0
原資産0.5単位ショート	500	−600	−400
貸付（あるいは預金）	−381	400	400
合　計	19	0	0

る。この裁定取引によって、投資家は自己資金をいっさい使わずに31円の利益を得ることができる。一方、ケース(b)では、割安なコールをロングしたうえで、原資産のショートと貸付（あるいは預金）を行うことで、満期時点では原資産価格が上昇しても下落しても、損益はちょうど0に確定される。この取引によって、投資家は19円の利益を得ることができる。

どちらの場合でも、合理的な投資家による裁定行動によって、裁定機会がなくなり、理論値に収束するまでプレミアムが調整される。

(4) プットプレミアムの導出

プットの理論プレミアムPに関しても、コールの場合と同様に（4)式を導くことができる。

$$P=\frac{pP_u+(1-p)P_d}{R} \tag{4}$$

ただし、$p=\dfrac{R-d}{u-d}$

図表6－5は、図表6－3と同様の二項過程を想定したうえで、行使価格1,000円のプットに関する数値例を表している。リスク中立確率はコールの場合と同一である。この理由は、リスク中立確率が無リスク金利と原資産価格の二項過程（uとd）にのみ依存しているためである。リスク中立確率と満期のプットの価値は次のように求められる。

$$p=\frac{1.05-0.8}{1.2-0.8}=0.625$$

$$P_u=Max[K-uS,0]=Max[1,000-1,200,0]=0$$

$$P_d=Max[K-dS,0]=Max[1,000-800,0]=200$$

これらの値を(4)式に代入することで、プットプレミアムの理論値は、次式のとおり、71円と求めることができる。

$$P=\frac{0.625\times0+(1-0.625)\times200}{1.05}\cong71(\text{円})$$

図表6－5　二項過程（プットの場合）

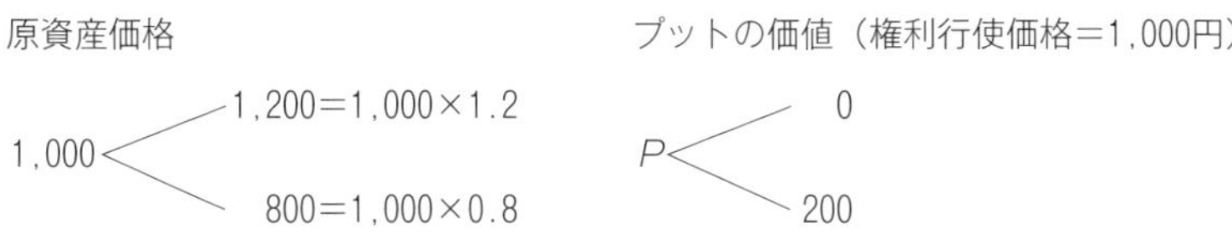

プットプレミアムは、第5章で示したプット・コール・パリティを用いて求めることもできる。今回の数値例で計算すると、プットプレミアムの理論値は71円となり、(4)式を用いて計算した結果と同一の値になる。

$$P = C - S + K/R = 119 - 1{,}000 + 1{,}000/1.05 \cong 71(\text{円})$$

(5) 2期間モデルから多期間モデルへの拡張

二項モデルは、これまで示した1期間から多期間モデルに容易に拡張できる。ここでは、コールプレミアムに関する2期間モデルを示す。

図表6－6は、2期間の二項過程モデルの場合の原資産価格とコールの価値の推移を表している。満期時点での原資産価格は、u^2S、udS、duS、d^2Sの4通りのいずれかとなる。原資産価格が上昇後に下落しても、下落後に上昇しても、2期間終了後の価値は変わらない（$udS = duS$）ため、それぞれの状態に対応するコールの価値は、C_{uu}、C_{ud}、C_{dd}の3通りとなる。

2期間モデルは、1期間モデルで用いた導出手順を繰り返せばよい。まず、満期のC_{uu}とC_{ud}を(3)式に準じてリスク中立確率pで按分したうえで、これを無リスク金利Rで割り引けばC_uが得られる。また、C_{ud}とC_{dd}についても同様に展開することでC_dが得られる。そのC_uとC_dを(3)式に代入すると、2期間モデルにおけるコールプレミアムの理論式を次式のとおり導くことができる。

$$C = \frac{p^2 C_{uu} + 2p(1-p)C_{ud} + (1-p)^2 C_{dd}}{R^2} \qquad (5)$$

ただし、$p = \dfrac{R-d}{u-d}$

図表6－7は、二項過程が2期間連続して発生した場合の原資産価格と行使価格1,000円のコールの価値を表している。2期間終了後に原資産価格が行使価格を超えた1,440円の場合にだけ440円の価値をもたらすが、それ以外の場合には0となる。このとき、現時点のコールの価値Cは、1期間モデルで用いた手順を順次さかのぼって

図表6－6　二項過程（2期間モデル）

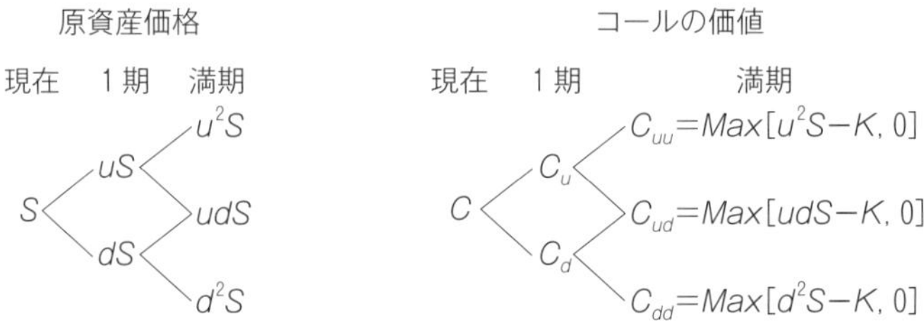

図表6－7　二項過程（2期間モデル、数値例）

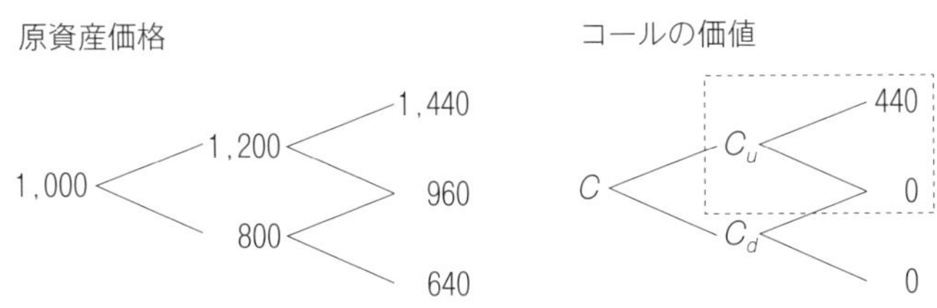

適用することによって計算できる。

図表6－7の破線で囲まれた部分は、コールの価値C_uが1期間後に原資産価格が上昇した場合には440円、下落した場合には0円になることを示している。このコールプレミアムは1期間モデルを用いて計算できる。

$$C_u = (0.625 \times 440 + 0.375 \times 0) \div 1.05 \cong 262(\text{円})$$

同様にして、$C_d = 0$となる。最後に、1期間後に$C_u = 262$、$C_d = 0$となるようなコールの価値Cを(3)式を用いて計算すると、次式のとおり、コールの理論プレミアムは156円となる。

$$C = (0.625 \times 262 + 0.375 \times 0) \div 1.05 \cong 156(\text{円})$$

一方、数値例の$u = 1.2$、$d = 0.8$、$R = 1.05$を(5)式に代入して、2期間モデルでのコールプレミアムを一度に計算することもできる。まず、満期時点の3通りのコール価値を計算すると、以下のようになる。

$$C_{uu} = Max[1.2^2 \times 1{,}000 - 1{,}000, 0] = Max[1{,}440 - 1{,}000, 0] = 440$$

$$C_{ud} = Max[1.2 \times 0.8 \times 1{,}000 - 1{,}000, 0] = Max[960 - 1{,}000, 0] = 0$$

$$C_{dd} = Max[0.8^2 \times 1{,}000 - 1{,}000, 0] = Max[640 - 1{,}000, 0] = 0$$

1期間モデルの場合と同様、$p = 0.625$、$R = 1.05$であるので、これらの数値を(5)式に代入して理論プレミアムを求めることができる。

$$C = 0.625^2 \times 440 \div 1.05^2 \cong 156(\text{円})$$

となる。こうして、数値例で順次計算した理論プレミアムと同様の結果を導くことができる。

1期間モデルから2期間モデルへ拡張したプロセスを繰り返すことによって、多期間モデルに拡張することができる。期間数を無限大、すなわち、1期間の間隔を無限小に近づけることによって、二項モデルは連続形のオプションモデルであるブラック・ショールズ・モデルに近似する[4]。

2 ブラックショールズ・モデル

ブラックショールズ・モデルにおいても、基本的な考え方は二項モデルの場合と同様である。すなわち、原資産とオプションを組み合わせてヘッジポートフォリオを構築し、ヘッジポートフォリオのリターンが無リスク金利と同一となるようにプレミアムを導く[5]。

二項モデルとブラックショールズ・モデルでは、原資産の価格変動過程に関する仮定が異なる。二項モデルは離散モデルであり、満期時点での原資産価格の値が2通りだけの場合を想定していた。これに対して、ブラックショールズ・モデルでは、原資産の価格変動過程が一定の期待値と分散をもった確率分布に従うものと仮定している。

(1) 原資産の価格過程

ブラックショールズ・モデルでは、原資産価格は伊藤プロセス[2]に従うものと仮定されている。このプロセスは、伊藤清[6]元京都大学教授によって提示されたことが名称の由来となっている。伊藤プロセスは、ドリフト項[3]とボラティリティが時間と原資産価格の関数であり、満期まで価格変動が連続的に発生する時間的にも連続な確率過程である。より正確には、ブラックショールズ・モデルでは、原資産価格が伊藤プロセスの特殊型の幾何ブラウン運動に従うと仮定している[7]。幾何ブラウン運動は、ドリフトとボラティリティが時間には依存せず、各時点の原資産価格の一定倍になっている確率過程である。原資産価格の微小変化のことをdSと表すと、(6)式で表される。

$$dS = \mu S dt + \sigma S dz \tag{6}$$

μはドリフト項（瞬間的な期待リターン）、σはボラティリティ（原資産価格のリターンの瞬間的な標準偏差）、dtは時間の微小変化、dzは標準正規確率過程を表している。標準正規確率過程とは、平均値0、標準偏差1の正規分布に従うランダムウォーク過程を意味する。

次に、(6)式の両辺をSで割り、確率過程をリターンで示すと(6')式となる。

$$\frac{dS}{S} = \mu dt + \sigma dz \tag{6'}$$

(6')式の確率過程は、原資産のリターンが一定のトレンドμとボラティリティσの定常プロセスに従うことを示している。

---

2 Ito Process

3 drift term

上記の確率過程を直感的に理解するためには、原資産価格の変動過程を酔っ払いの千鳥足の歩みにたとえるとわかりやすいかもしれない。まず、ある酔っ払いの次の一歩が左右どの方向に動くかまったくわからないと仮定する。この酔っ払いの歩幅をσ^2とすると、τ歩後の酔っ払いの位置は、中央線から$\sigma^2\tau$だけ乖離する。また、ドリフトは、この酔っ払いに重い鞄を（たとえば右手に）もたせると、その足取りは真っ直ぐではなく、（右に）片寄りのある動きになることをイメージすればよいだろう。

時間の経過に伴って、リターンの分布がどのように推移するのか、その一例を示したものが図表6－8である。ここでは、μ=0.4、σ=0.3の確率過程の分布を示している。手前から奥に向かって時間の経過を示す。実際には連続しているが、1年を1として3カ月単位で、0.25、0.5、0.75、1の4つの時点の確率分布を示した。プラスのトレンドをもっているため、時間経過とともに分布の期待値は比例的に高まり、右側に偏った分布となっている。同時に、その分布の分散も経過時間とともに比例的に大きくなっている。

具体的な数値を伊藤プロセスに代入して、シミュレーションした結果を示したものが図表6－9である。伊藤プロセスに従って、初期値を1万円として、3回試行した結果を示している。株価が1万円を出発点として、その後、どのような価格変動パターンが起こりうるかを表しているとみることができる。1つの過程（太い実線）は徐々に下落した後に上昇して、最後には大きく下落しているが、別の過程（細い破線）は上下動を繰り返しながら、少しずつ上昇をしている。このように、同一の確率過程であったとしても、さまざまな変動パターンが起こりえることがわかる。

(6)式の確率過程は、価格変化が現時点の値のみに依存し、過去の経路から影響を受けない。このような特徴をマルコフ性という。先ほどの比喩では、酔っ払いがそれ

図表6－8　伊藤プロセスに従う確率分布（μ=0.4, σ=0.3）

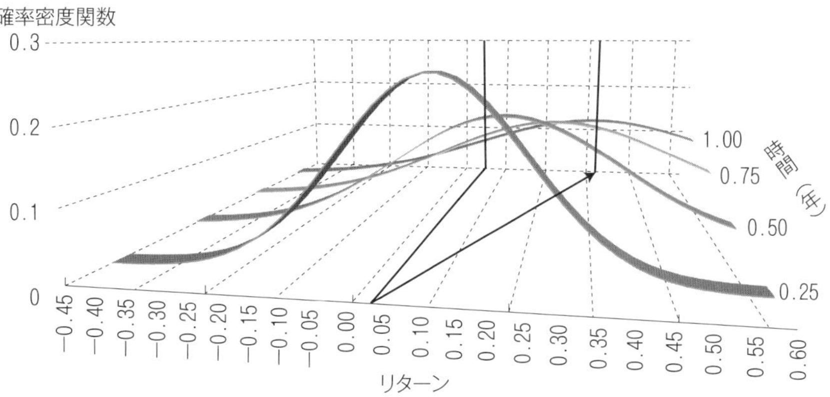

図表６－９　伊藤プロセスに従う例

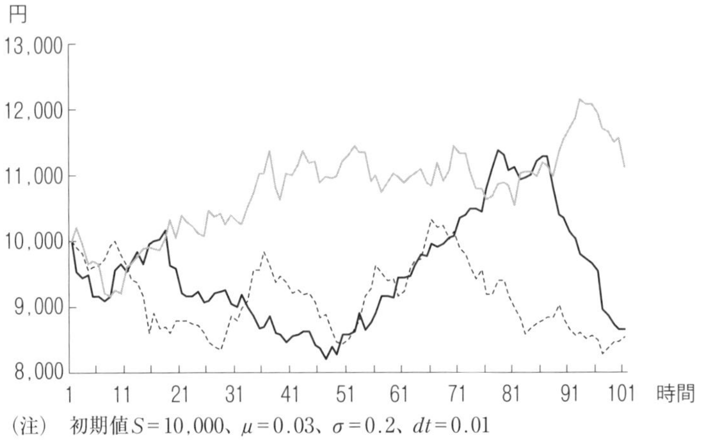

（注）　初期値$S=10,000$、$\mu=0.03$、$\sigma=0.2$、$dt=0.01$

までにどのような経路を歩んだかをすっかり忘れて、次の一歩を踏み出す状況の繰り返しを意味する。

⑵　ブラックショールズ・モデルと計算例

導出過程の詳細[8]は省略するが、(7)式がヨーロピアン・コールプレミアムに関するブラックショールズ・モデルである[9]。導出のポイントは、二項モデルの導出プロセスと同じように、(6)式に示された原資産価格の確率過程に基づきコールプレミアムの確率過程を導出したうえで、微小時間の原資産価格の変化とコールプレミアムの変化が相殺するようにヘッジポートフォリオを構築する点にある。このヘッジポートフォリオのリターンが無リスク金利と同一となるように、コールプレミアムを導出した結果が(7)式である。

$$C=SN(d)-Ke^{-r\tau}N(d-\sigma\sqrt{\tau}) \qquad (7)$$

ただし、

$$d=\frac{ln\frac{S}{K}+\left(r+\frac{\sigma^2}{2}\right)\tau}{\sigma\sqrt{\tau}}$$

ブラックショールズ・モデルは、原資産価格S、行使価格K、満期までの残存期間τ、無リスク金利r、ボラティリティσの５変数から構成されている[10]。ただし、lnXはXの自然対数、eはネーピア数[4]を表す。また、$N(\cdot)$は標準正規分布の累積密度関

4　Napier's constant. 自然対数の底（てい）で、約2.718。

数であり、括弧内の値に応じて0から1までの値を示す[11]。$N(d)$ と$N(d-\sigma\sqrt{\tau})$ は、Sが大きいほど1に、Sが小さいほど0に近づく特徴があり、(7)式の第2項に含まれる$N(d-\sigma\sqrt{\tau})$ は、満期に、コールが行使される確率とみなすことができる[12]。

現在の原資産価格、行使価格、残存期間、無リスク金利、ボラティリティの数値を与えれば、関数電卓やExcelなどの表計算ソフトを用いて、ブラックショールズ・モデルと整合的な理論プレミアムを容易に計算できる。

これらの変数のうち、原資産価格は市場から、行使価格と期間は契約条項なので容易に入手できる。また、残存期間は年単位に換算した値を利用する。たとえば、残存期間が63日の場合は63/250＝0.25（年）となる[13]。無リスク金利としては短期国債利回りなどが用いられる[14]。最も重要な変数はボラティリティである。第2章で示したHVかIVが用いられることが多い。

ここでブラックショールズ・モデルの使い方を理解するために、現時点の原資産価格も行使価格も1万円である日経225オプションのATMコールを想定して、数値例を示す。満期までの残存期間が0.25年（3カ月)、無リスク金利が0.03（3％)、ボラティリティが0.2（20%）とする。

まずdを計算すると、次式から$d=0.125$となる。

$$d=\frac{ln\frac{S}{K}+\left(r+\frac{1}{2}\sigma^2\right)\tau}{\sigma\sqrt{\tau}}=\frac{ln\frac{10,000}{10,000}+\left(0.03+\frac{1}{2}\times 0.2^2\right)\times 0.25}{0.2\sqrt{0.25}}=0.125$$

この値をブラックショールズ・モデル（(7)式）に代入すると、次式に示されるとおり、コールプレミアムの理論値は435.76円と求めることができる。

$$\begin{aligned}C&=SN(d)-Ke^{-r\tau}N(d-\sigma\sqrt{\tau})\\&=10,000N(0.125)-10,000e^{-0.03\times 0.25}N(0.125-0.2\sqrt{0.25})\\&=10,000\times 0.5497-10,000e^{-0.03\times 0.25}\times 0.5100\cong 435.76\end{aligned}$$

プットプレミアムに関するブラックショールズ・モデルも同様に導くことができる。コールの場合と同様のプロセスを経て、プット版のモデルを導出することもできるが、プット・コール・パリティを用いて導くことも可能である。ここでは、導出過程は省略して、結果だけを示す。(8)式がプット版のブラックショールズ・モデルである。

$$P=-SN(-d)+Ke^{-r\tau}N(-d+\sigma\sqrt{\tau}) \tag{8}$$

ただし、

$$d=\frac{ln\frac{S}{K}+\left(r+\frac{\sigma^2}{2}\right)\tau}{\sigma\sqrt{\tau}}$$

ここまでは、配当支払がない原資産を想定してきたが、ブラックとショールズの論文[15]では配当を考慮したモデルを導いている。配当があると、原資産価格は、配当利回り分、権利落ちして下落する。年率qの配当利回りがあるとすると、期待リターンはその分だけ下落するので、伊藤プロセスは、ドリフト項が配当利回り分だけ低下して、(9)式のように修正される。

$$dS=(\mu-q)Sdt+\sigma Sdz \tag{9}$$

配当の修正を加えた伊藤プロセスを用いると、(10)式がコール、(11)式がプットに関するブラックショールズ・モデルとなる。

$$C=Se^{-q\tau}N(d')-Ke^{-r\tau}N(d'-\sigma\sqrt{\tau}) \tag{10}$$

$$P=-Se^{-q\tau}N(-d')+Ke^{-r\tau}N(-d'+\sigma\sqrt{\tau}) \tag{11}$$

ただし、

$$d'=\frac{ln\dfrac{S}{K}+\left(r-q+\dfrac{\sigma^2}{2}\right)\tau}{\sigma\sqrt{\tau}}$$

3 グリークス

オプショントレーダーのような実務家にとって、ある決定要因が変化したときにプレミアムがどの程度変化するかは、とても重要な情報となる。それぞれの決定要因の変化に対するプレミアムの感応性はグリークス[5]と呼ばれる。代表的なグリークスは、原資産価格、金利、ボラティリティ、満期までの時間の変化に関する1次導関数であり、それぞれデルタ（Δ）、ロー（ρ）、ラムダ（Λ）[16]、セータ（θ）という名称で呼ばれている。原資産価格の変化に関する2次導関数はガンマ（Γ）と呼ばれる。グリークスという呼称は、デルタやロー等の記号としてギリシャ文字が用いられていることに由来する。それぞれのグリークスは、(7)式や(8)式で表されるプレミアムの理論式を各変数に対して偏微分することによって求めることができる。代表的なグリークスの算式や符号は、図表6－10のとおりである。

これらのグリークスは、オプション取引を行っているトレーダー等にとって、原資産価格等の決定要因が変動したときに、オプションの価値にどのくらい影響が生じるかを予想できるなど、リスクマネジメント上で重要な意義がある。決定要因の変化に対してなんらかの予測情報をもっている場合には、この予想に応じてポジションを組み直すことで、効率的なリスクマネジメントが可能になる。

5　Greeks

図表６－10　代表的なグリークス

	コール	プット
デルタ（Δ）	$\frac{\partial C}{\partial S}=N(d)>0$	$\frac{\partial P}{\partial S}=N(d)-1<0$
ガンマ（Γ）	$\frac{\partial^2 C}{\partial S^2}=\frac{\partial^2 P}{\partial S^2}=\frac{N'(d)}{S\sigma\sqrt{\tau}}>0$	
ロー（ρ）	$\frac{\partial C}{\partial r}=K\tau e^{-r\tau}N(d-\sigma\sqrt{\tau})>0$	$\frac{\partial P}{\partial r}=-K\tau e^{-r\tau}\{1-N(d-\sigma\sqrt{\tau})\}<0$
ラムダ（Λ）	$\frac{\partial C}{\partial \sigma}=\frac{\partial P}{\partial \sigma}=S\sqrt{\tau}\,N'(d)>0$	
セータ（θ）	$\frac{\partial C}{\partial \tau}=-\frac{S\sigma}{2\sqrt{\tau}}N'(d)-kre^{-r\tau}N(d-\sigma\sqrt{\tau})<0$	$\frac{\partial P}{\partial \tau}=-\frac{S\sigma}{2\sqrt{\tau}}N'(d)+kre^{-r\tau}\{1-N(d-\sigma\sqrt{\tau})\}<=>0$

（注）　グリークスの符号が正の場合には決定要因とプレミアムの変動が同方向、同符号が負の場合には逆方向であることを示唆する。

以下、主要なグリークスの特徴や活用方法について概説する。

⑴　原資産価格の変化に関するグリークス

グリークスのなかで、最も基本的で利用頻度の高い指標はデルタである。デルタは、原資産価格の変化に対するオプション価値の変化を示す。図表６－11は、２－⑵節のプレミアム計算例と同様、現在の原資産価格と行使価格が１万円、残存期間が0.25年、無リスク金利が３％、ボラティリティが20％と仮定した場合のデルタを表している。たとえば、ATMのコールのロングポジションをもっている場合、コールプレミアムは435.76円、デルタが0.59となるので、原資産価格が１万円から10bps（＝10円）上昇すると、コールプレミアムが435.76円から約5.9円上昇し、441.66円になると予想されることを意味している。

図表６－11では、横軸が原資産価格であるため、コールでは右方向、プットでは左方向がITM、それぞれ反対方向がOTMの領域となる。コールのデルタは、ATMでは0.59で、OTMで原資産価格が小さくなるほど０に漸近していき、デルタの変化率が逓減する。ITMでは原資産価格が大きくなるほど、１に漸近していき、デルタの変化率が逓減するＳ字型になっている。

プットのデルタは、コールと同じＳ字型で、コールのデルタから１を引いた値になる。原資産価格が大きいOTMの場合に０に漸近し、原資産価格が小さくなりITMになるほど－１に漸近する。ATMでは－0.41となり、コールの場合と同様、ニアザマ

図表６－11　原資産価格変化のプレミアムへの影響（デルタ）の特徴

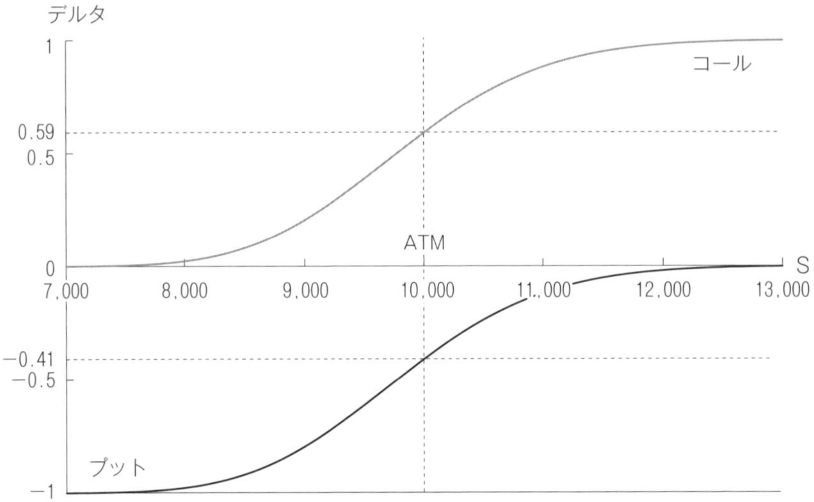

デルタ
1
0.59
0.5
0
7,000　8,000　9,000　10,000　11,000　12,000　13,000
ATM
S
コール
プット
−0.41
−0.5
−1

ネーでデルタの変化率が大きくなる傾向がみられる。

デルタによって原資産価格が変化したときのオプションポートフォリオの価値の変化を予想できるため、その変動リスクをヘッジするなどのかたちでの活用が可能になる。たとえば、ATMの日経225コールを１単位ショートしていた場合には、デルタが−0.59のポジションを保有していることになる。原資産である日経平均株価が10円上昇すると、１(単位)×10(円)×(−0.59)＝−5.9円となり、オプションの価値が435.76円から5.9円低下して429.86円になることが予想される。このとき、原資産を5.9単位ロングすることで、日経平均株価の上昇に伴うオプションの損失を相殺できる[17]。このように、原資産価格と連動するポジションを保有することでプレミアムの変化に伴うオプションポートフォリオの損益を相殺し、全体の損益を０に固定する戦略のことをデルタヘッジあるいはデルタニュートラル戦略という。

このようにオプションポートフォリオの価格変動リスクをマネジメントしようとするとき、デルタの管理だけでは不十分な場合がある。原資産価格の変化に連動してポートフォリオのデルタも変化することがあるからである。図表６－11にも示されているとおり、特にニアザマネーではデルタの変化が大きい。実効性のあるヘッジ戦略を遂行するためには、常にデルタを計算して、リスク量の変化を把握することが必要となる。この場合には、原資産価格の変化に関するデルタの感応度も知っておくことが有益である。これは、(7)式や(8)式で表されるプレミアムの理論式を原資産価格に対して２階の偏微分をとることで計算でき、この指標はガンマ（Γ）と呼ばれる。

図表６－12　ガンマ（Γ）の特徴

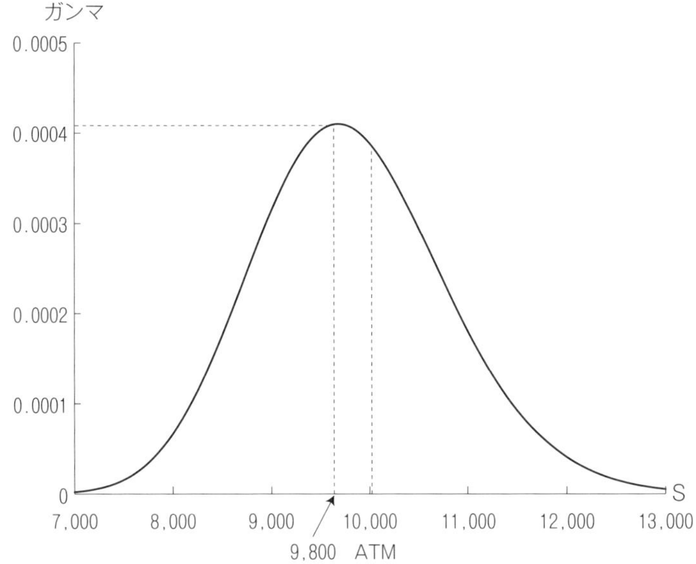

ガンマは、コールもプットも同じ値をとり、図表６－12のようになる。図表上の値は、図表６－11と同様に前節⑵のプレミアム計算例と同じ数値を用いた場合のガンマである。ガンマの形状は釣鐘型となっており、この数値例では、原資産価格9,800円で最大値となり、ITMでもOTMでもディープになるほど小さい値になる。

デルタニュートラル戦略を行う場合、デルタだけでなくガンマも０に近いポートフォリオを構築しておけば、原資産価格が多少変動してもポートフォリオ全体の価値は変化しにくい。コールの場合、ディープOTMのオプションでポジションを組むと、デルタだけでなく、ガンマも０に近づくので、リスクマネジメントの精度が一段と向上する。

⑵　金利とボラティリティの変化に関するグリークス

オプションモデルは、金利やボラティリティが満期までの間一定として構築されているが、実際には、金利やボラティリティは短期間でも変化する。これらの要因が変化した場合に、オプションポートフォリオの価値を保全したい投資家にとって、各要因のプレミアムに対する感応度に応じたポジション管理が必要となる。そこで、金利、ボラティリティ関連のグリークスも確認しておこう。

図表６－13には、横軸を原資産価格として、金利変化に関するプレミアムの感応度

図表6－13　金利変動のプレミアムへの影響（ロー）

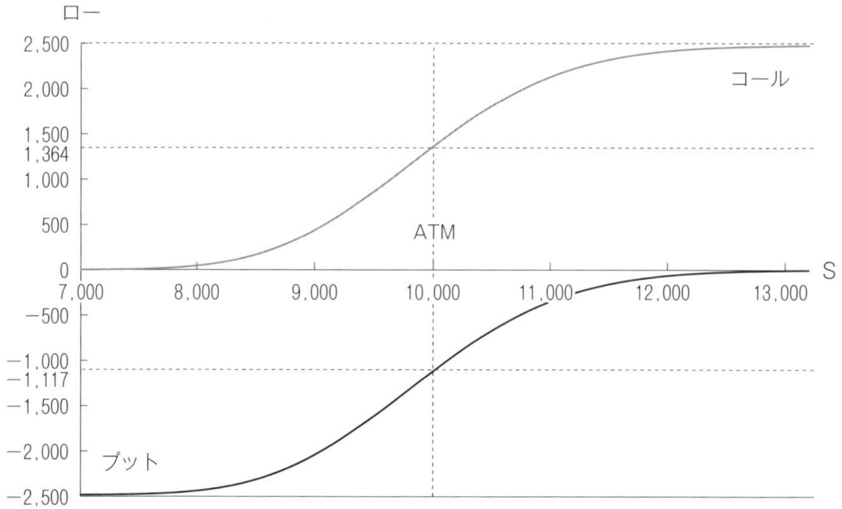

を表すローの値を示した。

図表上の値は、図表6－11と同じ数値を用いた場合のローである。この数値例では行使価格を10,000円で所与としている。コールのローは、ATMでは1,364で、OTMでは原資産価格が小さくなるほど0に漸近していき、ローの変化率が小さくなる。他方、ITMでは原資産価格が大きくなるほど、2,500に漸近していき、ローの変化率が小さくなり、S字型を描く。ATMでは無リスク金利が0.03（3％）から10bps上昇して0.031になると、プレミアムが435.76円から1.364（＝1,364×0.001）円上昇し、437.12円になると予想されることを示している。

プットのローについてもコールと同じS字型になっている。ATMでは−1,117で、OTMでは、原資産価格が大きくなるほど0に漸近し、ITMでは、原資産価格が小さくなるほど−2,500に漸近する。コールの場合と同様、ニアザマネーでローの変化率が大きい。

金利変化が想定される場面では、ディープOTMとなる行使価格の高いコールや行使価格の低いプットを選択すると、ローが0に近くなり、金利が変化してもオプションプレミアムの変化は抑えられる。

次に、図表6－14には、ボラティリティの変化に関するプレミアムの影響を表すラムダを示している。図表上の値は、図表6－11と同じ数値を用いた場合のラムダである。ラムダはコールもプットも同じ値をとり、ニアザマネーで最大値となる。また、ITMでもOTMでもディープになればなるほど小さい値になり、釣鐘型となってい

図表６－14　ボラティリティ変動のプレミアムへの影響（ラムダ）

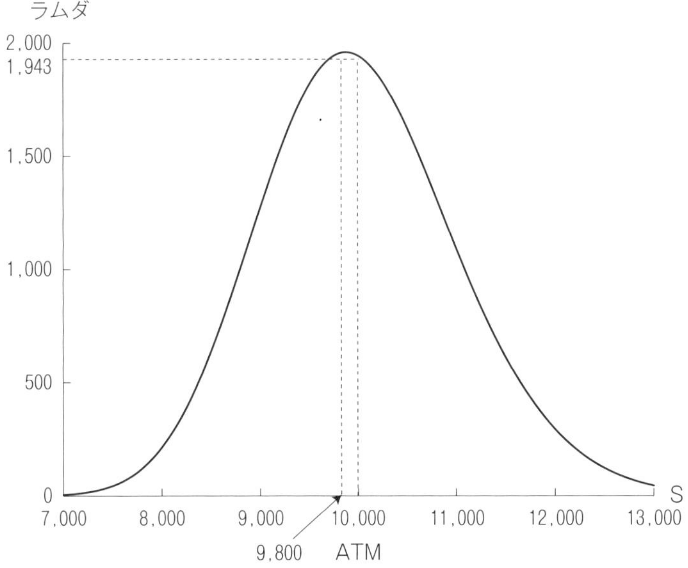

る。この数値例では、原資産価格9,800円のときに最大値1,954、ATMでは1,943となっている。この数値から、ATMでボラティリティが0.2（20%）から10bps上昇して0.201（20.1%）になると、プレミアムが435.76円から1.943円（＝1,943×0.001）上昇し、437.70円になることを示している。ニアザマネーのオプションを保有している場合、ボラティリティが少し変化しただけでもプレミアムが大きく変化しやすいことがわかる。

ボラティリティの変動が予想される場面やボラティリティの推定が正確でない場面では、ニアザマネーではないオプションを利用することで、ラムダが０に近くなり、オプションプレミアムの変化は抑えられる。

⑶　満期までの期間の変化に関するグリークス

オプションは時間経過とともに時間価値が減少し、プレミアムが変化するので、残存期間関連のグリークスも重要である。図表６－15には、横軸を原資産価格として、プレミアムに関する時間経過の影響を表すセータが示されている。図表上の値は、図表６－11と同じ数値を用いた場合のセータである。セータに関しては、他の変数に関する感応度とは異なり、満期までの時間が減少した場合のプレミアムに関する影響を表しており、時間が経過した場合のプレミアムへの影響を表している。

図表6－15　時間経過のプレミアムへの影響（セータ）

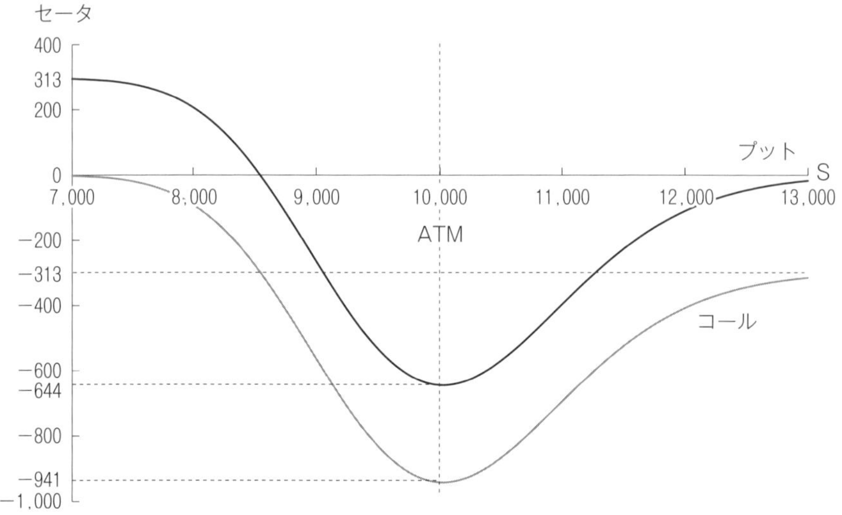

この数値例では、コールのセータは、ATMでは－941で最小となり、中央部分が谷のような形状になっている。OTMで原資産価格が小さくなるほど0に漸近していき、変化が小さくなる。ITMでは原資産価格が大きくなるほど－313に漸近していき、やはり変化が小さくなる。この数値から、ATMで残存期間が0.25年から10bps減少して0.249年になると、プレミアムが435.76円から0.941円（＝941×0.001）減少し、434.82円になると予想されることを示している。

プットのセータはコールと類似の形状をしており、コールのセータに比べて全体的に数値が高めである。しかしながら、ITMで原資産価格が小さくなるほど313に漸近していき、プラスの値となっている点がプットのセータの特徴である。中央部分（ATM）に近づくに従って、プットのセータはプラスからマイナスの値に変化している。この点は、前章の図表5－3で、満期までの期間の変化に対するプットプレミアムの変化だけが「？」となっており、特定できなかったことを反映している。これは、プットの残存期間が減少すると、満期までのボラティリティは低下してプレミアムにマイナスの影響を与えるが、金利の時間価値が増加してプレミアムに対してプラスの影響を与えるため、これら2つの要因の大小関係によってセータの符号が決まることを意味している。すなわち、満期までの期間が短くなるとおおむねオプションのプレミアムは小さくなる特徴があるが、ディープITMのプットだけは、金利要因のほうが強く働いてむしろプレミアムが大きくなることを示唆している。

セータは、ニアザマネーのオプションほど絶対値の大きなマイナスの値をとり、時間の経過に伴うプレミアムの価値の目減りが顕著であることが示されている。時間の経過とともにプレミアムの価値が失われていく現象のことをタイムディケイ[6]という。図表6－15に示されるように、ニアザマネーではタイムディケイが大きくなっている。

(4) 実務家にとってのグリークスの意義

グリークスを把握していると、決定要因に関するプレミアムの変化をより正確にマネジメントできるだけではなく、なんらかの決定要因に大きな変化が想定される場合に備えて、どの行使価格のオプションに投資すべきかを判断するうえでも重要な意味をもっている。グリークスの値が小さいオプションを選択することで、そのパラメータの変化に対してオプションポートフォリオの価値への影響を限定でき、ポジション管理が容易になる。グリークスは、オプショントレーダーにとって重要な情報なのである。

キーワード

二項モデル、二項過程、1期間モデル、リスクプレミアム、ヘッジポートフォリオ、無裁定条件、リスク中立確率、裁定機会、プット・コール・パリティ、2期間モデル、多期間モデル、ブラックショールズ・モデル、伊藤プロセス、ドリフト項、幾何ブラウン運動、確率過程、標準正規確率過程、マルコフ性、ヒストリカルボラティリティ（HV）、インプライドボラティリティ（IV）、グリークス、デルタ（Δ）、ロー（ρ）、ラムダ（Λ）、セータ（θ）、ガンマ（Γ）、デルタヘッジ（デルタニュートラル戦略）、タイムディケイ

参考文献

・Black, Fischer, and Myron Scholes, “The pricing of options and corporate liabilities,” *Journal of Political Economy* 81, May-June 1973, pp. 637-659.

・Cox, John, Stephen Ross, and Mark Rubinstein, “Option pricing: A simplified approach,” *Journal of Financial Economics* 7, September 1979, pp. 229-263.

・Hull, John, *Options, futures, and other derivatives (9th edition)*, Pearson, 2014.（ジョン・ハル『フィナンシャルエンジニアリング（第9版）―デリバティブ取引とリスク管理の総体系』金融財政事情研究会、2016年）

6　time decay

・大村敬一『オプション　理論と応用』東洋経済新報社、1988年
・大村敬一・楠美将彦『ファイナンスの基礎』金融財政事情研究会、2012年
・大村敬一・清水正俊・俊野雅司『詳解　株式オプション』金融財政事情研究会、1991年
・大村敬一・俊野雅司『ゼミナール　オプション　仕組みと実際』東洋経済新報社、1993年
・大村敬一・俊野雅司『証券論』有斐閣、2014年

注

1 二項モデルはCox, Ross, and Rubinstein［1979］において提示された。

2 無裁定条件とは、その関係が成立しないと効率的な市場では合理的な投資家によって裁定取引が行われて裁定利益を得る機会が生じてしまうため、その関係が成立するようになるまで価格が調整されるような式のことを指す。

3 リスク中立な投資家はリスクプレミアムを要求しないので、リスク中立な世界に確率を変換していると考えることができる。

4 ブラックショールズ・モデルへの収束はCox, Ross, and Rubinstein［1979］を参照。

5 ブラックショールズ・モデルはBlack and Scholes［1973］において提示された。

6 1915～2008年

7 伊藤プロセスは次式で表され、ドリフトとボラティリティが原資産価格Sと時間tに依存して決まる。

$$dS=\mu(S,t)Sdt+\sigma(S,t)Sdz$$

この確率過程は、将来の状態が現在の状態のみに依存するマルコフ性を満たしている。マルコフ性は、ウィークフォームの効率的市場仮説が満たされており、過去の株価情報から将来価格が予測できない状況を示している。

8 ブラックショールズ・モデルの導出過程は大村［1988］、Hull［2014］等を参照。

9 ブラックショールズ・モデルは株式を原資産として想定しており、配当利回りがパラメーターのなかに含まれているが、ここでは配当ゼロの場合を想定してモデルを提示した。

10 二項モデルでは、Rは１＋金利と定義されていた。ブラックショールズ・モデルでは、金利rをそのまま変数として用いるため、両モデルの変数間では$R=1+r$の関係が成り立つ。

11 $N(\cdot)$ は、Excel関数のNORMSDIST(・) で求められる。

12 リスク中立の世界では、コールの理論プレミアムCは、満期のコールの期待値を無リスク金利で割り引いた値（$e^{-r\tau}E[Max[S^*-K,0]]$）となる。これを満期に行使される部分と行使されない部分に分けると、行使されない部分は0で無視でき、次式になる。

$$C=e^{-r\tau}E[Max[S^*-K,0]]\ =e^{-r\tau}E[S^*-K]_K^{\infty}$$

ただし、$E[x]_a^b$は区間aからbまでのxの期待値を示している。行使される部分である$e^{-r\tau}E[S^*-K]_K^{\infty}$は、満期時点の原資産価格$S^*$が行使価格$K$を超える行使確率を$p(S^*>K)$として書き直すと次式になる。

$$C=e^{-r\tau}E[S^*-K]_K^{\infty}=e^{-r\tau}E[S^*]_K^{\infty}-e^{-r\tau}Kp(S^*>K)$$

これを(7)式の第2項と対比すると、$N(d-\sigma\sqrt{\tau})$は上式の行使確率（$p(S^*>K)$）を表していることがわかる。

13 年間日数は、証券取引所における営業日数の概数である250日を用いることが多い。

14 より正確に計算することが求められるときは、連続複利方式に直してから用いることになる。これは金利に1を加えた値の自然対数をとることで計算できる。たとえば、金利が3％のときには、連続複利方式では、$ln(1+0.03)=0.0296(2.96\%)$となる。

15 Black and Scholes［1973］

16 ボラティリティの変化に関するプレミアムの感応度はベガ（vega）と呼ぶこともある。

17 実際には、日経225の現物は取引できないので、日経225先物を用いてヘッジすることになる。

第 7 章

オプションモデルを利用した期待の検出

本章では、ボラティリティの推計にふれた後、実務界などで最も利用されるブラックショールズ・モデルを用いて、プレミアムの理論値と実現値の関係を確認する。さらに、オプション市場における取引情報から現物市場に対する投資家の期待が見出せることを示す。

1 ボラティリティの推計

オプションモデルを利用してプレミアムを求める前に、説明変数のなかで推定が必要となるボラティリティの特徴や計算方法について整理をしておこう。

⑴ HV（ヒストリカルボラティリティ）

HVは原資産の過去のリターンから計算された年率換算後の標準偏差である。たとえば、代表的な日経225オプション取引の原資産は日経平均株価について、日本経済新聞社は⑴式に従って分散を計算し、その平方根を日経平均株価のHVとして毎日算出のうえ、日経平均HVとして紙面に掲載している。

$$\sigma^2 = \left[\frac{1}{20}\sum_{t=1}^{20}\left\{ln\left(\frac{S_t}{S_{t-1}}\right)\right\}^2\right]\times 250 \quad (1)$$

ただし、S_tは時点tの日経平均株価、ln（S_t/S_{t-1}）は連続複利方式の日次リターンを示す。この指標は、日経平均株価の過去20営業日間のリターンの２乗の平均値を、年率に換算した値である。１年を250営業日と想定している。標準偏差の推定に際しては、平均値からの乖離の２乗和を自由度（この場合は20－１＝19）で割ってその不偏推定量を求めるのが通常だが、日経平均HVでは平均リターンを０と置き、過去のリターンの２乗和を標本数20で割って求めている[1]。

HVは、原資産のリターン分布の標準偏差が一定であることを前提として過去の市場データから計算したボラティリティである。そのため、市場が不安定な時局や転換期を挟むような時局においてこのボラティリティ指標を利用することは適切ではない[2]。

⑵ IV（インプライドボラティリティ）

第２章で説明したとおり、IVは、ボラティリティ以外の変数をオプションモデルにインプットし、実際のオプション価格（プレミアム）と理論価格の一致を条件とした探索により逆算されたボラティリティである。わが国のオプション市場では、その代表的な指標として日経平均IV[3]が2010年11月まで日本経済新聞に掲載されていたが、現在では、これに代って新方式の日経平均VIが公表されている。

図表7－1　インプライドボラティリティ（2017年12月限月コール：11月30日）

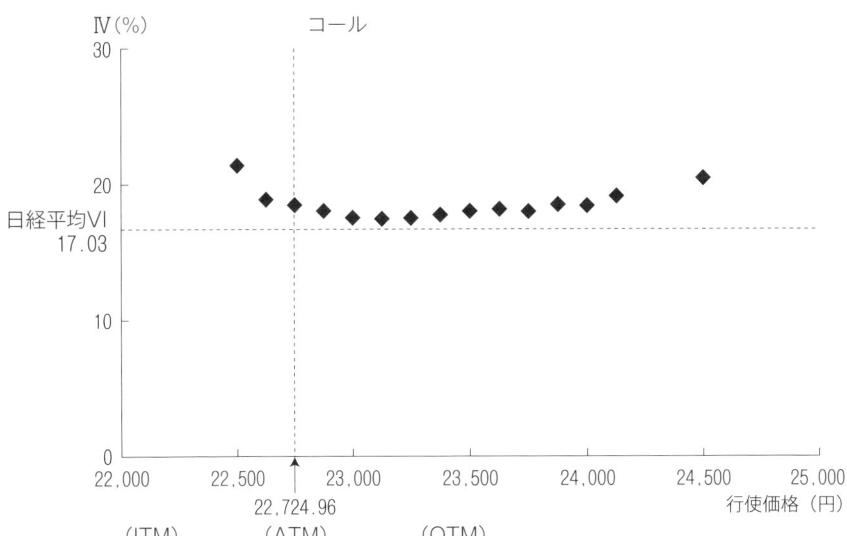

ブラックショールズ・モデルでは、原資産のリターンの標準偏差、すなわち、ボラティリティが、行使価格水準のいかんにかかわらずフラット（不変）であるものと仮定している。ところが、実際のプレミアムから計算されたIVはフラットにはならない。行使価格ごとにIVがどのような傾向があるのかを確認してみよう。IVは、表計算ソフトにボラティリティ以外の値とプレミアムを入力し、探索ツール、たとえばExcelではソルバーを利用することで計算できる[4]。

図表7－1は、2017年11月30日時点における12月限月（残存期間5営業日）のコールオプションについて、総取引高に対して1％以上の取引があった行使価格の15銘柄を対象として算出した終値ベースのIVを示している。ちなみに、この日の日経平均VIは17.03％であった。

IVはITMで高く、ATMに近づくと低くなり、OTMではまた高くなるU字型を描いている。IVは、このように行使価格に対して緩い放物線（U字型）を描くことが知られ、微笑んでいるときの口元に似ているので「ボラティリティスマイル[1]」と呼ばれている[5]。

ボラティリティスマイルの発生理由として、原資産のリターン分布の非正規性とオプション取引における値刻みの問題が考えられる。ブラックショールズ・モデルでは

1　volatility smile

正規分布に従って原資産のリターンが発生することを仮定しているが、実際のデータをみると、中央が尖り両端が厚い形状（「ファットテール[2]」という）になっている[6]。この結果、ニアザマネーから離れるほど、正規分布との乖離が大きくなり、両端の生起確率が正規分布よりも高い分だけプレミアムが高く評価され、IVが高い値になる。

また、OTMでは、理論プレミアムの値がディープ物になるほど小さくなるが、実際のプレミアムは最小刻み未満の値にはならないため、理論値との乖離が大きくなることが挙げられる。たとえば、日経225オプション取引では、値刻みは最小でも１円となっている[7]。理論プレミアムが１円未満となるようなディープ物のOTMであっても実際のプレミアムは１円のままであるため、過大なIVが探索されることになる。時間価値の理論値はITMでもOTMでも基本的に異ならないが、ITMのプレミアム自体はディープ物になるほど比例的に上昇する本質価値が加わって、時間価値部分は相対的に小さくなる。これに対して、値刻みは、プレミアムが大きくなると大きくなり、たとえば100円超1,000円以下では５円刻みとなる。ディープ物のOTM では最小刻みが１円だが、このディープ物ITMでは時間価値が１円未満であっても刻みが５円であるため、実現値が本質価値を下回らないように価格形成されているとすれば、プレミアムの時間価値でみた理論値と実現値の乖離が大きくなり、さらに過大なIVが探索されやすい可能性がある。

⑶　日経平均VI（ボラティリティ・インデックス）

わが国の日経225オプション市場では、市場を代表するボラティリティとして日経平均IVではなく、日経平均VIが用いられている。

日経平均IVでは直近限月の数銘柄程度の行使価格のオプションしか対象としておらず、幅広いオプション投資家の動向が反映されていなかった。これに対して、日経平均VIでは、日経225オプション取引における直近２限月のOTMである全行使価格のプレミアムを用いて各限月のボラティリティを推計したうえで、これらを線形補間してオプション投資家の１カ月（30日）先の日経平均株価に対するボラティリティを推計しようと試みている。算出の過程では、直近限月の日経225先物価格が用いられているが、ブラックショールズ・モデルは利用されておらず、IVではない[8]。

図表７－２は、2014年５月～2015年９月までの日経平均株価、日経平均VIと日経平均HVの推移を示している。

期間全体をみると、株価の動向に比べて、どちらのボラティリティの指標も日々変

2　fat tail

図表７－２　日経平均株価とボラティリティの推移

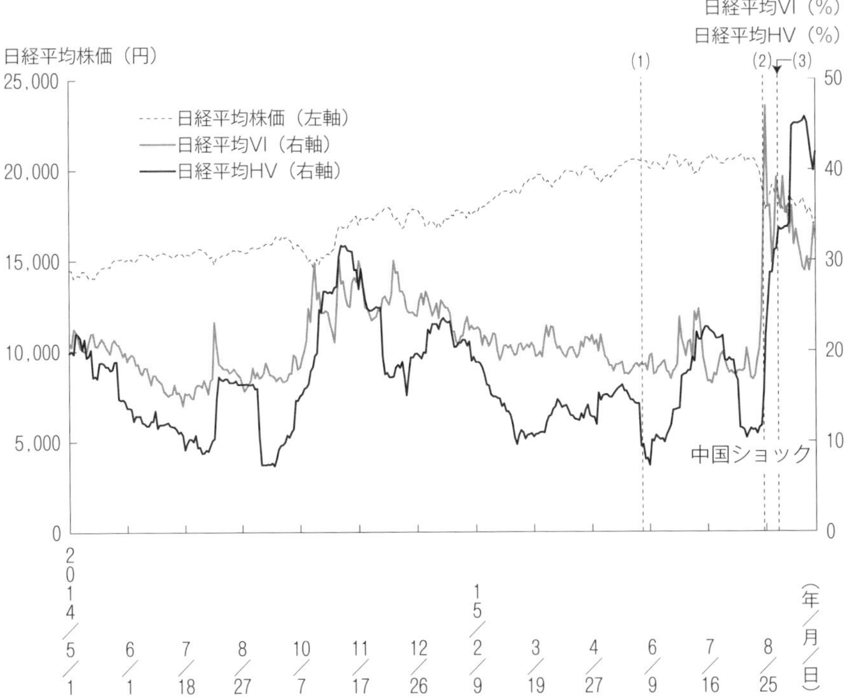

（注）　図中の(1)～(3)は、それぞれ次節の議論における(1)安定局面、(2)変動局面、(3)変動後の局面に対応している。

化していることがわかる。日経平均VIは日経平均HVを上回ることが多いが、ボラティリティの水準が急上昇して反転した局面（2014年10月頃や2015年９月頃など）では大小関係が逆転している[9]。これはHVが過去の株価情報を移動平均のかたちで反映するため、日経平均VIに比べて緩やかな動きになることによる。

2　ブラックショールズ・モデルによる理論プレミアムの適合性

本節では、ブラックショールズ・モデルを利用した理論プレミアムが実際のプレミアムを説明するうえでどれだけ適合性をもっているかについて、取引が最も活発な日経225オプションを対象として確認する。

オプション市場では、行使価格や限月によっては取引高が非常に少ない銘柄もあり、このように流動性が低い場合、効率的な価格形成が妨げられ、理論値と実現値の間に有意な乖離が生じる可能性がある。そのため、取引が比較的活発な直近限月のオプションのみを分析対象とする。さらに、分析対象日のコールとプットそれぞれの総取引高に対して、取引高が１％未満の行使価格銘柄は除外する。

また、株式市場が比較的安定している時期か不安定な時期かによって、理論プレミアムの説明力に差が生じる可能性がある。そこで、図表７－２に示された時期のなかから、⑴安定局面、⑵変動局面、⑶変動後、として特徴的な時期を選んで計測を行う。

ブラックショールズ・モデルでは原資産のリターン分布について定常性を想定している。このため、安定局面では実現値と理論値との乖離はあっても小さいと考えられるが、変動局面では分布が時系列的に不安定化して実現値と理論値との乖離が大きくなる可能性がある。また、市場の期待が収斂してくる変動後の局面では実現値と理論値の乖離が再び縮小するものと予想される。以下では、それぞれの局面ごとに、実現値と理論値の間にどのような関係がみられるのかを確認する。

まず、「⑴安定局面」の分析対象として2015年６月５日（金）を選んだ。図表７－２に示されるように、日経平均株価は2015年４月22日には15年ぶりに終値が２万円を超えるなど上昇基調にあり、同日の日経平均株価の終値は２万460.90円（前日比－27.29円）であった。日経平均VIは、2015年１月以降ほぼ20％前後で安定しており、同日の値は18.52％となっている。

次に、「⑵変動局面」の分析対象として８月25日（火）を選んだ。2015年８月11日から３日連続の人民元切り下げを受け、18日の上海株式市場の相場が急落した。日経平均株価も25日まで６営業日連続で下落して１万8,000円を割るが、26日には反転している。日経平均株価の終値は１万7,806.70円（前日比－733.98円）で、日経平均VIは18日以降急上昇し、25日には47.01％（前日比+11.35ポイント）と、2015年中で前日比最大の変化をみせた。

最後に、「⑶変動後の局面」の分析対象として９月４日（金）を選んだ。日経平均株価の終値は１万7,792.16円となり、変動局面である８月25日から８営業日しか経過していないが、相場はやや落ち着きを戻しつつある。日経平均VIは39.19％で、８月25日より低下しているものの、高水準のままであった。

⑴　安定局面

安定局面の対象とした６月５日については、６月12日に満期を迎える６月限月のオプションの分析を行う。

この日の６月限月を対象にした取引高は、コール２万8,702枚、プット５万3,103枚の合計８万1,805枚で、プット・コール・レシオは1.85倍であるなど、市場は弱気筋のほうが優勢であった。第２章の図表２－11に示されているとおり、2015年のプット・コール・レシオが取引高ベースでも取引金額ベースでも1.1～1.2倍程度であったことを考えると、この日はプットの売買が活発であったことがわかる。株価が上昇傾向にあるため安定局面として2015年６月５日を分析対象としたが、オプション市場では，この上昇相場に懐疑的な意見をもつ投資家が多かったことを示唆している。

この時期は、2013年３月に就任した黒田東彦日本銀行総裁によって、量的・質的金融緩和政策のもとで長期国債、上場投資信託（ETF[3]）、不動産投資信託（J-REIT[4]）などの資産買入が行われていた。ETF買入は2010年から年間上限額0.45兆円で始まっていたが、2013年12月に年間１兆円、2014年10月に年間３兆円ペースにまで拡大していた。ETF買入を行うことで、株価が持ち直すことがしばしばあったため、日本銀行による買支えの効果で株式市場が安定していると投資家がみていた可能性がある。

図表７－３は同日の行使価格別取引高の分布を示している。コール、プットともに取引がOTMの銘柄に集中しているが、プットのほうがコールより取引高が多く、しかも広範囲の行使価格物が取引されている。これだけの材料で一概に判断するのはか

図表７－３　2015年６月５日の行使価格別取引高（残存期間６営業日）

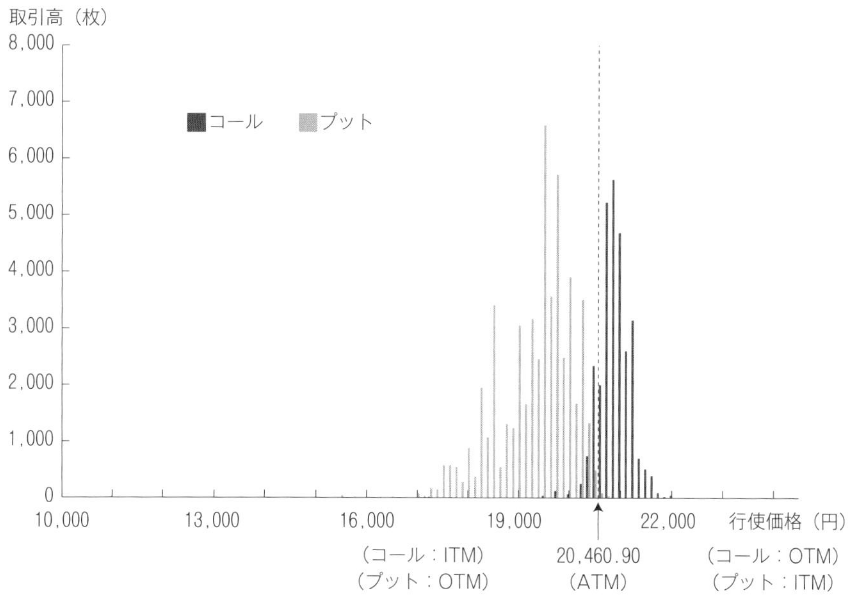

3　Exchange Traded Fund

4　Japan Real Estate Investment Trust

なり乱暴だが、投資家行動に関して一定の推測を与えることはできる。

通常、買い行動のほうに能動的な期待が含まれることから、オプションのネイキッドでの買い取引を前提とすると、OTMコールの買手は価格上昇を期待する強気筋、OTMプットの買手は価格下落を期待している弱気筋とみなすことができる。OTMに取引が集中したことは、コールでは上昇期待、プットでは下落期待を意味するので、意見の不一致を意味する。すなわち、強気筋と弱気筋で期待が二分されており、強気筋はOTMコールを買い、弱気筋はOTMプットを買ったと考えられる。さらに、取引高をみるとプットのほうが相対的に多いということは弱気筋のほうが優勢で、また、分布が行使価格の低い方向に広がっているということは、下落度合いに対する懸念がより強くなっているからといえそうである。

上の説明ではネイキッド取引を前提としたが、コールとプットを組み合わせた取引戦略が支配的であるならば、別の解釈も可能である。コールのOTMとプットのOTMに取引が集まっているので、相場の変動を期待し、第２章で示した高い行使価格のコールと低い行使価格のプットのそれぞれロングを組み合わせたボトムストラングル戦略をとる投資家が存在した可能性が考えられる。ボトムストラングルは、上昇するか下落するかは定かではないが、どちらにしても、一定幅を超えた相場変動を予想する場合に採用される。取引高のピークがプットでは１万9,500円、コールでは２万500円前後であったことから、日経平均株価が１万9,500円以下に下落するか２万500円以上に上昇するか、のどちらかだと予想してこの戦略を実行した投資家が存在した可能性を示唆している。

株式市場に比べると、オプション市場の参加者のほうが高い専門性を備える機関投資家による売買が圧倒的であることから、検出された期待には情報優位な判断が含まれていると考えられる。

図表７－４は、６月満期の６月５日のコールとプットについて、行使価格とプレミアムの関係を示している。同日に取引された行使価格はコールが27銘柄、プットが42銘柄であったが、コールとプットそれぞれの総取引高に対して１％以上の取引があったコール16銘柄とプット29銘柄をプロットした。理論プレミアムを計算するためのボラティリティとして、同日の日経平均VIの18.52％、無リスク金利としては0.062％を用いた。

図表７－４をみると、ニアザマネーの部分を中心に拡大しても、コールとプットともに取引された実現値は、ほとんどの行使価格で理論プレミアムと一致しているようにみえる。しかし、プレミアムは本質価値と時間価値から構成されており、ITMでは本質価値成分の占める部分が大きいため、プレミアム全体でみると実現値と理論値の違いが小さくみえる。これは、実現値と理論値をそのまま比較すると、OTMでは

図表7－4　オプションプレミアムの理論値と実現値（2015年6月5日（6月限月））

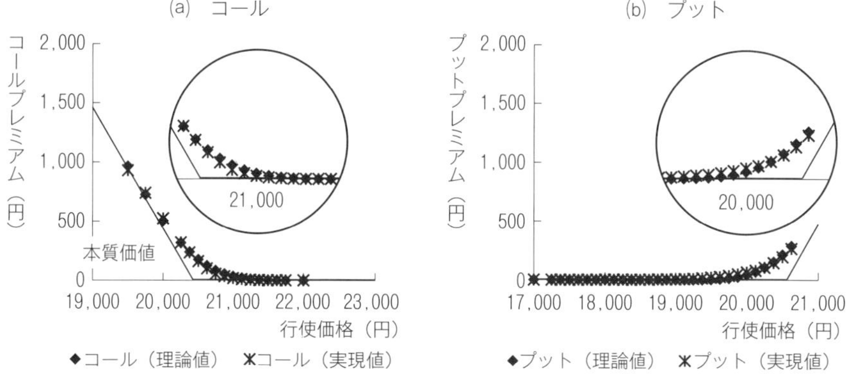

図表7－5　プレミアムの時間価値

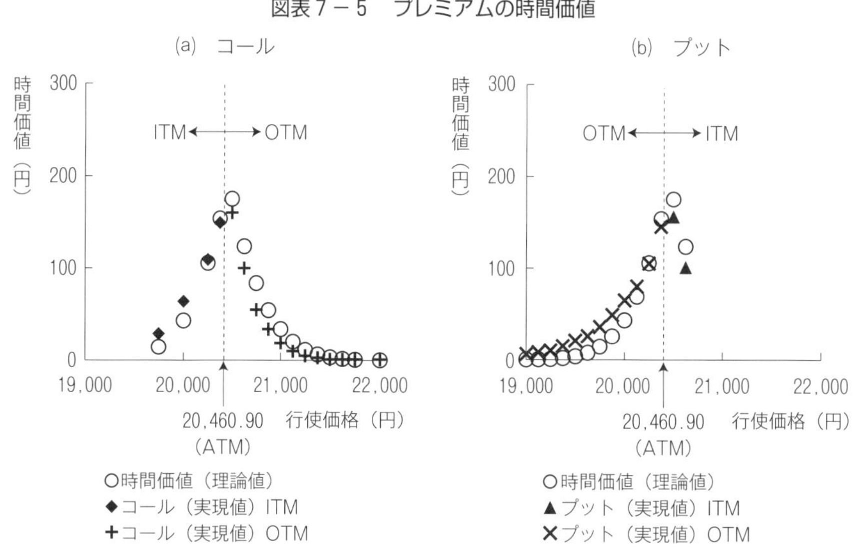

時間価値成分だけなので違いがあきらかなのに対して、ITMでは本質価値成分が含まれるため違いがみえにくいことによる。

そこで、オプションの「生命」である時間価値のみを抽出して、実現値と理論値を描いたものが図表7－5である。前出の図表7－4とは異なり、実現値と理論値に違いが現れてきた。ただし、図表7－4のデータには時間価値の理論値に対する実現値の比率が100倍を超えるような異常サンプルが含まれていたため、図表7－5ではこれらのデータを対象から除き、その結果残ったコール16銘柄、プット14銘柄[10]の時間価値を描いている。

コールでは、ITMは３銘柄で実現値が理論値より高く、１銘柄で実現値が理論値より低い。OTMは２銘柄で実現値が理論値より高く、10銘柄で実現値が理論値より低い。プットでは、ITMは２銘柄ともに実現値が理論値より低いのに対して、OTMは10銘柄で実現値が理論値より高く、２銘柄で実現値が理論値より低い。これらの30銘柄を対象に、時間価値の実現値と理論値を用いて、その比率にどのような特徴が現れるかをみていく。

まず、市場が効率的でモデルが正当であれば、時間価値の（実現値/理論値）比率は１になるので、45度線上にすべてのサンプルが並ぶはずである[11]。図表７－６は、横軸にブラックショールズ・モデルで推定した時間価値の理論値π^M、縦軸にその実現値π^Aをとっている。45度線の上方（下方）にある場合は、実現値が理論値より高い（低い）ことを意味している。時間価値はATMの近傍で最大になり、そこからITM、OTMの双方についてディープになるほど低下するため、図表の右上部分にあるオプションはニアザマネーの行使価格物、左下部分に行くほどディープ物となる。

図表７－６　プレミアムの時間価値（2015年６月５日、６月限月）

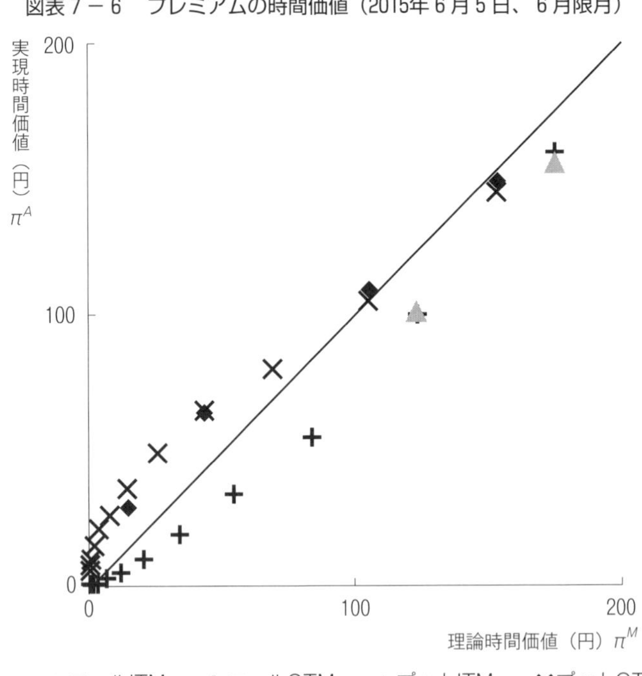

コールについて原点から各点への半直線を引くことで時間価値の（実現値／理論値）比率をみると、ATM近く（ニアザマネー）では１（＝傾き45度）だが、OTMの12サンプルではディープに向かうほど１より低く（過小評価に）なり、ITMの４サンプルではディープに向かうほど１より高く（過大評価に）なる傾向がみられる。同様にプットについてみると、ATM近くでは１近辺だが、OTMの12サンプルではディープに向かうほど１より高く（過大評価に）なり、ITMの２サンプルではディープに向かうほど１より低く（過小評価に）なっていく傾向がみられる。

このような傾向は、これから示す他の局面についても共通してみられる。時間価値の理論値が、各取引日ごとに１つの日経VIを共通に与えて推定されていることによるものと思われる。

⑵　変動局面

変動局面の対象とした８月25日については、９月限月（残存期間16営業日）のオプションの分析を行う。

この日の９月限月を対象にした取引高を確認すると、コールは14万3,509枚、プットは23万6,763枚の合計38万272枚と６月５日（安定局面）に比べて取引高は約５倍になっている。このことから、株価の急落を受けて市場参加者がその対応で混乱している状況がうかがえる。プット・コール・レシオは1.65倍であり、安定局面同様、プットの取引のほうが多いことから弱気筋が優勢である。

図表７－７は同日の行使価格別の取引高である。取引高が全体的に大きくなっているだけでなく、取引されている行使価格の範囲も、多くは下方にだが大きく広がっている。これは先行きが不透明になったため、参加者の見通しがばらつき、幅広い行使価格物に対する取引ニーズが生じたためと考えられる。典型的な変動局面の様相である。

特にプットでかなり低い行使価格物（１万円）にまで取引が広がっていることは、弱気筋の間でさらに悲観的な見方がかなり広がっていたことを反映しているといえる。一方、行使価格２万円を超えるコールの取引もあり、６月時点での株価水準への回復を予想する強気筋の存在もみられる。市場全体として、強気筋と弱気筋の二極化が強まっていたことがうかがえる。

ただし、このような急落局面では、ディープ物OTMコールの取引は、直前までのポジション整理・変更のための売り主導で成立している可能性があり、強気筋が根強いとは必ずしもいえない。図表７－７からあきらかなのは、新しく取引が成立しているプットのディープ物OTMの売買高が大きいことから、将来の相場について弱気筋が急増しているという点であろう。

図表7－7　2015年8月25日の行使価格別取引高（9月限月、残存期間16営業日）

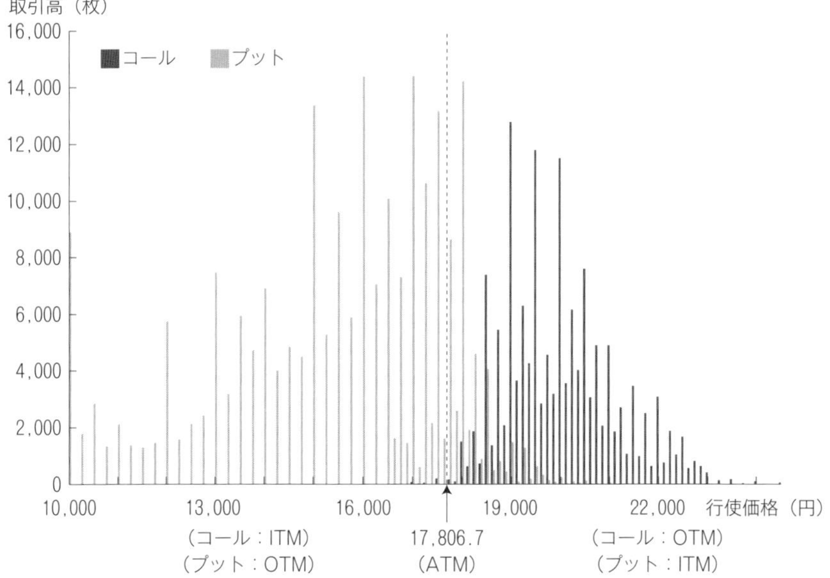

図表7－8は、同日のプレミアムの実現時間価値と理論時間価値の関係に関する分析結果である。理論プレミアムを計算するためのボラティリティとして、同日の日経平均VIの47.01％、無リスク金利としては0.062％を用いた。比較のために安定局面（6月5日）の図表も左側に再掲しているが、(2)は時間価値の違いを反映して縦横の最大値が4倍になっている。コールとプットそれぞれの総取引高に対して1％未満の行使価格を除いた結果、分析対象はコール29銘柄、プット22銘柄となった。相場が大きく変動しており、安定局面に比べてニアザマネーの時間価値が約4倍に拡大している。これに伴いボラティリティも上昇した。

コールは29銘柄すべてOTMであり、ニアザマネーの1銘柄を除き実現値が理論値より低い傾向がみられる。これに対して、プットでは、ITMは3銘柄で実現値が理論値より低く、1銘柄で実現値が理論値よりも高いが、OTMは18銘柄すべてで実現値が理論値より高い。

コールのOTMではディープ物ほど理論値に対する実現値の比率が低く、プットのOTMではディープ物ほど理論値に対する実現値の比率が高い傾向は安定局面と変わらないが、コールのOTMでは実現値がより割安に、プットのOTMでは実現値がより割高になっている[12]。

図表7－8　プレミアムの時間価値（2015年8月25日、9月限月）

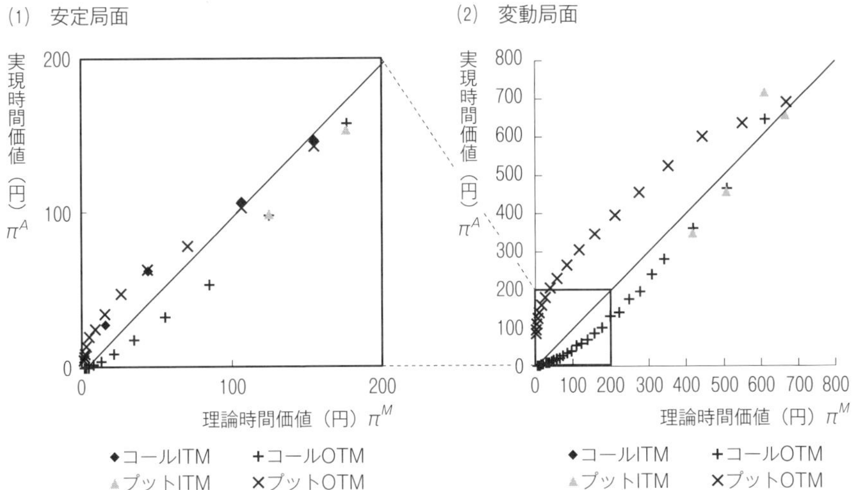

⑶　変動後の局面

変動後の局面を対象とした9月4日については、9月限月のオプションの分析を行う。この日の取引高を確認すると、コールは6万3,841枚、プットは8万122枚の合計14万3,963枚と8月25日に比べて半分以下になっているが、期近になっても6月5日の取引と比べると2倍前後の取引量となっている。プット・コール・レシオは1.26倍で8月25日よりも低下しており、弱気筋の取引は少なくなっている。この日の行使価格別の取引高を図表7－9に示した。8月25日に比べて、取引量が減少しているだけでなく、取引されている行使価格の幅も狭くなっており、投資家の期待が収斂に向かっているとみなせるだろう。しかしながら、取引された行使価格の幅はコールよりもプットのほうが広い。プットの投資家のほうが高いボラティリティを想定していたとみなせる点は、これまでの分析結果と同様である。

図表7－10は、プレミアムの実現時間価値と理論時間価値の関係に関する同日の分析結果である。理論プレミアムを計算するためのボラティリティとして、同日の日経平均VIの38.19％、無リスク金利としては0.072％を用いた。また、比較のために変動局面の図表も再掲しているが、⑶は時間価値の違いを反映して縦横の最大値が半分になっている。コールとプットそれぞれの総取引高に対して1％未満の行使価格を除いた結果、分析対象はコール19銘柄、プット20銘柄となった。

これまでの分析結果と同様、コールは実現値が理論値よりも低く、プットは実現値が理論値よりも高い傾向がみられる。2時点を比較すると、変動後の時間経過に伴

図表7－9　2015年9月4日の行使価格別取引高（9月限月、残存期間6営業日）

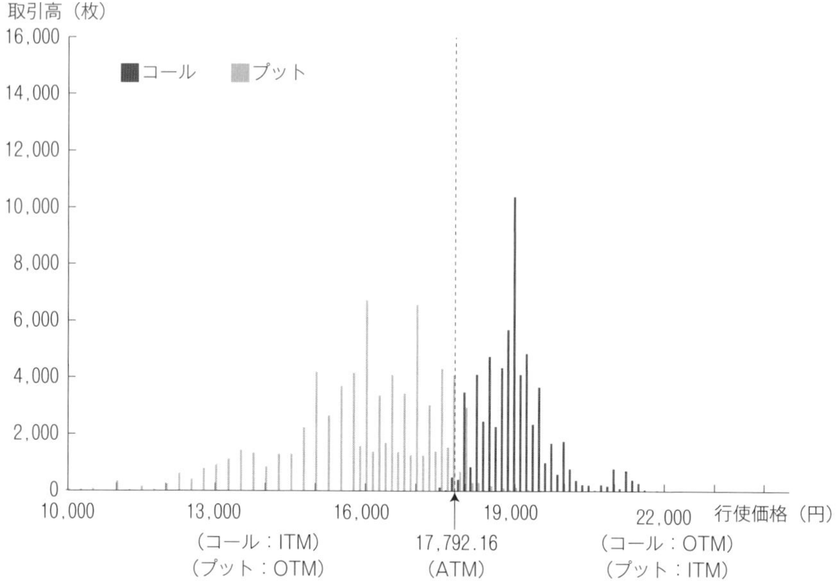

図表7－10　プレミアムの時間価値（2015年9月4日、9月限月）

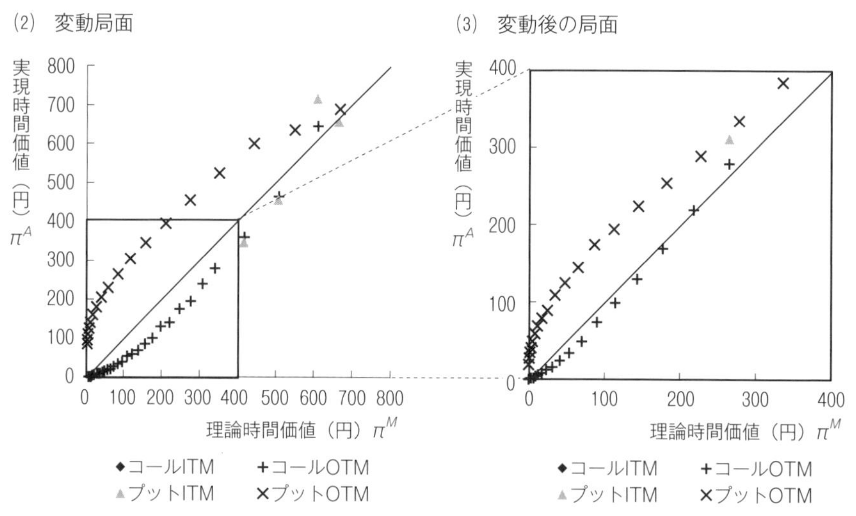

い、8月25日（変動局面）に比べてニアザマネーで時間価値が約半分に小さくなっており、乖離幅は縮小している。

コールは19銘柄すべてOTMであり、３銘柄を除き16銘柄では実現値が理論値より低い。プットでは、ITMは１銘柄、OTMは19銘柄であり、すべてで実現値が理論値より高い。これらの傾向は、８月25日の状態から変わらずに維持されている。コールのOTMで実現値が低く、プットのOTMで実現値が高い傾向は、６月の安定局面や８月の変動局面から変わらない。コールのOTMでは実現値が割安になる程度が抑えられ、プットのOTMでも実現値がより割高になる程度が抑えられている。

コールのOTMではディープ物ほど理論値に対する実現値の比率が低く、プットのOTMではディープ物ほど理論値に対する実現値の比率が高いことは変動局面と同じである[13]。

以上、第(1)項から第(3)項では、３つの特徴的な局面を対象に選んで比較分析を行った。実現値と理論値の比率でみると、局面によって実現値と理論値とが異なることが確認できた。さらに、取引高のデータをみると、安定局面であってもコールに比べてプットの取引高が多く、プットのOTMで取引される行使価格の幅が広がっていることから、市場に弱気筋の投資家が多かったことが確認できる。

このように、オプション市場の情報を利用することで、現物相場だけではわからないような投資家の期待を見出すことができる。その一方で、強気筋と弱気筋の期待が分断されているような時期には、日経VIのような一律のボラティリティを用いて理論プレミアムを計算すると、構造的にゆがみが生じる可能性を示唆する。

キーワード

ヒストリカルボラティリティ（HV）、インプライドボラティリティ（IV）、日経平均HV、不偏推定量、日経平均IV、日経平均ボラティリティ・インデックス（日経平均VI）、ボラティリティスマイル、値刻み、ファットテール、プット・コール・レシオ、ボトムストラングル戦略

参考文献

・Black, Fischer and Myron, Scholes, "The valuation of option contracts and a test of market efficiency," *Journal of Finance* 27, May 1972, pp. 399-418.

・Fama Eugene, "Efficient capital markets: A review of theory and empirical work," *Journal of Finance* 25, May 1970, pp. 383-417.

・Hull, John, *Options, futures, and other derivatives (9th edition)*, Pearson, 2014.（ジョン・ハル『フィナンシャルエンジニアリング（第９版）―デリバティブ取引とリスク管理の総体系』、金融財政事情研究会、2016年）

・Rubinstein, Mark, "Implied binomial trees," *Journal of Finance* 49, July 1974, pp. 771-848.
・大村敬一『オプション　理論と応用』東洋経済新報社、1988年
・大村敬一・清水正俊・俊野雅司『詳解　株式オプション』金融財政事情研究会、1991年
・俊野雅司「オプションモデルの有効性」証券アナリストジャーナル、1991年２月、14～39頁
・日本経済新聞社「日経平均プロフィル」http://indexes.nikkei.co.jp　2016年

注

1　日経平均HVでは、計算過程でなぜ平均値を０と置いているのかについて説明されていないが、HVは過小な数値になりやすいため、少しでも高めの数値に誘導することが目的と思われる。

2　日経平均225オプション市場に関する初期の実証分析結果については、大村・清水・俊野［1991］を参照。

3　日経平均IVは直近限月のコールとプットの取引のうち、ニアザマネーの上下２銘柄ずつの計４銘柄についてブラックショールズ・モデルを用いてIVを計算し、その平均値を計算したものであった。モデルが正当で、市場が効率的であるならば、原資産が共通なので、どの行使価格、限月を用いても同じIVが導かれるはずであるが、現実には行使価格や限月ごとに異なるIVとなっていることが知られている。このため、日経平均IVでは、上下２つずつの値から１つの指標を作成していた。

4　Excelのソルバーやゴールシークを利用して、ブラックショールズ・モデルで求めたプレミアムの理論値と実現値の差が０になるように目標値を設定すると、IVを求めることができる。

5　プットの取引高が１％以上の25銘柄はOTMでのみ取引されており、そのIVはディープな銘柄ほど高く、ATMに近づくほど低くなる右下がりの形状になっており、ITMの形状はわからず、Ｕ字型のスマイルは描かれなかった。。

6　Fama［1970］などを参照。

7　値刻みの詳細は、第４章を参照。

8　日経平均VIでは、バリアンス・スワップ取引などでフェアバリアンス（公正な分散値）を推定する際に用いられる方式が採用されている。具体的には、日経平均VIは、次の３つのステップで計算される。最初に、直近限月のOTMすべてのオプションプレミアムとその行使価格、直近限月の先物価格、ユーロ円LIBOR、残存

期間から第１限月のボラティリティを計算する。次に、同様の手順で満期が次に近い第２限月のボラティリティを計算する。２つのデータの残存期間から内分して30日になる割合でこの２つのボラティリティを線形補間して、インデックスを導出している。計算方法の詳細は日本経済新聞社のホームページを参照。

9 日経平均VIがHVよりも高い傾向は多くの時期にみられ、2012年４月から2016年９月末の期間では、約78％の日が該当している。

10 以下の２つの分析でも、時間価値の理論値に対する実現値の比率が100倍超の銘柄を除くという同様のトリミングを行った。

11 コールとプットの時間価値の理論値π^Mを説明変数、実現値π^Aを被説明変数として原点制約付（$\alpha=0$）の回帰式（$\pi^A=b\,\pi^M$）を推定した結果は次式のとおりである。

$$\pi^A=0.925\pi^M(t\text{値}=-2.309,\ p\text{値}=0.028,\ \overline{R}^2=0.931)$$

係数に対して、$b=1$を帰無仮説、$b\neq1$を対立仮説とするt検定を行ったところ、５％水準では棄却されず、係数bは１から有意に異なるとはいえないが、有意水準を１％まで高めると棄却され、係数bは１から有意に異なることが検証された。

12 コールとプットの時間価値の理論値π^Mを説明変数、実現値π^Aを被説明変数として原点制約付きの回帰式を推定した結果は次式のとおりである。

$$\pi^A=1.042\pi^M(t\text{値}=0.839,\ p\text{値}=0.405,\ \overline{R}^2=0.878)$$

係数に対して、$b=1$を帰無仮説、$b\neq1$を対立仮説とするt検定を行ったところ、５％水準でも１％水準でも有意に異なるとはいえない。

13 コールとプットの時間価値の理論値π^Mを説明変数、実現値π^Aを被説明変数として原点制約付きの回帰式を推定した結果は次式のとおりであった。

$$\pi^A=1.187\pi^M(t\text{値}=3.711,\ p\text{値}=0.001,\ \overline{R}^2=0.910)$$

係数に対して、$b=1$を帰無仮説、$b\neq1$を対立仮説とするt検定を行ったところ、回帰係数bは１％の水準でも統計的に有意に１から異なることが検証された。

第Ⅲ部

応用編

第8章

企業の発行する証券とオプション

本章では、企業が発行する証券が企業価値を原資産とするオプションとみなせることを示す。まずは基本的な証券である株式と債券から説明を行い、さらに、そのハイブリッドな証券である劣後債や優先株、転換社債などにもオプションが組み込まれていることを示す。

1　株式と債券（社債）

株式と債券はそれぞれオプションとみなせる。いま、簡単化のために、企業は単一の普通株式と単一の普通社債（1期物割引債）を発行し、期末に清算するものとする。また、現在の企業価値をV、株式価値をS、債券価値をD、期末時点における企業価値をV^*、株式価値をS^*、債券の額面をB、現在から期末時点までの無リスク金利をrで表すこととする。

(1)　株　　式

企業の全資産は、期末に清算されるものとする。このとき、期末の企業価値が債券額面を超えていた場合、株主にはそれを超える部分（残余財産）が帰属する。一方、期末の企業価値が債券額面を下回った場合でも、株主の責任の上限は出資額なので、株主はそれを超える債務を負わない。すなわち、期末時点で$V^*>B$の場合にはV^*-Bが株主に帰属し、$V^*\leq B$の場合は株主への帰属価値は0となる。期末時点における株主の価値は$Max[V^*-B, 0]$と表現される。これは、企業価値を原資産、債券額面を行使価格とするコールのロングポジションの損益にほかならない。

図表8－1　株式のオプション的特性

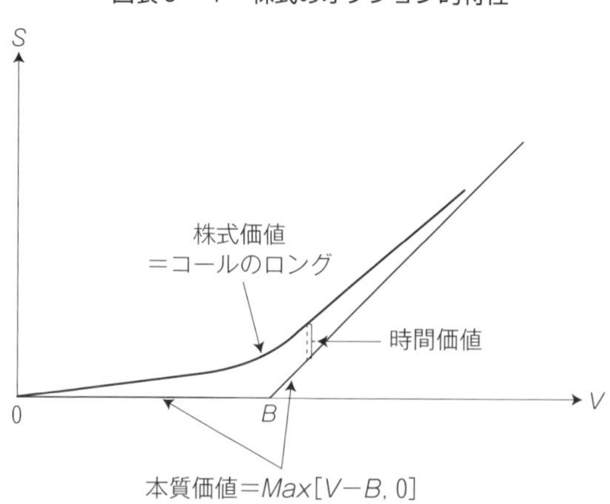

現在における株主価値と企業価値の関係を図示すると、図表８－１のようになる。現在の企業価値が債券額面に満たない領域にあったとしても、株式価値がプラスとなっているのは、期末に$V^*>B$となる可能性を反映している。これは、第５章の図表５－４で示した時間価値を表している。

これより、株式価値については、あらためて式を展開するまでもなく、すなわち、第６章で示した(7)式のブラックショールズ・モデルにおいて、コールプレミアムCを株式価値S、原資産価格Sを企業価値V、行使価格Kを債券額面Bに置き換えることで、(1)式のとおり、容易に理論式を導くことができる。ただし、σは、企業価値のボラティリティ、τは現在から期末までの期間（年単位）を表す。

$$S=VN(d)-Be^{-r\tau}N(d-\sigma\sqrt{\tau}) \quad (1)$$

$$d=\frac{ln\frac{V}{B}+\left(r+\frac{1}{2}\sigma^2\right)\tau}{\sigma\sqrt{\tau}}$$

⑵　債券（割引社債）

債券価値は、「企業価値＝株式価値＋債券価値」より、企業価値Vから(1)式で表した株式価値Sを差し引くことによって求めることができる。そのため、債券価値Dは次式のようになる（dは(1)式と同様）。

$$D=V(1-\mathrm{N}(d))+Be^{-r\tau}N(d-\sigma\sqrt{\tau}) \quad (2)$$

債券価値は、図表８－２のようにして導くこともできる。図表８－２(c)の縦軸は、期末時点における債券価値を表している。この企業は単一の割引社債だけを発行するとしているので、Bは債券額面でもある。ここでは、期末時点と現在時点について、

図表８－２　債券のオプション的特性

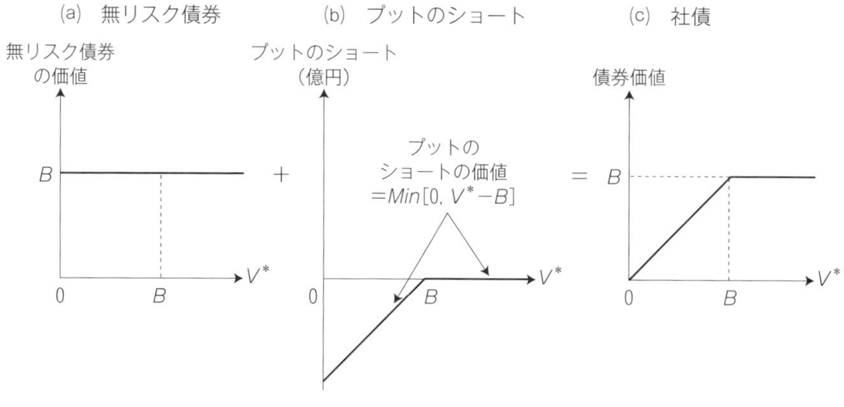

企業価値と債券価値の関係を考えてみる。

図表8－2(a)は、破綻リスクがない場合の債券価値を示す。債務不履行リスクが0の場合には、期末時点において債券保有者に帰属する価値は額面Bで一定である。これは、株式が無限責任であると仮定した場合に債券保有者に帰属する価値を意味する。実際には株主の責任は有限であり、企業価値が債券の額面を下回った場合には、その損失は債券保有者が負担することになる。図表8－2(b)は、期末時点において企業価値が債券額面を下回る場合、下回った金額（$B-V^*$）の分だけ債券の保有者に損失が発生することを示している。株主は債務を負担しないので、企業価値の不足分は、返済額の目減りというかたちで債券保有者が負担することを意味している。これは、企業価値を原資産とするプットのショートポジションの損益パターンにほかならない。

これより、債券価値は、図表8－2(a)と図表8－2(b)を合成することによって、図表8－2(c)のように導かれる。すなわち、無リスク債券を保有し、同時に、プットをショートすることで、企業が発行する債券の価値を複製できる。これは、企業価値が債券額面を下回る場合には、債務者には残余価値の分だけしか返済されないことを意味する。企業が債務超過の状態で期末時点を迎えた場合には、債券価値が目減りしてしまうのである。

以上は期末時点における本質価値での議論だが、現時点における価値を考える場合には、満期までの時間が残されているので、時間価値が加わる。プットにも時間価値が含まれるため、債券保有者への帰属価値は時間価値分だけ低くなる。たとえ現時点で企業価値が債券額面Bを上回っていたとしても、期末時点に債券価値が額面を下回り、額面の一部あるいは全額を回収できなくなるリスクが存在するからである。また、債券額面は、債券保有者が期末時点において受け取ることのできる金額である。現時点における無リスク債券の価値は、債券額面の現在価値（$=Be^{-r\tau}$）となる。

上述のとおり、株主の有限責任制のもとでは、債券保有者は債務不履行リスク（「クレジットリスク」という）を負担することになるので、無リスク金利より高い金利を要求する。裏返せば、企業は、無リスク金利よりもクレジットリスク・プレミアム分は高い金利の支払を約束しないと、デットファイナンスができない。このとき、無リスク金利を超過する部分がプットのプレミアムに相当する。

以上を総合すると、債券の現在価値Dは、債券額面の現在価値（$=Be^{-r\tau}$）からプットプレミアムの価値を差し引いた値となる。プットプレミアムPについても、コールと同様、第6章で示した(8)式のブラックショールズ・モデルにおいて、原資産価格Sを企業価値V、行使価格Kを債券額面Bに置き換えることによって、(3)式のように表すことができる。ただし、ここでもdは(1)式と同様で、σは企業価値のボラティリティを表す。

$$P = -VN(-d) + Be^{-r\tau}N(-d+\sigma\sqrt{\tau}) \quad (3)$$

こうして、(4)式と(5)式より、債券価値Dに関して(2)式を導くことができる。

$$D = Be^{-r\tau} - P \quad (4)$$

$$N(-d) = 1 - N(d) \quad (5)$$

(3) 決定要因の変化が株式、債券に与える影響

第6章で示した感応度分析（グリークスの議論）を応用することで、5種類の決定要因が変化した場合の株式価値、債券価値に与える影響を知ることができる。第5章で議論したとおり、配当支払等のキャリーコストがないオプションの決定要因は、原資産価格、行使価格、金利、ボラティリティ、満期までの期間であった。この議論を株式や債券の評価へ応用する場合には、決定要因は企業価値V、債券額面B、金利r、（企業価値の）ボラティリティσ、期末までの期間τとなる。

図表5－3や第6章の感応度分析で示したとおり、株式価値Sは企業価値を原資産とするコールそのものであるため、結論はわかりやすい。

$$\partial S/\partial V>0,\quad \partial S/\partial B<0,\quad \partial S/\partial r>0,\quad \partial S/\partial\sigma>0,\quad \partial S/\partial\tau>0 \quad (6)$$

となり、株式価値にとって、企業価値、金利、ボラティリティ、期末までの期間の増加（上昇）は上昇要因、債券額面の増加だけが下落要因となる。

債券価値Dに関しても同様の感応度分析を行うことで、それぞれの決定要因が変化した場合の影響を調べることができる。結論だけを示すと、

$$\partial D/\partial V>0,\quad \partial D/\partial B>0,\quad \partial D/\partial r<0,\quad \partial D/\partial\sigma<0,\quad \partial D/\partial\tau<0 \quad (7)$$

となり、債券価値にとって、企業価値と債券額面の増加は上昇要因、金利、ボラティリティ、期末までの期間の増加（上昇）は下落要因となる。

これらの関係は、コーポレートファイナンスにおける重要なトピックの1つである企業経営者のモラルハザード問題に関する議論にも応用できる。たとえば、企業経営者は株価連動型報酬制度の採用などに伴って、株価の上昇から利益を得ることが多く、どちらかというと、債券保有者よりも株主の利害を優先した企業経営をしがちである。そこで、経営破綻のリスクが高まってくると、高リスクのプロジェクトを採用するなどのかたちで、起死回生策を講じるインセンティブが生じる。このような企業経営が行われると、(6)式と(7)式に示されているとおり、企業価値のボラティリティが上昇して、株式価値は上昇するが、債券価値は減少する。すなわち、企業経営者は、企業価値のボラティリティを上昇させることで、債券保有者から株主へ富を移転させることができる。

2 ハイブリッド型証券の価値の評価

株式と債券の中間的な性質の証券のことをハイブリッド[1]型証券という。代表的なハイブリッド型証券には優先株[1]や劣後債がある。優先株は債券に近い属性を備えた株式、劣後債は株式に近い属性を備えた債券である。優先株や劣後債のようなハイブリッド型証券の発行を通じたファイナンスのことをメザニンファイナンス[2]と呼ぶことがある。メザニンとは、建物の構造における「中2階」のことを指す。

本節では、劣後債と優先株の評価について示す。

(1) 劣 後 債

債券では、元利金返済の優先順位の高い債券をシニア債[3]、優先順位の低い（劣後する）債券をジュニア債[4]という。わが国では、シニア債を優先債、ジュニア債を劣後債と呼ぶ。ジュニア債の利子は、返済順位が低くて、リスクが高い分、高めに設定される。

図表8－3は、前節と同様、ある企業が普通株式とシニア債、ジュニア債（ともに1期物割引債で、額面はそれぞれB_SとB_J）を発行し、期末に清算する場合の期末時

図表8－3 ジュニア債の（期末）価値

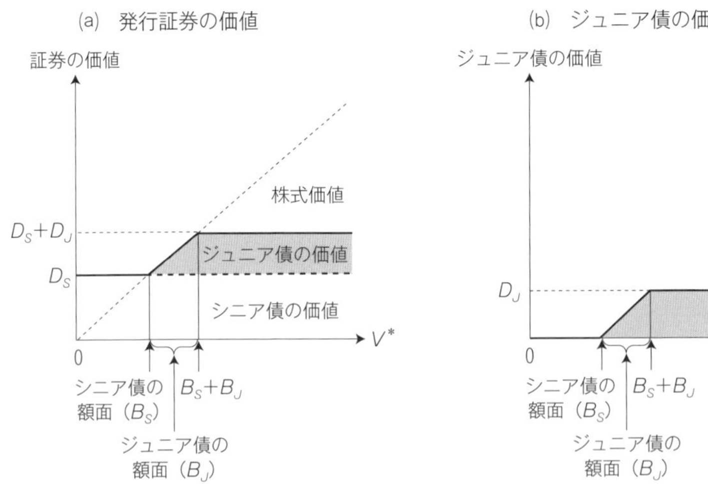

1 hybrid
2 mezzanine finance
3 senior bond
4 junior bond

図表８－４　ジュニア債の（期末）価値

証券の種類	期末時点の企業価値		
	$V^* \leqq B_S$	$B_S < V^* \leqq B_S + B_J$	$B_S + B_J < V^*$
シニア債	V^*	B_S	B_S
ジュニア債	0	$V^* - B_S$	B_J
株　式	0	0	$V^* - (B_S + B_J)$
合　計	V^*	V^*	V^*

点における各証券の価値の構成を示している。図表８－３(a)に示されているように、３種類の証券のなかではシニア債に対する債務返済が最優先されるため、企業価値がシニア債の額面を上回る場合にだけジュニア債の価値が生じる。また、ジュニア債は、株式よりも優先順位が高いため、期末時点でシニア債の額面よりも多くの残余財産がある場合には、株主よりもその債務返済が優先される。

ジュニア債の価値だけを抜き出したものが図表８－３(b)である。ジュニア債の損益は、行使価格B_Sのコールのロングと行使価格B_S+B_Jのコールのショートを組み合わせたポジションの損益と一致する。図表８－４には、期末時点の企業価値に応じた３種類の証券の価値を示した。

ジュニア債の現在価値D_Jは、株式の現在価値Sとシニア債の現在価値D_Sを求めたうえで、企業価値Vから両者の合計値を差し引けば導くことができる。

前節の議論から、株式の価値Sは、行使価格B_S+B_Jのコールの価値と同一になるから、(8)式で表すことができる。一方、シニア債の価値D_Sは、(2)式においてBをB_Sと読み替えることで(9)式となる。

$$S = VN(d_S) - (B_S + B_J)e^{-r\tau}N(d_S - \sigma\sqrt{\tau}) \tag{8}$$

$$d_S = \frac{ln\dfrac{V}{B_S + B_J} + \left(r + \dfrac{1}{2}\sigma^2\right)\tau}{\sigma\sqrt{\tau}}$$

$$D_S = V\{1 - N\ (d_D)\} + B_S e^{-r\tau}N(d_D - \sigma\sqrt{\tau}) \tag{9}$$

$$d_D = \frac{ln\dfrac{V}{B_S} + \left(r + \dfrac{1}{2}\sigma^2\right)\tau}{\sigma\sqrt{\tau}}$$

最終的に、ジュニア債の価値D_Jは、企業価値Vから両者の合計を差し引くことで(10)式のように表すことができる。

$$D_j = V\{N(d_D) - N(d_S)\} + B_S e^{-r\tau}\{N(d_S - \sigma\sqrt{\tau}) - N(d_D - \sigma\sqrt{\tau})\} + B_J e^{-r\tau} N(d_S - \sigma\sqrt{\tau}) \tag{10}$$

上式は、「行使価格B_Sのコールの価値－行使価格（B_S+B_J）のコールの価値」によっても導くことができる。

⑵ 優先株

わが国の会社法では、普通株とは別に、剰余金の配当、残余財産の分配、議決権行使、株式の譲渡などに関して、普通株とは異なる属性の株式を発行してもよいことになっており、これらは種類株と呼ばれる[2]。たとえば優先株と呼ばれる種類株では、配当支払や残余財産の分配の際に、普通株よりも高い優先権が与えられる。配当支払の面で普通株よりも優先度が高い株式は、配当優先株と呼ばれる。配当優先株は、普通株よりも配当が優先的に支払われる。配当可能原資が少なく、すべての株主に配当を支払うことが困難な場合には、優先株の保有者に対して優先的に配当が支払われる。一定の配当額があらかじめ約束されている場合もある。

一般的に、配当優先株では、株主に議決権が与えられない場合が多く、配当額が事前に定められている場合もあるなど、株式といっても債券に近い性格の証券である。特に、経営権への株主の介入を回避したい企業では、議決権を付与しない優先株を好んで発行することがある。議決権よりも配当還元を重視する投資家は優先株を好むであろう。

このように、優先株にはさまざまな条件のものがあるため、その評価について一般的な関係を導くことはできないが、特定の条件の優先株については、オプションの仕組を用いて価値の大きさを説明できる[3]。

図表８－５は、これまでの議論と同様、ある企業が１期後の期末時点に清算されるという想定のもとで、この企業が社債、優先株、普通株の３証券を発行している場合に、どのようなかたちで価値が配分されるのかを示している。ただし、優先株は、期末時点で残余財産（普通社債の利子と元本支払後の財産）があった場合には、企業価値の$100 \times \delta$（$0<\delta<1$）％の優先配当を受け取る権利を有するものと想定する。このとき、普通株主は、期末時点で社債の額面Bと優先株の配当額δVを支払った後に残余財産があった場合だけ、その残額を受け取る権利が生じる。普通株主に分配原資が残るための分岐点となる企業価値をV^*とすると、$V^*=B+\delta V^*$より、$V^*=B/(1-\delta)$となる[4]。

図表８－５(a)は、期末時点における３証券の価値の構成を示している。期末時点における企業価値が社債の額面未満で債務不履行となった場合（$V^*<B$）には、社債保有者は額面全額を受け取ることができないが、企業価値のすべてが社債保有者に

図表8－5　優先株と普通株の（期末）価値

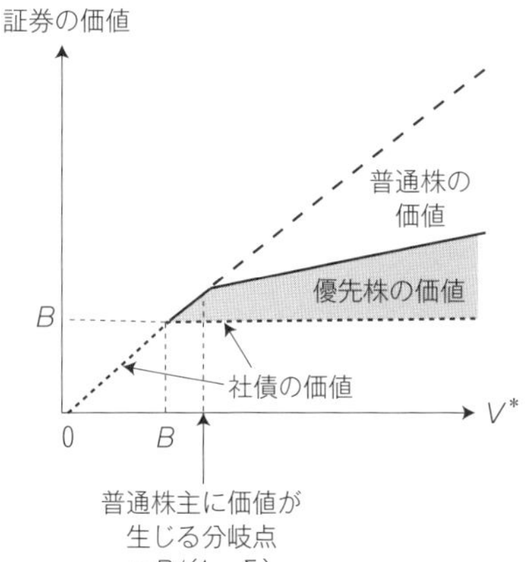

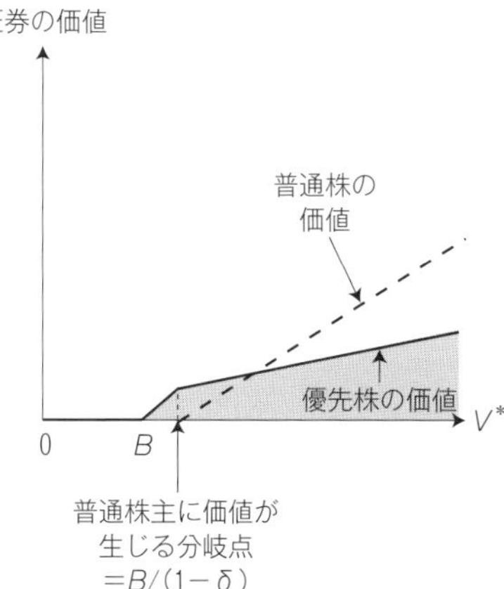

帰属する。企業価値が社債額面を超えた場合には、社債保有者は社債額面を全額受け取ることができるが、いくら企業価値が増加しても、帰属価値は社債額面Bで一定である。

また、普通株式の価値は、$V^*>B/(1-\delta)$ にならないと発生しない。$B<V^*\leq B/(1-\delta)$ の場合には、社債保有者に帰属する価値を控除後の残余財産（V^*-B）はすべて優先株主に帰属する。$V^*>B/(1-\delta)$ になった場合にはじめて、すべての証券に価値が生じる。$V^*>B/(1-\delta)$ の場合には、企業価値の増加分は、δ対（$1-\delta$）の割合で、優先株主と普通株主の間で分配されることとなる。

図表8－5(b)は、社債部分を考慮せずに、期末時点における企業価値と優先株、普通株の価値の関係を表している。企業価値が大きくなると、普通株の価値が優先株の価値を上回ることがわかる。

図表8－6には、期末時点における企業価値に応じた3証券の価値の構成を式で示した。

3種類の証券の価値をすべて合計すると企業価値になることから、優先株の価値S_Pは、(11)式で表される普通株の価値Sと(12)式で表される社債の価値D_Sの合計を企業価値から差し引くことによって導くことができる。

$$S=(1-\delta)VN(d_S)-\{B/(1-\delta)\}e^{-r\tau}N(d_S-\sigma\sqrt{\tau}) \tag{11}$$

$$d_S=\frac{ln\dfrac{V}{B/(1-\delta)}+\left(r+\dfrac{1}{2}\sigma^2\right)\tau}{\sigma\sqrt{\tau}}$$

図表8－6　優先株と普通株の（期末）価値

証券の種類	期末時点の企業価値と各証券の価値		
	$V^* \leqq B$	$B < V^* \leqq B/(1-\delta)$	$B/(1-\delta) < V^*$
社　債	V^*	B	B
優先株	0	$V^* - B$	δV^*
普通株	0	0	$V^* - (B + \delta V^*)$
合　計	V^*	V^*	V^*

$$D_S = V\{1 - N(d_D)\} + Be^{-r\tau} N(d_D - \sigma\sqrt{\tau}) \tag{12}$$

$$d_D = \frac{ln\frac{V}{B} + \left(r + \frac{1}{2}\sigma^2\right)\tau}{\sigma\sqrt{\tau}}$$

その結果、優先株の価値は、(13)式のように表すことができる。

$$S_P = \{N(d_D) - (1-\delta)N(d_S)\} V + Be^{-r\tau} + Be^{-r\tau}[N(d_S - \sigma\sqrt{\tau}) - N(d_D - \sigma\sqrt{\tau})] \tag{13}$$

ここで定義した条件の優先株の場合には、企業価値が社債の額面をわずかに上回るような状況では優先株の価値が普通株の価値を上回るが、企業価値が大きくなるに従って、普通株の価値のほうが優先株の価値を上回る傾向がみられる。同一企業の発行する配当優先株と普通株が同時に上場されている場合、両者を比較することで、このような理論的な関係との整合性を確認することができる（**【コラム：優先株の発行事例と価格形成】**参照）。

優先株の発行事例と価格形成

伊藤園は、2007年９月に優先株（銘柄コード：25935）を公募発行しており、普通株（銘柄コード：2593）と優先株がともに上場されているめずらしい事例である。伊藤園の優先株は、議決権が与えられない代りに、配当面で優遇されている。原則として、普通株の25％増の配当が支払われ、普通株には配当が支払われない場合でも、優先株には１株当り15円の配当が支払われる。また、業績悪化等のために、優先株にも配当が支払われなかった場合には、翌期以降、支払可能な状況になったときにさかのぼって１株当り15円分の配当が支払われる。

伊藤園の優先株の株価水準は、発行後10年間にわたって普通株の株価水準を月

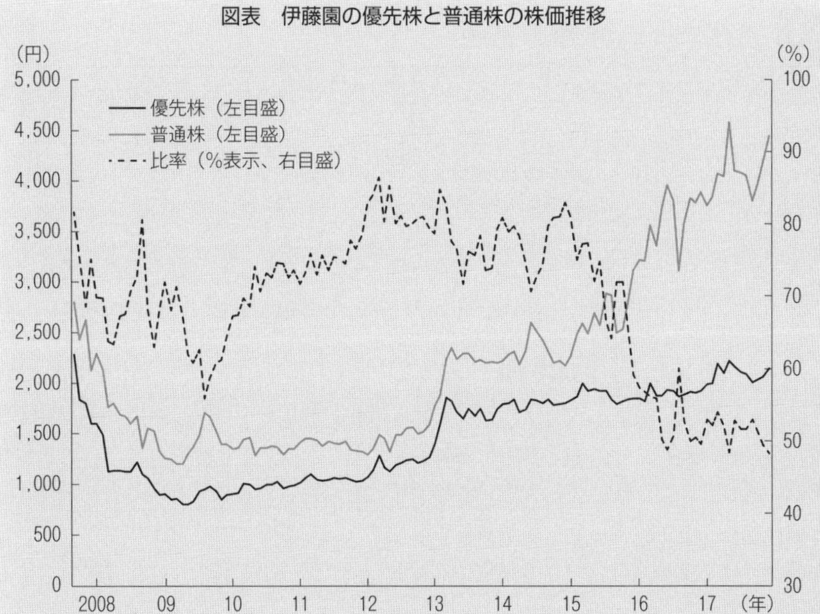

末値ベースで一度も上回ったことがない（図表参照）。優先株の株価は普通株の株価の50〜85%程度の水準を推移している。特に、近年、伊藤園の株価が上昇して、企業価値が大きくなるに従って、普通株の価値が優先株の価値を大幅に上回るようになっている。

伊藤園の優先株は、配当の条件が普通株と比べて、あきらかに優遇されており、配当割引モデルを用いて普通株と優先株の理論価値を計算すると、普通株の株価が優先株の株価を著しく上回っている理由を説明することがむずかしい。ところが、図表8－5(b)に示されているとおり、将来の企業価値が大きく増加すると期待されるような状況では、普通株の価値が優先株の価値を上回る可能性がある。事実、伊藤園の株価は2013年に急上昇し、その後も右肩上がりとなっている。

このように、証券市場において一見謎のような現象が起こったとしても、発行証券のオプション的な性質を理解しておくことで、一定の解釈を示すことができる。

3 株式への転換権の評価

発行時点では株式ではないが、株式を取得できる権利の付与された証券や、一定の条件のもとで株式に転換できる証券が存在する。ワラントと転換社債が代表例である。ここでは、これらの証券のオプション的な性格について示す。ワラントと転換社債の特徴に関する基本的な説明を行ったうえで、それぞれの証券の評価の問題について議論を行う。最後に、株価水準に応じて、事後的に転換価格を変更できる証券の活用状況にも言及する。

⑴ ワラントと転換社債の特徴

ワラント[5]は、発行企業の株式を買い取る権利が独立して取引される金融商品である。株価があらかじめ定められた行使価格を上回った場合に、権利行使して行使価格を払い込むことで、時価よりも低い価格で株式を取得して利益を得ることができる。社債にワラントが付与された金融商品がワラント債である。ワラント債には、ワラント部分だけを単独で発行できる分離型と社債とワラントを一体でなければ発行できない非分離型がある。

これに対して、転換社債[6]は発行企業の株式への転換権が付与された社債である[5]。社債として発行され、転換せずにそのまま保有を継続すると、あらかじめ定められた金利が定期的に支払われ、満期の到来に伴って額面が支払われて償還される。ここまでは、一般的な社債とまったく変わりはない。ところが、転換社債には、発行企業の株式への転換権が付与されており、あらかじめ定められた転換価格に応じて、社債と引き換えに株式を取得できる[6]。

転換社債には、投資家側からみると、株価が転換価格以上に上昇すれば株式へ転換でき、転換価格まで上昇しなくても社債としての価値が保証されるという利点がある。一方、発行者側からみると、転換権がついている分、利率を抑制できるという特徴がある。ただし、好都合な側面ばかりではない。投資家にとっては、市場環境等の影響で株価が転換価格を上回らなかった場合には、普通社債と比べて低い利回りで満期まで保有せざるをえなくなる[7]。発行者にとっても、株価が上昇して転換が進んだ場合には、発行済株式数の増加に伴って、配当の負担が増加する。

わが国では、株価が大幅に上昇した1980年代後半に、金利負担の抑制を目的に転換社債が大量に発行された。ところが、1990年代に入って、バブル崩壊後、株価の上昇

5 warrant
6 convertible bond. CBという略称が用いられることも多い。

を期待しにくくなったことから、投資家にとっての転換社債の魅力が薄れてきている。また、発行企業にとっても、金利低下に伴って低い利率で社債を発行できるようになったことから、あえて転換権を付与する必要性が乏しくなってきた。

2001年の商法改正時に、新株予約権制度が新設され、ワラント債も転換社債も法律上の名称が新株予約権付社債と改められ、前者は狭義の新株予約権付社債、後者は転換社債型新株予約権付社債と区分された。

⑵ ワラントの評価

これまでと同様、ある企業が１期後の期末時点に清算されるという想定のもとで、この企業が普通株式とワラントを発行しており、期末に清算するものと仮定する。また、ワラントを行使して株式を取得するための払込金額をB_Wとし、株式を取得した場合には、発行済株式数は既存の発行済株式数の$100\times\alpha$（$0<\alpha<1$）％分、追加発行されるものとする。その結果、ワラントの保有者と既存の普通株主の間で、γ_W（$=\alpha/(1+\alpha)$）対（$1-\gamma_W$）（$=1/(1+\alpha)$）（$0<\gamma_W<1$）の割合で株式価値を分け合うものとする。現時点のワラントの価値をW、期末時点におけるワラントの価値をW^*とし、これまでと同様、現時点における企業価値をV、期末時点における企業価値をV^*、現在から期末時点までの無リスク金利をr、（企業価値の）ボラティリティをσ、期末までの期間をτとする。

このとき、ワラントの保有者には、期末時点においてB_Wを払い込んで株式を取得するか、あるいは権利を放棄するか、２通りの選択肢がある。権利を行使して株式を取得した場合には、ワラント保有者の持分はγ_W（V^*+B_W）となる。そのため、ワラント保有者は、γ_W（V^*+B_W）$>B_W$の場合には、権利行使して株式を取得し、$\gamma_W(V^*+B_W)\leq B_W$の場合には、権利を放棄することが合理的行動となる。ワラント保有者の損益は、前者（権利行使）の場合には、取得後のエクイティから払込金額を控除した金額（$\gamma_W(V^*+B_W)-B_W$）、後者（権利放棄）の場合には０となる。その結果、期末時点におけるワラントの価値は(14)式によって表すことができる。

$$W^*=Max[\gamma_W(V^*+B_W)-B_W,0]$$
$$=\gamma_W Max[V^*-(1-\gamma_W)B_W/\gamma_W,0] \quad (14)$$

(14)式の２行目におけるMax[　]の部分は、企業価値を原資産、$(1-\gamma_W)B_W/\gamma_W$を行使価格とするコールの満期価値と等しくなるため、(1)式から、ワラントの価値は(15)式のように表すことができる。

$$W=\gamma_W VN(d_W)-(1-\gamma_W)B_W e^{-r\tau}N(d_W-\sigma\sqrt{\tau}) \quad (15)$$

$$d_W=\frac{ln\frac{\gamma_W V}{(1-\gamma_W)B_W}+\left(r+\frac{1}{2}\sigma^2\right)\tau}{\sigma\sqrt{\tau}}$$

⑶　転換社債の評価

ここでも、ある企業が普通株式と転換社債を発行しており、期末に清算するものと仮定する。転換社債の保有者が転換権を行使して株式を取得した場合には、転換社債の保有者と既存の普通株主には、γ_C対$1-\gamma_C$（$0<\gamma_C<1$）の割合で株式価値が帰属するものと仮定する。現時点と期末時点における転換社債の価値をそれぞれD_C、D_C^*、転換社債と残存期間や利率等の条件が同一の普通社債の現時点と期末時点における価値をD、D^*（額面は転換社債も普通社債もBで同一）とする。そのほかの変数については、これまでと同様、現時点における企業価値をV、期末時点における企業価値をV^*、現在から期末時点までの無リスク金利をr、（企業価値の）ボラティリティをσ、期末までの期間をτとする。

このとき、期末時点において、転換社債の保有者は、転換権を行使して$\gamma_C V^*$の価値を取得するか、そのまま転換社債の額面Bを受け取るかの選択をすることとなる。そのため、期末時点における転換社債の価値は、$Max[\gamma_C V^*, B]$となる。しかしながら、ここで転換社債の保有者にこの価値が提供されるためには、期末時点の企業価値V^*が$Max[\gamma_C V^*, B]$を上回ることが条件となる。企業価値が不足する場合には、債務不履行となり、転換社債の保有者は期末時点の企業価値しか受け取ることができない。その結果、最終的に期末時点の転換社債の価値D_C^*は、(16)式のように表すことができる。

$$D_C^*=Min\ [V^*, Max[\gamma_C V^*, B]] \tag{16}$$

$\gamma_C<1$であるから、$\gamma_C V^*$は常にV^*を下回るので、V^*、$\gamma_C V^*$、Bの大小関係は、

$$V^*>\gamma_C V^*>B \tag{17}$$

$$V^*>B>\gamma_C V^* \tag{17'}$$

$$B>V^*>\gamma_C V^* \tag{17''}$$

の3通りのうち、いずれかとなる。期末時点において、(17)式の場合には転換して$\gamma_C V^*$を得ることができ、(17')式の場合には転換せずに社債として満期を迎えて額面Bを得ることができる。これに対して、(17")式の場合には、企業は債務不履行に陥っているので、期末時点における企業価値のV^*しか受け取ることができない。

以上の関係から、期末時点における転換社債の価値は、転換せずに社債として期末時点を迎えた場合には、$Min[V^*, B]$の価値を確保することができ（(17')式あるいは(17")式の場合）、さらに(17)式のように、転換権を行使して額面以上の価値を得る

ことができる場合には、$\gamma_C V^* - B$の価値を追加的に得ることができる。転換社債の保有者は、期末時点において自分にとって不利な場合には転換権を行使しないため、転換権の価値の部分は$Max[\gamma_C V^* - B, 0]$となり、期末時点における転換社債の価値は、(18)式のように表すことができる。

$$\begin{aligned} D_C^* &= Min[V^*, B] + Max[\gamma_C V^* - B, 0] \\ &= D^* + \gamma_C Max[V^* - B/\gamma_C, 0] \end{aligned} \tag{18}$$

これは、期末時点の企業価値と社債額面のうち小さいほう（$Min[V^*, B]$）がまさに普通社債の期末時点の価値D^*となることを反映している。(18)式は、期末時点における転換社債の価値が、期末時点における普通社債の価値D^*と企業価値を原資産、B/γ_Cを行使価格とするコールのγ_C倍の和に等しいことを示している。その結果、転換社債の現時点の価値（D_C）は、(1)式と(2)式を用いて(19)式のように表すことができる。

$$D_C = V\{1 - N(d) + \gamma_C N(d_C)\} + Be^{-r\tau}[N(d - \sigma\sqrt{\tau}) - N(d_C - \sigma\sqrt{\tau})] \tag{19}$$

$$d = \frac{ln\frac{V}{B} + \left(r + \frac{1}{2}\sigma^2\right)\tau}{\sigma\sqrt{\tau}}, \quad d_C = \frac{ln\frac{\gamma_C V}{B} + \left(r + \frac{1}{2}\sigma^2\right)\tau}{\sigma\sqrt{\tau}}$$

(4) 転換価格修正条項付転換社債と新株予約権スキーム

これまで説明してきた転換社債もワラントも、発行時に転換価格（転換社債の場合）や行使価格（ワラントの場合）が設定され、その後は変更されることがない。そのため、これらの証券の発行企業の株価が低迷して、転換価格や行使価格を大幅に下回ってしまうと、株式を取得することがむずかしくなる。その結果、転換社債の場合には、条件が同一の普通社債と比べて利率が低い社債を満期まで保有し続けることを余儀なくされ、ワラントの場合には、権利行使する機会がないまま無価値となる。このような点で、転換社債もワラントも、株式市場が低迷する時期には、投資家にとって魅力が乏しくなるという特徴がある。

2000年代に入ると、発行企業の株価水準に応じて、転換価格が一定周期で修正可能なタイプの証券が発行されるようになった。こうして、投資家にとっては、株価の下落局面でも行使機会が消失せず、利益を獲得しえる新たな証券が登場したことになる。この種の証券には、発行企業側にとってもファイナンス手段の多様化という意義がある。これらの証券は私募で発行されるのが一般的であり、アメリカではPIPEs[7]

7　private investment in pubic equitiesの略称。

と称されている。公開企業の株式（public equities）に私募形式で投資（private investment）することを意味する。これらの証券は、発行企業の株価変動に応じて行使価格が随時変化していくため、(15)式や(19)式のような明示的なかたちでの理論価格の定式化は困難であり、モンテカルロシミュレーション[8]などの数量的な手法でないと理論価値を導くことができない。

このような転換価格が変動するタイプの金融商品については、新たなファイナンス手段としての役割が期待される一方で、課題や改善点なども指摘されている。そこで、以下、これらの金融商品の概要について整理しておくこととする[8]。

まず、わが国では、2002年以降、転換価格修正条項付転換社債（MSCB[9]）が発行されるようになった。MSCBは、主に経営状態の悪化した企業によって、借入金返済目的で、証券会社による第三者割当増資の形態で発行された。転換価格は、発行企業の株価の変動に応じて、月次や週次などの頻度で、定期的に修正された。さらに、その時点の株価よりも約10％ものディスカウント率で割り当てられたため、MSCBを割り当てられた証券会社はほとんど無リスクで利益を確保できた。事実上、証券会社がMSCBの発行時点で発行企業にファイナンスしたうえで、事後的に割安な株価で株式を取得して、流通市場で転売することで利益を獲得できる仕組であった。

アメリカでは、ヘッジファンド等の集団投資スキームがMSCBの主な引受手であった。これらの投資家は、MSCBを引き受けた後で、株式の空売りによって発行企業の株価水準を大幅に下げさせて転換価格を低水準に誘導しようとする、露骨な投資行動が散見された。そのため、MSCBには「デス・スパイラルCB[10]」という悪名がつけられていた。低価格で新株が発行されることで株式価値の希薄化が起こり、事実上、既存株主からヘッジファンドなどMSCBの引受手に富が移転したことになる。これに対して、わが国では大手証券会社がMSCBの主な引受手であった。業績の悪化した事業会社に対する新たなファイナンス手段という名目で同様のスキームが導入されたが、引受手が証券会社という以外は、既存株主から富の移転が起こるという問題点はアメリカと同様であった。本来、株式市場の発展に貢献すべき証券会社が、MSCBの引受によって株主から富の移転を受ける仕組という点で、この商品は重大な問題をはらんでいた。

MSCBは、使い方次第では、新興企業向けのファイナンス手段として有効だが[9]、銀行の不良債権問題が落ち着いてきた2006年以降は、発行件数が大幅に減少した。2007年には日本証券業協会が空売等に関する自主規制を公表したこともあって、2008

8　Monte Carlo simulation

9　moving strike convertible bondの略称。

10　death spiral convertible bond

年以降はMSCBの発行事例はみられない。

2005年以降は、MSCBに代って、行使価格を機動的に修正できる仕組の新株予約権が証券会社を引受手として私募形式で発行されるようになった。以下、このスキームを「新株予約権スキーム」と呼ぶこととする。新株予約権スキームでは、証券会社が新株予約権を引き受けたうえで、この新株予約権の行使価格が日次ベースで、直近の株価の10％程度低い水準に洗い替えられる。そのため、新株予約権の割当を受けた証券会社は、行使機会を失うことなく、行使して取得した株式を直ちに流通市場で売却することで、無リスクにもかかわらず一定のキャピタルゲインを確保できる。

証券会社は、すべての発行事例に対してではないが、発行企業が行使時期を指定できる行使指定条項を付与することで、このスキームの魅力を高める工夫を行っている。行使指定条項のついた新株予約権スキームでは、発行企業が資金の必要な時期に、割当先証券会社に対して権利行使を指示できる。新株予約権スキームは、創薬ベンチャー企業やIT企業などを中心に2017年度までの間にすでに100件を超える発行事例があり、新興企業によるファイナンス手段として活用されている。

ただし、この商品の割当先証券会社にとっては、行使後に約10％ものキャピタルゲインをほぼ無リスクで確保できるにもかかわらず、新株予約権の価格が株価水準の１％程度にすぎず、その評価価格が低すぎるという問題が指摘されている[10]。しかしながら、オプション価値の評価に関する知識が普及して、これらの複雑な証券の評価が適切に行われるようになった場合には、発行企業による機動的なファイナンス手段の確保という利点が脚光を浴びる可能性がある。特に、行使時期を発行企業が指定できる種類の新株予約権スキームには、銀行によるコミットメントラインのような役割を証券会社に期待できる。

キーワード

本質価値、時間価値、ブラックショールズ・モデル、債務不履行リスク（クレジットリスク）、感応度分析、ハイブリッド型証券、優先株、劣後債、メザニンファイナンス、シニア債、ジュニア債、種類株、配当優先株、転換社債、転換価格、ワラント、ワラント債、分離型、非分離型、新株予約権制度、転換社債型新株予約権付社債、狭義の新株予約権付社債、PIPEs、転換価格修正条項付転換社債（MSCB）、デス・スパイラルCB、新株予約権スキーム、コミットメントライン

参考文献

・大村敬一『オプションの理論と応用』東洋経済新報社、1988年

・大村敬一・俊野雅司『証券論』有斐閣、2014年
・大村敬一・水上慎士『金融再生　危機の本質―日本型システムに何が欠けているのか』日本経済新聞社、2007年
・鶴沢真・大村敬一「新型エクイティファイナンスの評価と内在する問題―新株予約権の第三者割り当てによる公募増資代替スキーム」早稲田大学ビジネス・ファイナンス研究センター *Working Paper Series*, WBF-18-002、2018年４月

注

1　優先株式という表現が用いられることも多いが、ここでは優先株と表記する。

2　会社法第108条を参照。

3　大村［1988］を参照。

4　ここでは、優先株主には、企業価値と社債額面の差額ではなく、企業価値全体のδ倍が帰属するという有利な設定となっているため、$\delta<0.5$と想定している。そのため、$\delta<1-\delta$となり、企業価値が十分に残っている場合には、普通株主への分配額が優先株主よりも大きくなっていく。

5　第Ⅲ部で後述するとおり、現在のわが国における法律上の正式名称は転換社債型新株予約権付社債であるが、ここでは転換社債という一般的な表現を用いる。

6　たとえば、転換価格が500円の転換社債を額面１億円相当保有していた転換社債の保有者は、対象となる株式の株価（転換社債の発行企業の株価）が500円を超えた場合に、転換権を行使して20万株の株式を取得できる。

7　転換社債の保有者は、満期前にも転換社債として市場で売却することができるが、低い利回りの魅力的でない債券を高い価格で売却できるとは考えにくい。

8　この問題については、鶴沢・大村［2018］を参照。

9　大村・水上［2007］の第６章「金融正常化後の過剰債務の行方―MSCBの功罪」を参照。

10　鶴沢・大村［2018］を参照。

第 9 章

仕組債・仕組預金・仕組ローン

本章では、仕組債・仕組預金・仕組ローンを対象として、そこにオプションがどのように組み込まれているのかを示し、さらにどのようなリスクがあるのかを考える。まずは、代表的な商品の構造を説明し、そのうえで、仕組物商品にかかわる訴訟事例や問題点を示す。

1 仕 組 債

本節では、代表的な仕組債として、日経平均リンク債、EB債、PRDC債を紹介する。実際に販売されている商品はこれら以外にも多岐にわたるが、その基本的な発想は大きく変わらない。それぞれの仕組債の構造を理解することで、どのようなリスクが内包されているのかをあきらかにする。

(1) 日経平均リンク債

日経平均リンク債は、債券からのクーポンや償還額および償還時期があらかじめ設定した日（「参照日」という）の日経平均株価にリンクする仕組債であり、インデックス連動債[1]の一種である。インデックス連動債は、株価指数のほかに、消費者物価指数などさまざまな指数に連動するものがある。この連動する指標等を参照体と呼び、日経平均リンク債では、日経平均株価が参照体となる。

一概に日経平均リンク債といっても、その仕組についてはさまざまな設定が可能である。典型的な日経平均リンク債では、日経平均株価が一定水準以上を維持している場合には、通常の債券よりも高いクーポンが支払われて魅力的だが、日経平均株価が一定水準を下回ると債券の条件が大幅に悪化する。具体的には、債券のクーポンや償還額が、日経平均株価の下落に連動して引き下げられるタイプのものが多い。さらに、日経平均株価が一定水準を超えて上昇した場合には期限前償還されるものが一般的である。

いま、以下の商品性をもつ日経平均リンク債を想定する。ここでの境界値等の条件は仮想例だが、実際の日経平均リンク債でも、類似した条件を設定している場合が少なくない。

仕組債の基となる債券のことを原債券というが、ここでは、1期後に元本BとクーポンQが支払われて償還される債券を原債券とする。原債券の償還額は日経平均株価の水準の影響を受けないので、満期にあらかじめ約束された金額（以下「受取額」という）$B+Q$が支払われる。受取額は、割引債では額面であり、利付債ではクーポン

1 index-linked bond

図表９－１　日経平均リンク債の償還額

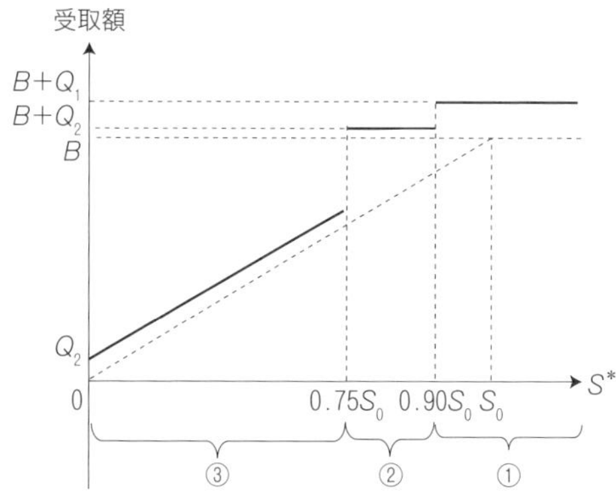

と額面の合計額である。仕組債も、原債券と同様、１期後に満期を迎えて償還されるものと想定する。

まず、日経平均株価が当初の90%の水準（$0.90S_0$）を上回る場合（領域①）では、受取額は$B+Q_1$となり、投資家は高クーポンQ_1を受け取れる。満期の日経平均株価S^*が当初水準S_0の90%以下（領域②）の水準にまで下落すると、クーポンはQより低いQ_2に引き下げられ、受取額は$B+Q_2$となる（$Q_2<Q<Q_1$）。第３節の事例にあるように、Q_1は8.5%だがQ_2が0.1%というように極端に引き下げられるのが一般的である。

さらに日経平均株価が当初水準S_0の75%（$0.75S_0$）以下の水準（領域③）にまで下落すると、クーポンがQ_1からQ_2に引き下げられるうえ、仕組債の元本も日経平均株価の下落率に比例して低下し、受取額は$B\times(S^*/S_0)+Q_2$となる。

図表９－１は、この日経平均リンク債の償還額について、満期時点における日経平均株価S^*を横軸、受取額を縦軸として描いた損益を表している。この日経平均リンク債では、その受取額は満期の日経平均株価水準S^*に連動しており、①$0.90S_0<S^*$、②$0.75S_0<S^*\leq 0.90S_0$、③$S^*\leq 0.75S_0$、の３つの領域でそれぞれ異なる。

以上の受取額Dの仕組は、(1)式のとおりである。

$$D=\begin{cases} B+Q_1 & (0.90S_0<S^*) \\ B+Q_2 & (0.75S_0<S^*\leq 0.90S_0) \\ B\times\dfrac{S^*}{S_0}+Q_2 & (S^*\leq 0.75S_0) \end{cases} \qquad (1)$$

図表９－２(a)は、満期における原債券の受取額を表しており、S^*の水準にかかわりなく$B+Q$で一定である。図表９－１に示された日経平均リンク債の受取額からこの原債券の受取額を差し引けば、図表９－２(b)に示されるとおり、日経平均リンク

図表9－2　日経平均リンク債の仕組

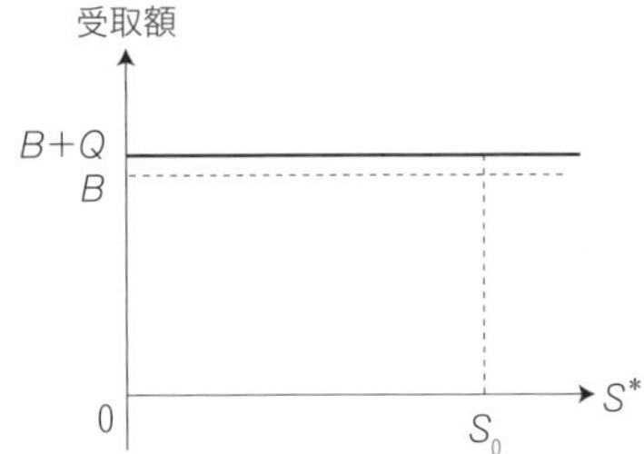

(b)　仕組部分

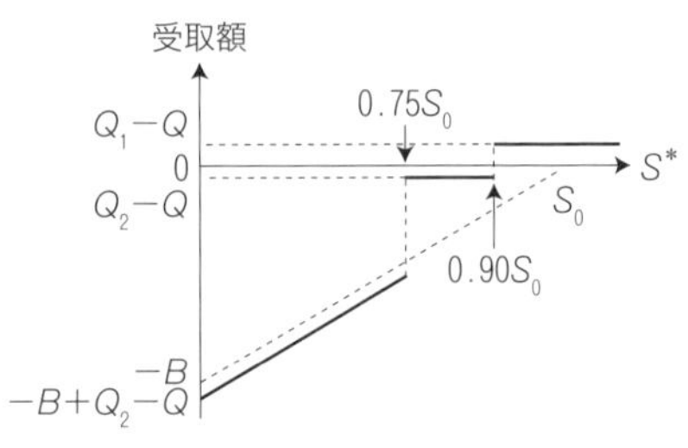

図表9－3　デジタルオプション

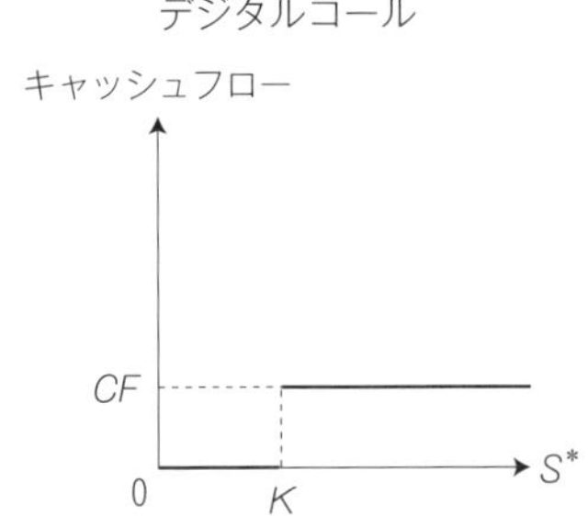

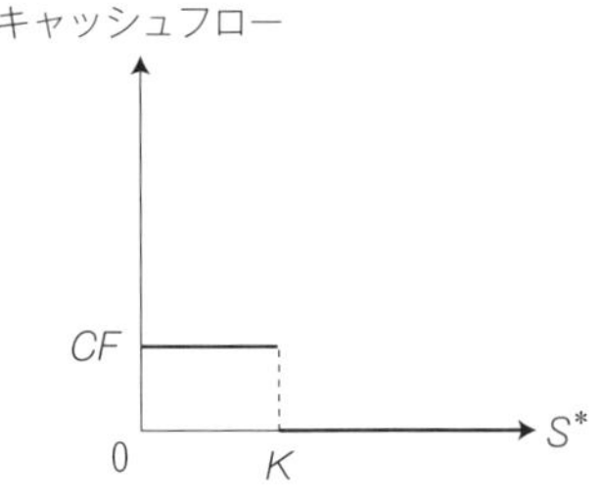

債の仕組部分の損益を導ける。

図表9－2(b)より、日経平均リンク債には複数のオプションが組み込まれていることがわかる。

1つはデジタルオプション[2]であり、バイナリーオプション[3]とも呼ばれる。デジタルオプションでは行使価格を超えると定額（あるいは定率）のペイオフが発生する。この商品では日経平均株価を参照価格とするキャッシュデジタル（あるいは、単に「デジタル」）と呼ばれるオプションが組み込まれている。

図表9－3はデジタルオプション（ロング）の基本的なペイオフを示している。CFはキャッシュフローを示している。デジタルオプションにも、満期の参照価格S^*が行使価格Kを超えると一定のキャッシュフローが発生するコールと、行使価格を下回ると一定のキャッシュフローが発生するプットがある。ショートのペイオフは横軸を挟んで上下対称となる。

2　digital option

3　binary option

もう1つはバリアオプション[4]である。バリアオプションは、参照価格（日経平均リンク債の場合には日経平均株価）が満期前に「バリア」と呼ばれる特定の水準に到達すると、あらかじめ定めたオプションの権利が発生（「ノックイン（KI)」という）したり、あるいは、権利が消滅（「ノックアウト（KO)」という）したりするオプションである。権利が発生する条件をKI条件、権利が消滅する条件をKO条件といい、権利が発生する境界値をKIバリア、権利が消滅する境界値をKOバリアという。さらに、参照価格が上昇してKI（KO）するオプションをアップ&イン（アップ&アウト）オプション、参照価格が下落してKI（KO）するオプションをダウン&イン（ダウン&アウト）オプションという。

デジタルオプションやバリアオプションは、これまで説明してきた標準的なオプションとは異なり、エキゾチックオプション[5]と呼ばれ、特殊な条件のついたオプションの一種である。

仕組部分は、図表9－4に示されるとおり、たとえば3つのオプションに分解でき

図表9－4　日経平均リンク債の仕組部分の分解

仕組部分（図表9－2(b)再掲）

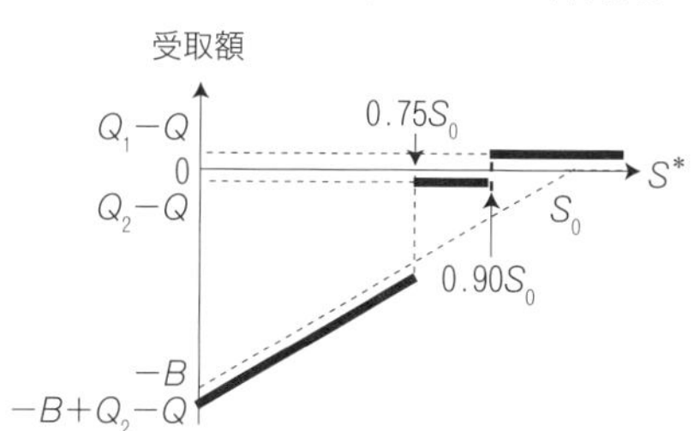

(a)　デジタルコールのロング

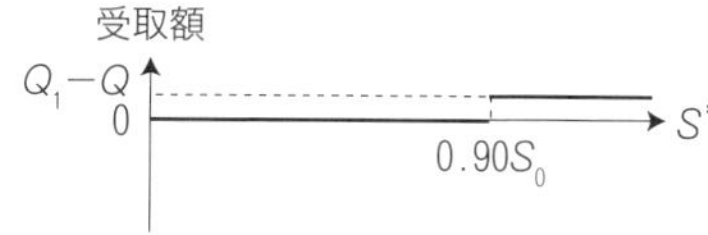

(b)　デジタルプットのショート

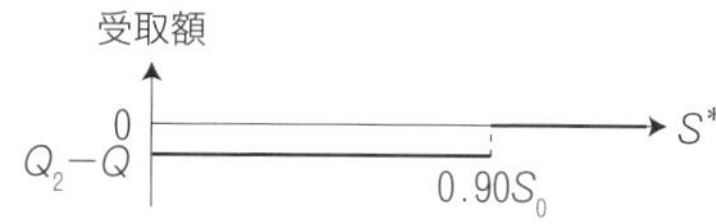

(c)　ダウン&インプットのショート

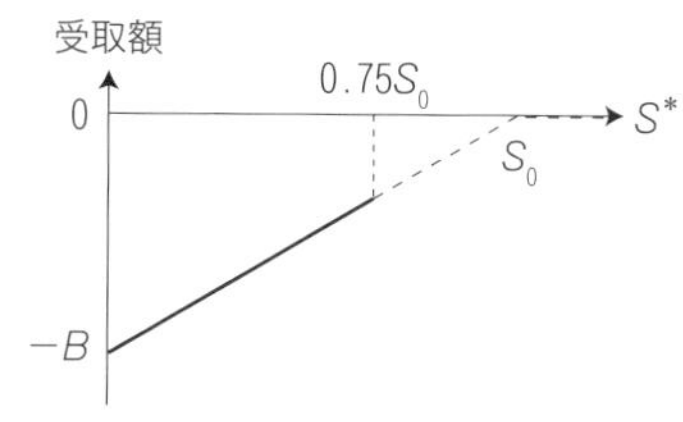

4　barrier option
5　exotic option

る。第1は、行使価格が$0.90S_0$のデジタルコールのロングである。$S^* \leq 0.90S_0$では0だが、$0.90S_0 < S^*$では$Q_1 - Q$（＞0）のペイオフが発生する。第2は、デジタルコールと同一行使価格（$0.90S_0$）のデジタルプットのショートである。ショートなので上下が逆さになり、$0.90S_0 < S^*$では0だが、$S^* \leq 0.90S_0$では$Q_2 - Q$（＜0）のペイオフが発生する。第3は、行使価格は当初の日経平均株価S_0、日経平均株価がKIバリアの$0.75S_0$を超えて下落するとKI条件が発動して比例的に元本が減額されるダウン&イン・プットのショートである。ただし、ここでは1期間モデルを想定しているため、満期の参照価格（S^*）でKI条件が判定される。また、このプットでは、ペイオフの傾きが45度ではなく、通常「レシオ」と呼ばれるものである。

こうして、この日経平均リンク債には、原債券のほかに3つのオプションが組み込まれており、そのうち2つがショートであることから、高クーポンは、デジタルプットとダウン&イン・プットのショートによってもたらされていることがわかる。これらのプットの満期におけるペイオフの期待値が高いほど、デジタルコールから得られるクーポンの増加分を高くできる。逆に、日経平均株価が下落してショートしているオプションがITMで満期を迎えた場合には、受取額が大幅に目減りするリスクを伴っている。

この例では説明の便宜上、クーポン支払を1回だけの1期物ヨーロピアンとしたが、実際に販売されている日経平均リンク債では償還までにクーポンが複数回支払われる。しかし、一般的な日経平均リンク債には、日経平均株価が一定水準を超えて上昇すると期限前償還されるアップ&アウト条件がついており、このため、早いタイミングで期限前償還されてしまい、クーポンの受取回数は減少して、クーポン総額は少なくなりやすい。実際のKOバリアは、当初水準を少しだけ上回る水準（たとえば$1.05S_0$など）に設定されていることが多い。このKOバリアを低めに設定することで、投資家が高クーポンを受け取れる機会は限定され、発行者が大きな負担をする可能性は少なくなる。

長引く低金利環境を背景に、日経平均リンク債は、長期元本保証型の高金利商品であることを甘味剤として、その類似商品が多数売り出された。しかしながら、上述のとおり、日経平均リンク債は、日経平均株価が下落してKI条件が発動した場合には、クーポンが減額されたり、元本が毀損したりする商品であることに留意が必要である。プットプレミアムの価値を高めるために、KIバリアをできるだけ低位に抑えつつ、満期までの年限は長期に設定されていることが多い。長期間のうちには日経平均株価が予想を超えた低水準になる可能性が出てくるため、ダウン&イン・プットのプレミアムが高まる。

日経平均リンク債は、ショートポジションから得られるプレミアムをクーポンの増加に充てることで、高クーポンを提示して投資家を誘うが、いったんKI条件が発動すれば大きな損失を被るリスクは避けられない。また、日経平均株価が順調であっても、期限前償還条項によって高クーポンを受け取れる機会は限定されている。

⑵ EB債

EB債[6]は、他社の株式を参照体として、参照体の株価が特定の水準を下回らないかぎりは、あらかじめ約束された高クーポンと原債券の額面を受け取れるが、下回った場合には参照体の株式に転換[1]される仕組債である。債券でありながら他社株への転換オプションが付与されていることから「他社株転換（権付）債」と呼ばれる。転換社債では原債券の保有者が同社の株式への転換オプション（コール）をロングしているのに対して、EB債では、原債券の保有者が他社の株式への転換オプション（プット）をショート（EB債の発行者がこのプットをロング）している点が異なる[2]。通常、EB債には流通市場がなく、発行者はEB債を買い戻さないため、行使された場合には逃げ場がない。

EB債は、参照体が株価指数ではなく他社株であり、償還が現金ではなく他社株で行われるなどのコアの商品性を除くと、日経平均リンク債と基本的に類似した特徴をもつ仕組商品と考えられる。したがって、前掲の日経平均リンク債に準じて共通の条件のEB債を想定することが可能であり、その場合の仕組部分の分解も基本的に同一となる。

そこで、類似した商品性をもつEB債の事例として、「他社株転換条項付円建て債券（期限前償還条項付き・デジタル型・ノックイン条項付き）対象株式：株式会社神戸製鋼所普通株式」を用いる。この債券の発行体はフィンランド地方金融公社となっており、満期まで1.5年で四半期ごとにクーポンが受け取れる。商品性の概要は以下のとおりである。

・満期に債券額面（100万円）とクーポンが償還される。
・仕組債の当初のクーポン（受取時期は満期）は7.0%だが、満期の参照体である神戸製鋼所普通株式の株価S^*が当初水準S_0の85%以下の水準にまで下落すると、クーポンは0.5%に引き下げられる。
・神戸製鋼所普通株式の株価S^*がさらに当初水準S_0の75%以下の水準にまで下落すると、「債券額面÷当初株価S_0」株の神戸製鋼所普通株式で償還される。受取額は償還時の株価S^*に比例して、$(100/S_0)\times S^*+0.5$となる。

図表9－5は、このEB債を、1期モデルに簡略化して、満期時点における神戸製

6 exchangeable bond

図表９－５　EB債

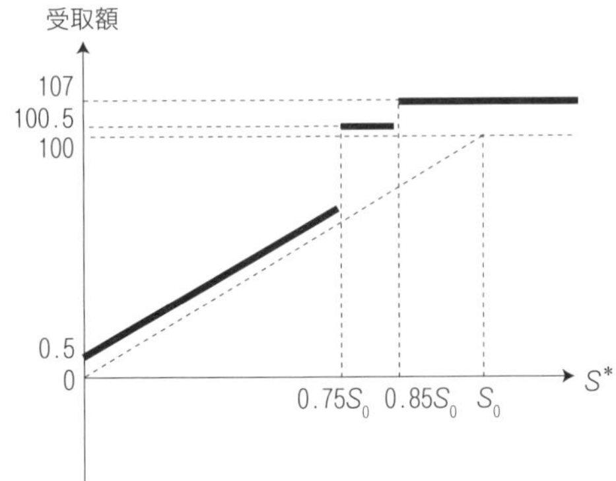

鋼所の株価S^*を横軸、受取額を縦軸として描いた損益を表している。この償還額は、図表９－１と似ており、EB債と日経平均リンク債の基本的な商品性が同じであることがわかる。

したがって、EB債も、日経平均リンク債と同様に、プットのショートが組み込まれており、そのプレミアムがクーポンの増加分に充てられている。KIバリアの水準を高くすると、KI条件の発動する可能性が高くなるので、プレミアムの水準が高くなり、その分だけEB債のクーポンレートを高くすることができる。

ノックインした場合に、日経平均リンク債の差金決済と異なり、EB債は他社株で現物決済されるというだけでなく、参照企業を任意に決められるという違いもある。発行者は、株価のボラティリティが高い企業を参照体とすることで、満期でのプットの期待値が高くなり、クーポンレートを高くすることができる。

EB債の多くにも期限前償還条項がついており、四半期ごとの株価水準に応じてアップ&アウト・オプションが組み込まれている。株価が設定されたKOバリアを超えると債券が額面で期限前償還され、投資家は高いクーポンを得る機会を失うことになる。EB債では、参照企業を東証第一部上場会社の優良企業として販売されるのが一般的である。この慣行には、参照体を有名企業にすれば、株価が安定的だと錯覚させる狙いがうかがえる。

(3)　PRDC債

PRDC債[7]は、債券のクーポンが為替レートにリンクする仕組債である。類似の比

7　powered reverse dual currency bond

較的単純な構造の仕組債として、DC債[8]やRDC債[9]がある。

DC債は、通常の外貨建て債券とは異なり、クーポンは円建てだが、元本が外貨で支払われる。このため、DC債のクーポン部分は為替リスクを伴わないが、元本部分に為替リスクが存在する。これに対して、RDC債は、クーポンは外貨建てだが、元本が円建てで支払われる。RDC債では、DC債と比べてクーポンと元本の支払通貨の関係を反対にすることで、元本価値の為替リスクを回避できるが、クーポン部分には為替リスクが生じる。

PRDC債は、クーポンが為替レートに連動して決まり、元本が円建てで支払われる点はRDC債と同様だが、クーポンを引き上げるために以下のオプションが組み込まれている点がRDC債と異なる。円高になると、クーポンが0に近づくが、円安になるとクーポンがRDC債より高くなるような設定のPRDC債が典型例である。

いま、どちらも額面が100円で、RDC債のクーポン（①）が(2)式、PRDC債のクーポン（②）が(3)式で決まるような仕組債を想定してみる。

① クーポン＝5×(為替レート/120［円/ドル］) (2)

② クーポン＝Max[15×(為替レート/120［円/ドル］)－10,0] (3)

どちらの債券も円安になるとクーポンが高くなり、円高になるとクーポンが低くなる点は同じだが、為替レートの変動に対するクーポンの変化率が大きく異なる。

為替レートが120円/ドルのときには、PRDC債のクーポンとRDC債のクーポンは5円で一致する。円安が進み、たとえば為替レートが144円/ドルになると、RDC債のクーポンは6.0円（＝5×144/120）だが、PRDC債は8.0円（＝15×144/120－10）とクーポンの増加率が高まる。一方、円高が進み96円/ドルになると、RDC債のクーポンは4.0円（＝5×96/120）だが、PRDC債は2.0円（＝15×96/120－10)）とクーポンの下落率が高まる。さらに、80円/ドルにまで円高が進行すると、RDC債のクーポンは約3.3円（＝5×80/120）だが、PRDC債のクーポンは0円（＝15×80/120－10)）になる。このように、PRDC債では、為替レートの変動に伴うクーポンの変化がRDCよりも増幅される。

図表9－6は満期時点における為替レートX^*を横軸、クーポンを縦軸として描いた損益ダイアグラムである。原債券として、クーポンが(2)式に従うRDC債を考えると、図表9－6(a)に示されるとおり、原点を通る傾き1/24の直線となり、円安になるほど高クーポンが得られる。図表9－6(b)は、クーポンが(3)式に従うPRDC債の為替レートX^*とクーポンの関係を示している。$X^* \leq 80$のときにクーポンが0円とな

8 dual currency bond

9 reverse dual currency bond

図表9－6　PRDC債のクーポン

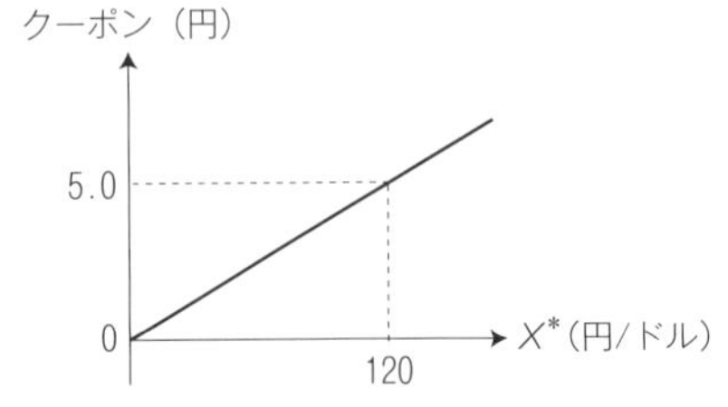

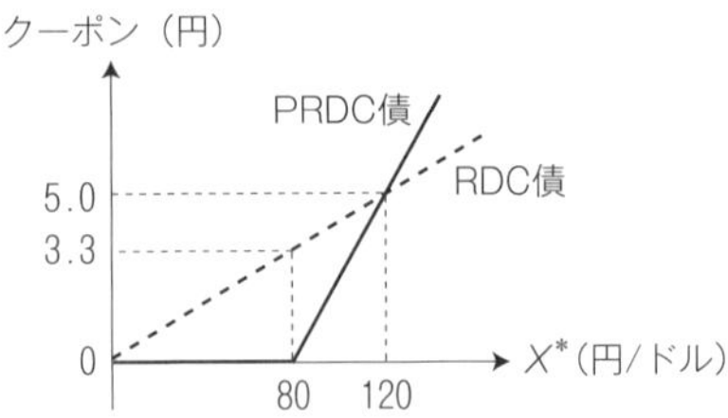

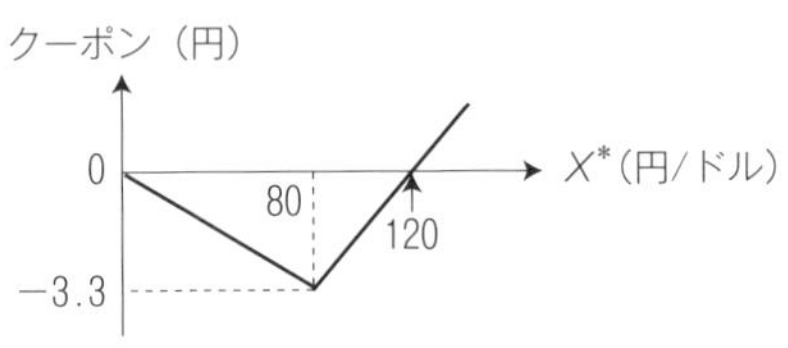

り、$X^*>80$のときに傾き1/8の直線となる。PRDC債のクーポンから原債券であるRDC債のクーポンを差し引けば、図表9－6(c)に示される仕組部分を抽出できる。

仕組部分のペイオフは、行使価格がともに80円/ドルの円プット・ドルコール（あるいは、単に「ドルコール」）のロングと円コール・ドルプット（あるいは、単に「ドルプット」）のロングを2：1の比率で組んだロングストラップのかたちに似ている。PRDC債の仕組部分は、図表9－7に示されるとおり、たとえば2つのオプションと借入に分解できる。第1は、行使価格が80円/ドル、傾き2/24のドルコール（レシオ）のロングである。このポジションでは、$X^*\leq 80$では0円だが、$80<X^*$では$-20/3+10(X^*/120)$円のクーポンが発生する。第2は、コールと同一行使価格（80円/ドル）、傾き－1/24のドルプット（レシオ）のロングである。このポジションでは、$80<X^*$では0円だが、$X^*\leq 80$では$10/3-5(X^*/120)$円のクーポンが発生する。第3は、返済額3.3円の借入である。上掲の2つの通貨オプションのプレミアムは、この借入資金によってまかなわれているとみなせる。こうして、このPRDC債は、RDC債のほかに2つのオプションと借入が組み込まれており、円安局面での高クーポンはオプションによってもたらされていることがわかる。

PRDC債には、円安になると高いクーポンを得られるという利点はあるが、為替レートに応じた期限前償還条項がついているものが多い。一定以上の円安水準、たとえば150円/ドルにまで円安が進んだ場合には期限前償還されて、当初想定していた高クーポンを得られる機会は限定的となる。

図表９－７　PRDC債の仕組部分の分解

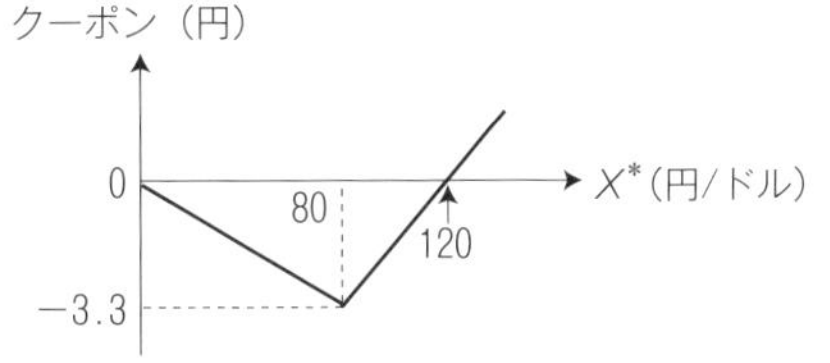

⒜　コールのロング

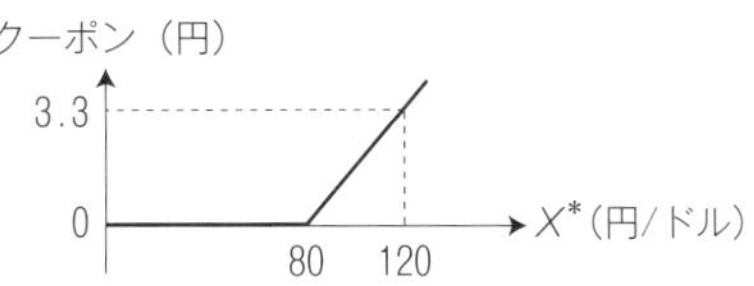

⒝　プットのロング

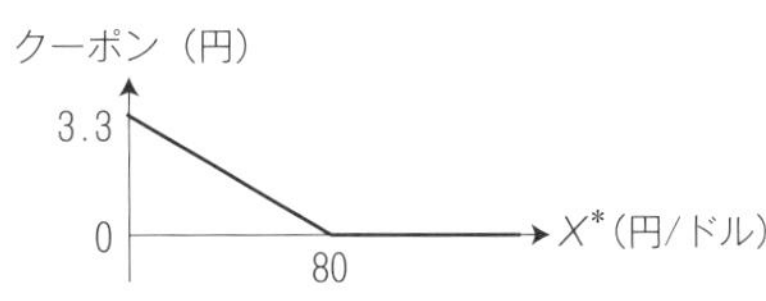

⒞　借入

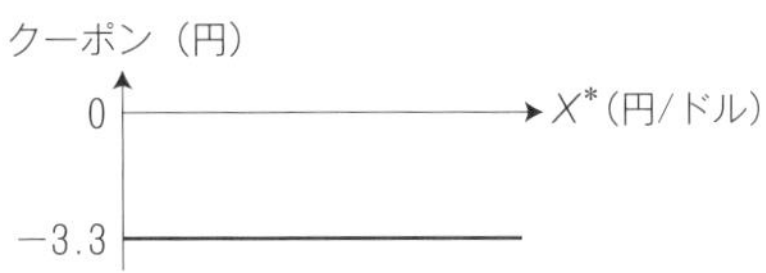

PRDC債は、外貨建てのクーポンを設定するためにクーポンスワップを組み込むことで、満期までの期間を長期化する場合が多い。その結果、円高になった場合には、債券購入者は長期間にわたって低クーポンの債券を保有し続けることを余儀なくされる。別の投資家に途中売約を考えたとしても、相対取引であるため、転売先を探すことは困難である。また、たとえ売却できたとしても大きな損失を被る結果になりやすい。

2　仕組預金・仕組ローン

銀行が提供する金融商品にも、オプションの仕組が組み込まれているものがある。仕組預金と仕組ローンが代表例である。これらの金融商品にどのようなかたちでオプション的要素が組み込まれているのか、その商品性をあきらかにする。

⑴　仕組預金

仕組預金は、仕組債における債券の代りに預金を基にした金融商品である。通常の預金よりも高い利息を実現しているが、その代り、元本割れしたり、一方的にコールされたりするなどのリスクを含んでいる。代表的な２つの仕組預金を説明する。

1つ目は、為替レートの変動によって償還額が変動するタイプの仕組（定期）預金である。「為替レート特約付定期預金」と呼ばれることもある。基になる預金は定期預金である。参照日の為替レートがあらかじめ定めた特約レートよりも円安であった場合には、高い金利がつけられて、円貨で払い戻される。一方、参照日に特約レートよりも円高であった場合には、満期に特約レートで換算された指定外貨で払い戻され、預金者は損失を被る。このタイプの仕組預金の多くは、1カ月から1年までの満期までの期間が短い商品であり、利払回数も1〜4回程度になっている。以下では、説明の便宜上、参照日を満期とする。

いま、為替レートは120円/ドルである。A氏は、高金利に魅せられて、特約レートが110円/ドルの当該仕組預金に100万円を預けたとする。同氏は、このまま円安基調が続くと考えており、110円/ドルを下回って円高になる可能性はほとんどないと予想していたと思われる。

このとき、予想どおり、満期時に特約レートである110円/ドルを超えた円安状態、たとえば120円/ドルとなった場合、当初の預入額の100万円を確保できるだけでなく、高い金利も得られる。ところが、満期の為替レートが特約レートを下回る円高状態、たとえば90円/ドルになった場合には、外貨で1,000,000/110≒9,090ドルが償還されることになる。これを円建てに転換すると、9,090×90=818,100円となるので、元本割れを起こし20万円近くの損失が生じる。

図表9－8(a)は通常の定期預金の償還額を示している。預金金利をQ、預入額（元本）をBとすると、償還額は為替レートに依存しないため$B+Q$の水準で水平となる。図表9－8(b)が当該仕組預金の償還額を示している。満期時点の為替レートX^*が特約レート（110円/ドル）を上回る（円安になる）場合には通常の定期預金よりも高い金利Q_1（$>Q$）が支払われるが、X^*が特約レートを下回る（円高になる）と、元本が為替レートに連動して減額される。この損益ダイアグラムから定期預金の償還額部分を取り除くと、仕組部分の損益ダイアグラムが導ける。

図表9－8(c)は仕組部分の損益ダイアグラムである。仕組債と同様に、行使価格が特約レートのプットのレシオをショートしたペイオフになっている。このように分解すると、仕組預金にプットのショートが組み込まれ、預金者はプレミアム相当分だけ、高い金利を提示されていることがわかる。

2つ目は、発行体である銀行は一定の範囲内で満期を早めることができるが、預金者は満期まで中途解約できず、中途解約した場合には元本が毀損するタイプの仕組預金である。通常、複数の満期が設定されており、銀行は、この選択肢のなかから、満期を自由に決定できる。満期が長くなれば金利条件は高まることから、銀行には基本的に満期を繰り上げるインセンティブがある。このとき、銀行は満期を繰り上げるオ

図表9－8　仕組預金

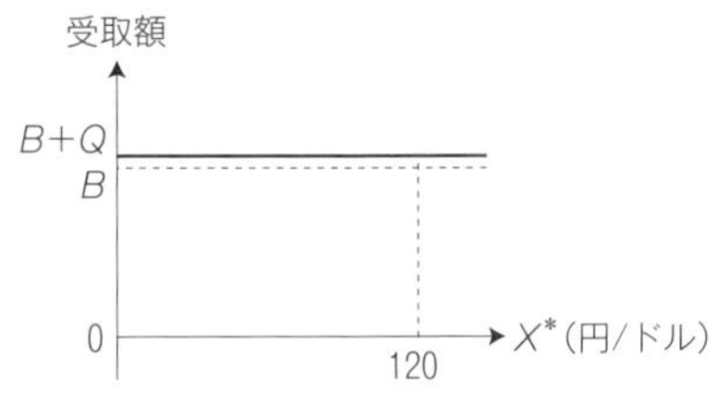

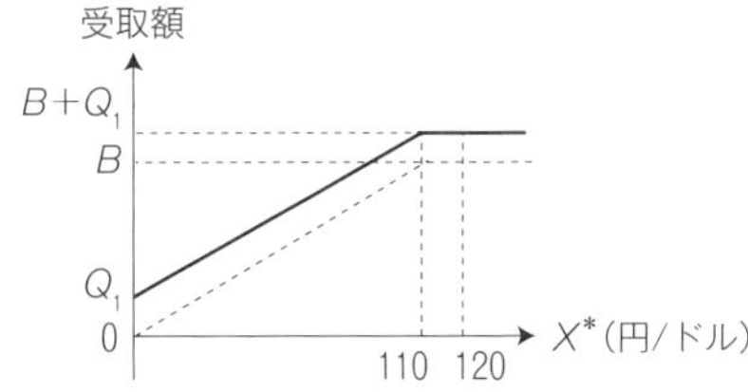

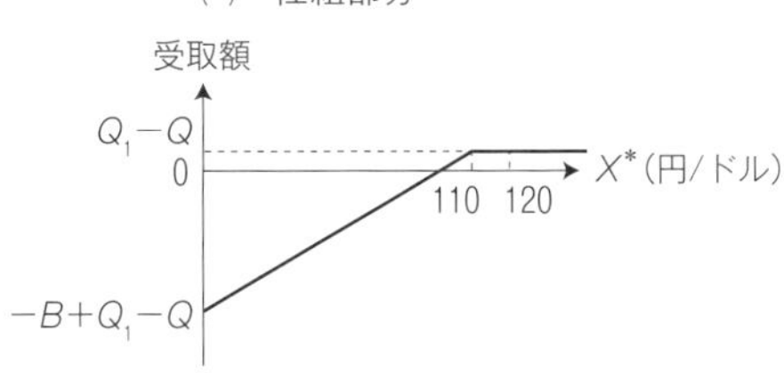

プション（「コーラブルオプション」という）を保有していることになる。預金者は銀行に対してこのオプションをショートすることで、そのプレミアムを充当した高金利を享受できる。この仕組預金はコーラブル定期預金とも呼ばれる。

たとえば、100万円をコーラブル定期預金に預けたとする。市場金利が上昇した場合には、銀行は金利の実質的な負担減となるので満期を繰り上げることはせず、当初の満期のままとするが、市場金利が下落した場合には、銀行は金利の実質的な負担増となるので満期を繰り上げて預金を払い戻すことになる。

どちらの仕組預金も、預金者にオプションをショートさせ、その受取プレミアムから利息の追加分を生み出しているといえる。重要な違いは、前者では元本割れするリスクがあるのに対して、後者にはないことである。

(2)　仕組ローン

仕組ローンは、銀行の提供するローン契約にオプションの仕組を組み込んだもので、リスクマネジメント型の仕組商品に分類される。金利に上限を設定するキャップローン、短期金利が上昇すると利息支払が軽減されるリバースフローターローン、通貨オプションを組み込んだローンなどがある。わが国では貿易を行う企業が多いことから、為替リスクのマネジメントを目的として通貨オプションを組み込んだ仕組ローンの例を示す。

ある輸入企業が、ドル建て貿易取引の決済に備えて、毎年期首に、銀行から外貨で

10万ドルの借入を今後10年間にわたって受けたいと考えている。この場合、通常の円貨での取引と異なり、ドル貨でのローンとなるので、銀行には為替リスクの負担が生じる。そのようなとき、銀行は、顧客企業との間で10万ドルのドル売り先渡（フォワード）取引を行うことで為替リスクを回避してきたが、その際のフォワードプレミアムの負担を重荷に感じて躊躇する借手が多く、障害となることが少なくなかった。そこで登場したのが､以下で紹介するレバレッジ型のゼロコストオプション[10]である。

まず、同一行使価格のプットのショートとコールのロングを合成することでフォワードを複製する。このような複数のオプションの合成によるフォワードの複製をシンセティックフォワード[11]という。

シンセティックフォワードを基礎として、さらに借入企業が本来負担すべき為替リスクプレミアムを０、すなわちゼロコストとするために、いろいろな仕組が考えられるが、以下の事例では２つが採用されている。

まず、ショートポジションのレシオを高めて期待損失を増量している。フォワードであったら負担するプレミアムとちょうど相殺するように、プットのショートを増量して、行使価格も調整する[3]。このように合成するとたしかにゼロコストにしやすくなることから、輸入企業はこれを歓迎しがちだが、実は損失のほうにレバレッジがかかり、機会損失は増加している。このような戦略はレバレッジ型と呼ばれる。

さらに、この相殺効果をより効率化するために、円安のときはレシオが逓減して返済額の減少が逓減し、円高のときはレシオが逓増して返済額の増加が逓増するような仕組を加えている。これはコンベックス型と呼ばれる。

いま、当該輸入企業は、毎年期首に、10万ドルの外貨で借入を行い、期末に円貨で元利金を返済する貸借契約を10年間にわたってパッケージで銀行との間で結ぶものとし、借入企業は満期まで解約することができないものとする。ただし、契約時点の為替レートは120円/ドルである。

銀行は、３年目までについては、企業にとって有利な返済条件をあらかじめ具体的でかつ固定した内容で提供するが、その代り、４年目以降は、為替レートに応じて返済額が変わる条件設定を行うものとする。借入条件の決定方法はあらかじめ提示されるが、具体的な内容は、毎年期首においてその時点のフォワードレートに応じて更新されるため、その１年間は条件についての不確実性はないが、当初の契約時点では不確実である。フォワードレートは、各借入時点で成立する返済時点の為替レートであり、将来の為替レートに関する市場の期待を反映して決定される。以下では、簡単化

10　zero cost option

11　synthetic forward

のため金利は0とし、各時点のフォワードレートとスポットレートが一致しているとする[4]。

当初3年間は、返済時の為替レートとして、1ドル当り90円（毎年の返済金額は、10万ドル×90円/ドル＝900万円）という企業にとって有利な条件が設定されていたものとする。90円/ドルという水準は契約時点の為替レートよりも大幅な円高水準であるため、3年間は返済（円貨）額が軽減される可能性が高い。すなわち、企業は為替レートが90円/ドルより円安な水準で期末を迎えた場合には、差額分だけ為替差益を享受できることを意味する。しかしその一方で、銀行は為替差損を被るリスクを負担しており、これを4年目以降に回収できるように仕組まれることになる。

その後の4～10年目は、フォワードレートFが110円/ドル以上（より円安）の場合と110円/ドル未満（より円高）の場合に区分され、それぞれの場合で、すでに示したとおり、レバレッジとコンベックスの仕組が組み込まれているため、借入（外貨）額と返済（円貨）額が異なる。

具体的には、$F \geqq 110$円/ドルの円安水準のときには、企業は、期首に銀行から10万ドルの借入を受け、期末に10万ドル×110円/ドル×（110/F）の円貨額を返済する。これに対して、$F < 110$円/ドルの円高水準のときには、企業は、期首に銀行から2倍の20万ドルの借入を受け、期末に20万ドル×110×（110/F）の円貨額を返済するものとする。

この設定ではコンベックスの係数が（110/F）なので、フォワードレートが110円/ドルより円安ならば1より小さくなり、企業の返済（円貨）額の減少は逓減するが、この水準よりも円高ならば1より大きくなって返済（円貨）額の増加は逓増する。さらに、110円を境に借入額が2倍（20万ドル）になる増量オプションが追加されているため、円高ならば2倍の為替差損を被ることになる。

この4年目以降の年間の返済額を図表9－9(a)に示した。図表9－9(a)は、企業が10万ドルの借入を受けて、その時点のフォワードレートを決済レートとした返済（円貨）額と、20万ドルの借入を受けて、その時点のフォワードレートを決済レートとした返済（円貨）額を示している。ただし、仕組ローンの仕掛けにあわせて110円/ドルを境に破線としている。円高になるとその分だけ返済（円貨）額が減少し、円安になるとその分返済（円貨）額が増加する。

図表9－9(b)は、この仕組ローン契約に基づく借入企業の返済額を表している。フォワードレートが110円/ドルより円安のときには、10万ドルの借入を受けて、10万ドル×110円/ドル×(110/F）の円貨を返済する。たとえばF＝130円/ドルのとき、借入（円貨）額の10万ドル×130円/ドル＝1,300万円に対して、返済（円貨）額は10万ドル×110円/ドル×(110/130)≒931万円となり、企業は割安な条件でドル資金をファ

図表9－9　仕組ローン（4年目以降）

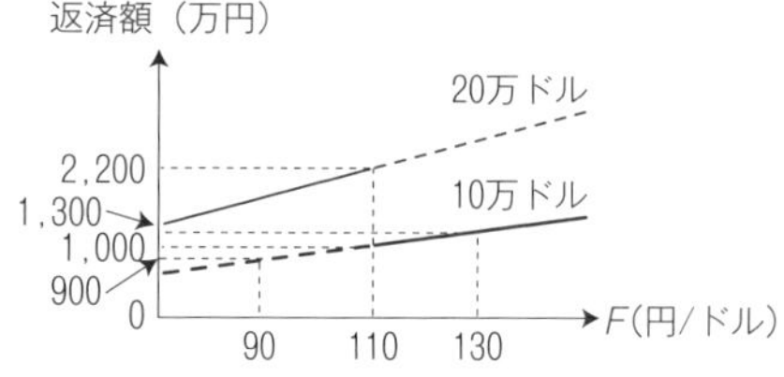

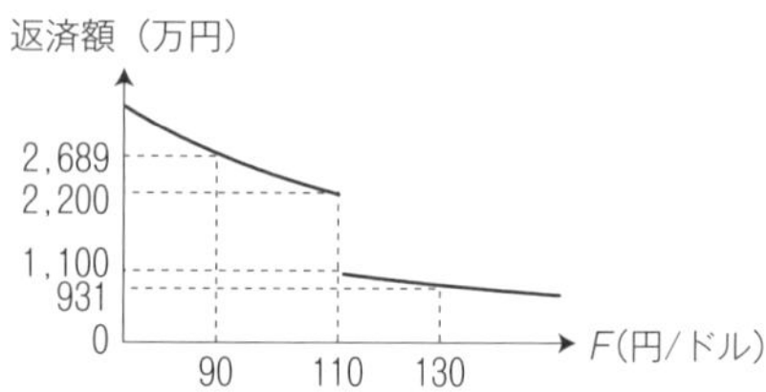

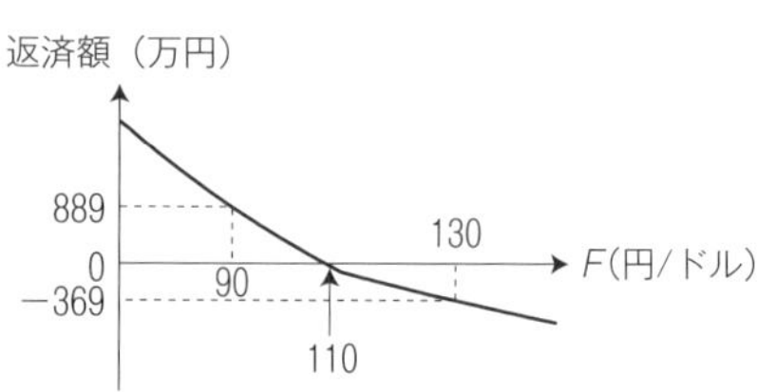

イナンスできたことになる。

しかし、110円/ドルより円高のときには、2倍（20万ドル）の借入を受けるうえ、20万ドル×110円/ドル×(110/F）に基づく円貨を返済することとなる。たとえばF=90円/ドルのとき、借入（円貨）額の20万ドル×90円/ドル＝1,800万円に対して、返済（円貨）額は20万ドル×110円/ドル×(110/90)≒2,689万円となり、企業は割高な条件でドル資金をファイナンスしたことになる。この返済額(b)から110円/ドルより円高の場合は20万ドルに増量した返済額(a)を取り除くと、仕組部分の返済額が導ける。

図表9－9(c)は仕組部分の返済額である。ただし、縦軸を返済額（キャッシュアウト）としているため、通常の損益ダイアグラムと上下反対にみる必要がある。円高になると借入額が10万ドルから2倍（20万ドル）に増加した結果、円安になったときの返済額の軽減に比べて円高になったときの返済額の増加が拡大している。仕組部分は、すでに述べたとおり、ショート部分でのレシオによる増量オプションとコンベックスが付与されたレバレッジ型ゼロコストシンセティックオプションである。図表9－9から以下の特徴が確認できる。まず基本は、行使価格110円/ドルで2倍に増量されたプットのショートと同一行使価格のコールのロングから構成されている。一般的なコールやプットの損益ダイアグラムと異なるのは、原点に対して凸（コンベックス）の曲線になっている点であり、これをコンベックス型と呼んでいる。

このように分解すると、この仕組ローンは、単に4～10年目にフォワード取引をパッケージで契約する場合の返済額に比べて、4年目以降円高になった場合には、ショートポジションから巨額の損失が発生する仕組になっていることがわかる。このショートポジションのプレミアムが、円安時の為替差益を拡大するコールオプションのプレミアムや、3年目までの為替差益の原資に充当されているものと考えられる。

仕組ローンでは、通常、銀行にとって有利な条件が追加されている。すなわち、少しでも円安になって不利になった場合に、金融機関が契約を解除できるKO条件が組み込まれていることが多く、4年目以降、企業が割安にファイナンスできる可能性は限定される。たとえば、130円/ドルのKOバリアが設定されている場合、返済（円貨）額の上限は10万ドル×110円/ドル×(110÷130)≒931万円となり、為替差益は369万円に限定されるが、円高になったときの差損には限界がない。

3 係争案件

投資家が損失を被り、取引に問題があると考えた場合には、裁判外紛争解決手続（金融ADR[12]）の申立てや訴訟を起こすことができる。ADRの件数は、全国銀行協会が紛争解決機関としているものだけに限定しても2011年度から2017年度までの間に3,940件（年平均563件）となっている。申立て後に和解できず、損害賠償請求訴訟にまで至る案件も一定数ある。TKCローライブラリーによると、2011～17年の仕組債関連の訴訟案件数は、166件であった。銀行を相手方とする仕組ローン関連の紛争案件数も多いが、ADRによる示談で解決される案件が大半で、訴訟にまで至るケースはほとんどみられない。

主な争点は、適合性原則違反と説明義務違反である。適合性原則違反は販売者が投資家の特性（知識、経験および財産の状況等）に応じた適切な金融商品の勧誘を行っていなかったというもの、説明義務違反は販売者が投資家に商品の内容を十分に説明していなかったというものである。仕組物商品関連の係争案件では、商品の仕組自体に問題が存在するものと考えられる場合も少なくない。ところが、裁判の多くでは、商品の仕組が問題とされることも、適合性原則違反が認められることも少なく、説明義務違反だけが判決理由となっている。すなわち、仕組物の販売者である金融機関が、仕組債のリスクの説明を顧客に対して十分に行ったかどうかだけが争点となるケースが多い。ただし、原告側にも一定程度の責任が存在するという判断のもとで、上記の166件のうち、最高裁判決11件を含む61件で、賠償額の過失相殺が行われている。すなわち、投資家の請求が一部認容、つまり、全額ではなく一部の損害賠償だけが認められた。

---

12 alternative dispute resolution

以下では典型的な判例を取り上げ、仕組債がどのようなリスクをもっているのかを確認する。

(1) 日経平均リンク債

外貨建て仕組債の日経平均リンク債を約424万円で購入した60歳代の投資家が、証券会社を相手に損害賠償請求した訴訟案件である[5]。投資家は、違法な勧誘行為による購入であるとして、購入代金を損害賠償請求した。裁判では説明義務違反が認められたが、請求額の５割が原告の過失として相殺され、弁護士費用を含めて約225万円の支払を証券会社に命じる判決が2013年に出された。

問題の仕組債は、「スウェーデン輸出信用銀行期限前償還条項付日経平均株価リンクデジタルクーポン債券」である。この仕組債の原債券は、スウェーデン輸出信用銀行による2007年５月発行のドル建て10年満期債券であり、年４回のクーポンが支払われる。この銀行はスウェーデンの輸出金融を独占する公社で高格付なことから、仕組債までもが安全な商品にみられやすい。この仕組債は商品性として３つの特徴を組み込んでいた。

１つ目の特徴は、日経平均株価が当初の103%（１万8,412.02円）以上になると、期限前でも額面で償還されるというものである。これによって、投資家は高クーポンを獲得する機会を失うことになる。

２つ目の特徴は、クーポンレートは当初年率8.5%だが、３カ月経過後は３カ月ごとの日経平均株価にリンクし、株価水準が当初価格（１万7,875.75円）の80%（１万4,300.60円）以下になると、それ以後はクーポンレートが年率0.1%に大幅ダウンするというものであった。

３つ目の特徴は、日経平均株価が満期までの間に一度でも当初株価の56%（１万10.42円）以下になると、償還額は日経平均株価の騰落率に連動して減少するというものである。これによって、投資家は元本を大きく毀損するリスクがある。

つまり、この仕組債は、日経平均株価が一定範囲にあるうちは有利な条件を享受できるが、日経平均株価が一定水準以下に下落すると当初の高クーポンや元本が受け取れなくなり、逆に、一定水準以上に日経平均株価が上昇した場合には期限前償還されてしまうという性質の金融商品だったのである。

図表９－10は、この３つの特徴を整理したものである。投資家が当初に期待していた高クーポンを満期まで受け取ったうえ、額面を償還してもらえるのは、満期までの間、日経平均株価が当初の80%から103%の間で推移した場合のみである。株価が103%の水準以上に上昇した場合は期限前償還となる。株価が80%の水準以下に下落した場合はクーポンが桁違いに低下し、56%以下の水準まで下落すると償還額も減額

図表９－10　日経平均リンク債の仕組

<table>
<tr><th>日経平均株価</th><th>クーポン</th><th>償還日</th><th>償還額</th></tr>
<tr><td>103%以上</td><td>—</td><td>期限前償還</td><td rowspan="3">額　面</td></tr>
<tr><td>80～103%</td><td>8.50%</td><td rowspan="3">満期償還</td></tr>
<tr><td>56～80%</td><td rowspan="2">0.10%</td></tr>
<tr><td>56%以下</td><td>日経平均に連動した金額</td></tr>
</table>

される。したがって、この仕組債は、原債券が高格付なので投資家を錯覚させがちだが、決してリスクの低い商品とはいえないものであった。

実際に、年率8.5%の高クーポンが支払われたのは、2007年５月に発行後、同年12月までの数カ月間だけであった。2008年１月以降は年率0.1%の低クーポン支払となり、さらに、2008年10月にはリーマンショックの影響で日経平均株価が56%以下になり、償還額が日経平均株価に連動して下落した。訴訟当時の2013年４月時点で、日経平均株価は１万3,316.48円であり、償還額は額面の74%にまで低下していた。

この仕組債は、利率、元本償還時期および償還額等の決定方法が比較的単純であり、関係する指標も円／ドルの為替レートおよび日経平均株価のみであるとの理由から、投資家にとって理解困難な商品とは認められず、適合性原則違反とは判断されていない。最終的に説明が十分であったかどうかだけが争点として残された。この商品を販売した証券会社は、価格変動リスク、為替変動リスク、利率変動リスクや期限前償還リスクについて具体的数値を挙げて説明したと主張したが認められず、説明義務違反が適用された。

(2) EB債

EB債を約１億円購入し、約2,200万円の損失を被った60歳代の投資家が、証券会社を相手に損害賠償請求した訴訟案件である[6]。裁判では説明義務違反が認められたが、６割が過失相殺され、弁護士費用を含めて約900万円の支払が証券会社に命じられた。

問題の仕組債は、「スウェーデン輸出信用銀行円建て他社株式転換特約付債券（ソニー普通株式転換特約付き）」である。この仕組債は商品性として３つの特徴を組み込んでいた。

１つ目の特徴は、当初のクーポンレートは年率９%と高いが、ソニーの株価が転換価格の100%から105%の場合は14%、105%から110%の場合は29%、110%以上の場合は31%（すべて年率）となるなど、クーポンレートがソニーの株価とリンクして、破格な高水準となる可能性がある点である。

２つ目の特徴は、ソニーの株価が転換価格である１万2,600円を下回ると、満期に原債券の額面金額ではなく、ソニーの株式で償還される点である。受け渡される株数は転換株価で換算して計算されるので、実質的にソニーの株価にリンクした金額で償還されることを意味する。

３つ目の特徴は、満期までの期間が短い点である。この債券は2000年４月に販売され、満期の同年10月に償還される６カ月満期の商品となっており、クーポンの受取は１回のみとなっている。

このEB債は、ソニー株の株価水準次第で、高いクーポンが得られることもあるが、大きく損失を被ることもある。ソニーの株価を参照するギャンブルのような金融商品である。

図表９－11は３つの特徴を整理したものである。ソニーの株価が上昇したときは高クーポンを享受できるが、ソニーの株価が転換価格の１万2,600円を下回ると、下落したソニー株を受け取り、償還額は減少する。したがって、この金融商品も、原債券は高格付だが、EB債自体は決してリスクの低い商品とはいえないものであった。

原告は、2000年４月にこの仕組債を購入し、その後、株価が下落し、10月に4.5％のクーポンとソニーの株式で償還を受けた。10月末時点のソニーの株価は9,570円であったため、償還額は額面の約76％（＝9,570/12,600）に相当し、償還額のみでみると、約2,400万円もの大きな損失を被ったことになる。

判決は、ソニーの株価が転換価格以下になり、EB債がソニー株で償還され、元本割れするリスクがあり、そのリスクの対価として高クーポンになっているという説明が十分に行われたとは認められず、説明義務違反となった。判決文では、EB債が社債とプットのショートを組み合わせた商品であることから、元本割れの危険があり、その商品構造も複雑な点については言及があった。しかしながら、原告が保険商品の開発業務等に従事していたことや長年証券取引をしていたなどの事情から、あきらかに過大な危険を伴う取引を勧誘したとは認められず、適合性原則違反とはされなかった。

図表９－11　EB債の仕組

ソニーの株価	クーポン収入	償　還
110％以上	31％	額　面
105～110％	29％	
100～105％	14％	
100％（12,600円）以下	９％	ソニー株

⑶ 仕組ローン

仕組ローン契約を締結した企業が、契約先の投資銀行に損害賠償請求をした訴訟案件である[7]。この企業は輸入債務を抱えており、2007年に投資銀行と10年間の仕組ローン契約を結んだ。その後、サブプライムローン問題によって円高が急激に進行し、数億円単位の担保の追加を要求された。2008年にリーマンショックが発生し、さらに円高が進み、企業は23.5億円の解約清算金を支払って解約した。原告の企業は、この取引に関して、適合性原則違反、説明義務違反、公序良俗違反を根拠に、約26億円の損害賠償を請求した。2012年東京地裁の判決では、企業の過失を７割とし、損害額の３割の賠償を認めた。

この仕組ローンは商品性として２つの特徴を組み込んでいた。

１つ目の特徴は、契約時点では120円/ドルだが、10年契約のうち当初３年間は毎月１ドル当り60円（10万ドル×60円＝600万円）を返済することで、金融機関から10万ドルの外貨での借入を受けられるという有利な条件がついているが、４年目以降は、金融機関からの借入額や返済額が為替レートによって変動することとされていた。

すなわち、４年目以降については、①フォワードレートFが94円/ドル以上のときには、企業は金融機関から毎月10万ドルの借入を受け、10万ドル×94×(94/F）の円貨額を返済、②フォワードレートが64円/ドル以上、94円/ドル未満のときには、企業は金融機関から毎月20万ドルの外貨での借入を受け、20万ドル×94×(94/F）の円貨額を返済、③フォワードレートが64円/ドル未満のときには、企業は金融機関から毎月30万ドルの外貨での借入を受け、毎月30万ドル×94×(94/F）の円貨額を返済、という条件が設定されていた。

図表９－12は、４年目以降におけるフォワードレートFと企業の返済額の関係を示している。フォワードレートが94円/ドルより円高になると、借入額と返済額が当初の10万ドルの２倍になる。たとえば、75円/ドルでは、借入額は1,500万円（＝20万ドル×75円/ドル)、返済額は2,356万円（＝20万ドル×94×(94/75)）となり、負担が増加する。さらに64円/ドルより円高になると、借入額は当初の３倍の30万ドルになる。たとえば、50円/ドルでは、借入額は1,500万円（＝30万ドル×50円/ドル）で同一にもかかわらず、返済額は5,302万円（＝30万ドル×94×(94/50)）となり、さらに大きな負担となる。返済額と借入額の差が純返済額である。フォワードレートが94円/ドルより円安水準では純返済額はマイナスであるが、94円/ドルより円高になると、円高が進行すればするほど、純返済額が急増する仕組であった。

２つ目の特徴は、フォワードレートが４年目に110円/ドル、５年目に105円/ドル、６年目に100円/ドル、７年目以降に95円/ドル以上になると、取引が解除されるKO条件がついていた点である。

図表9－12　仕組ローン（4年目以降）

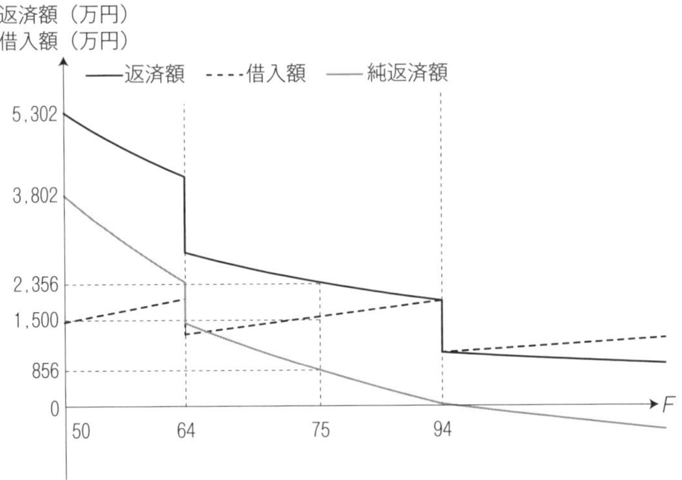

3年間、返済額が60円/ドルの為替レートで設定されていたことは魅力的だが、7年目以降は、94～95円/ドルというきわめて限定された為替レートの水準でしか企業にとって有利な状況とはならない。プットのショートに伴うプレミアム収入が企業に3年目までの魅力的な返済条件に充当され、その後、為替レートが円高になった場合には、金融機関側に有利な状況が生じる仕組であった。

(4)　仕組物商品のリスク

以上、日経平均リンク債、EB債、仕組ローンに関する3つの係争案件からも、仕組物商品の構造がかなり複雑で理解がむずかしく、KI条件が発動して損失を被るリスクを契約者が十分に認識していない可能性が懸念される。

仕組債に共通する特徴は、クーポンを魅力的にするためにオプションのショートを組み込み、プレミアム収入をクーポンに充てることで、高クーポンを生む構造となっていることである。仕組債は、一般的な債券より高クーポンを提示しているという点で一見魅力的な商品だが、償還額の減少というリスクを含んでいるうえ、期限前償還条項があるために高クーポンを短期間しか受けられない可能性が高い。特に、オプションのショートを組み込んだ商品では、権利が行使され、損失を受ける可能性や潜在的損失額がどれくらいあるかを理解しておくことが不可欠である。

一方、仕組ローンについては、当初数年間は有利な返済条件がつけられており魅力的だが、その後は、為替レートの変動に伴って、高額の返済を求められる可能性がある点に十分留意する必要がある。

4 仕組物商品の落し穴

仕組債、仕組預金、仕組ローンは、多くの金融機関で販売されているが、前節で示したように、訴訟問題にまで発展するケースが少なくない。たとえば仕組債では、投資家が「高クーポン」や「元本保証」のキャッチフレーズに踊らされているのかもしれない。訴訟案件が後を絶たない事実は、説明が十分か否かの問題以前に、商品性自体にも問題があることを示唆している。

(1) KI条件と期限前償還条項（KO条件）

仕組債は、高利回りを提供するために、プットオプションのショートを組み込んでプレミアム収入を稼ぎ、その資金で高クーポンを達成している。同時に、KI条件やKO条件を組み込み、これらの条件が発動されると、クーポンの低下や期限前償還が起こることで、高クーポンが長続きしないような工夫もしている。

期限前償還は、発行体が仕組債を額面で払い戻す権利を有していることを意味するので、行使価格が額面のアメリカンコールとみなすことができる。日経平均株価がKOバリアにかかると仕組債は期限前償還され、投資家は高クーポンを得る機会を失う。したがって、期限前償還条項がある場合、バリア付コールのショートポジションが組み込まれているといえる。この期限前償還条項のKO条件は、発行体が高クーポンの支払を続ける負担を軽減している。

一般に、投資家は、金融商品を判断する際、心理的な落し穴にはまりやすい。たとえば、長期的にはKI条件の発動が十分に起こりえるにもかかわらず、近視眼的錯誤に陥ってノックインする可能性を過小に評価しがちである。また、「ほぼ安全」は、「絶対に安全」とは大きく異なることも認識されるべきである。たとえば、購入時点までの数年間のデータをもとにした情報を提供したとしても、満期まで長期間である金融商品の場合、直近の水準に惑わされて「まさか…」と思い込んでしまいがちであるなど非常に危険である。

KI条件が発動するリスクを過小評価した場合の影響は、レシオやギャップを組み入れている商品ではさらに大きくなる。

レシオ戦略は、コールとプットの比率を変えて組み合わせたものや、同一行使価格のオプションのロングと複数枚のショートを組み合わせたものなど、比率を変えて複数のオプションを組み合わせる戦略を指す。図表9－13(a)の仕組では、プットのショートを複数枚（この例では4枚）組み入れることで、プレミアムを増幅させている。行使価格（K=80円）の設定を変えなくても、複数枚のオプションをショートすることで、より多くのプレミアム収入（4倍のプレミアムの200円）を受け取れる。

図表９－13　KI条件の効果を高める仕組

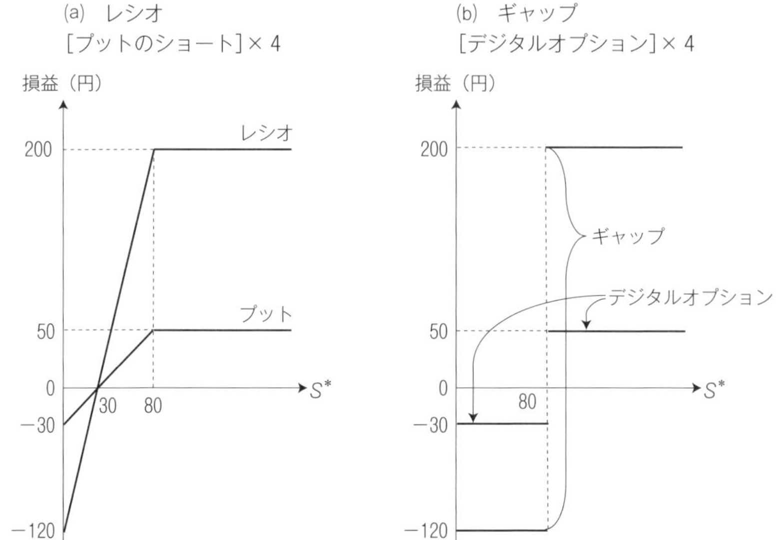

この戦略では、プレミアム収入を増やせるが、権利行使された場合の損失額も増加するという問題点がある。

デジタルオプションの発展形で、行使価格を境にペイオフが一定額（あるいは一定率）ジャンプする商品がある。図表９－13(b)のデジタルオプションでは、参照価格が行使価格（K=80円）をわずかに下回っただけで、ペイオフがマイナス（この例では－30円）になる。このデジタルオプションを複数枚（たとえば４枚）組み入れることで、より大きなプレミアム収入が生じる。このジャンプ幅をギャップという。ギャップを組むことで、利益が拡大する機会が生じるが、KI条件が発動した場合には大きな損失（この例では－120円）が発生するリスクがある。

(2) ショートポジション

仕組債では、これまで繰り返し指摘したとおり、オプションのショートポジションを組み込み、プレミアムを充当することで高クーポンを実現させている。権利行使の可能性が高いオプションのショートポジションでは、プレミアムが高くなり、より高いクーポンを実現できる。しかし、オプションのショートを組み込むと、権利行使された場合の損失発生が避けられない。前項で指摘したレシオを組み込んでいる場合は、さらに大きな損失を被る。

販売者の金融機関側は、ショートポジションのリスクをインターバンク市場などでヘッジできる。ところが、仕組債を購入した一般投資家にはリスクヘッジの手段がなく、また、流通市場がないため満期までに転売することすらもできず、リスクを受動的に受け入れるしかない。ひとたびオプションが行使されると大きな損失につながりやすい。

高いクーポン等の好条件を提示する仕組物商品には、必ずといってよいほどショートポジションが組み込まれている。一般投資家は、ショートポジションが行使された場合には損失を被ることを認識すべきである。

⑶ 仕組物商品の問題

以上みてきたように、現状では、KO条件を組み込むことで、当初提示される高クーポンを短期間しか受け取ることのできない仕組債が広まっている。投資家が、当初に提示された高クーポンを享受できるのは、参照価格が現在の水準から大幅に変動しない場合にかぎられる。見掛け上の高クーポンに誘われて仕組債を購入するのは相当なリスクテイクともいえる。

さらに、仕組債は満期前には解約できない契約になっているのが通常である。投資家はいったんKI条件が発動し低クーポンになると、商品を転売する流通市場もないため、満期までの長期にわたって不利な条件で取引を継続しなくてはならない。一方、金融機関には、期限前償還条項があるため高クーポンという負担が長期間継続することはない。仕組物は契約の時点で、投資家にとってあきらかに不利な条件となっている場合が少なくない。

このような商品性の問題があるにもかかわらず、仕組債は、高いリターンに魅せられた投資家の間で急速に広がっており、プロの機関投資家だけでなく、金融商品に慣れ親しんでいない個人や企業・団体も購入している。一般に、個人投資家は金融の専門知識が不十分で、ましてや、どのようなオプションが組み込まれているかまで理解しているとは思われない。

それ以前に、販売担当者自体が十分な知識をもっていない場合も少なくない。金融機関が仕組の複雑な商品を販売する場合でも、販売担当者がその商品の仕組とリスクを正しく認識しているのか疑問が残る。

金融機関は、商品性に関する理解が十分ではなく、万が一の場合のリスク回避能力においても劣位で、さらに、リスクヘッジ手段をもたない個人や中小法人などのいわば「素人」を相手に、予想外の損失を生む可能性のある商品を開発・販売していることの是非を金融機関は考えるべきである。金融ビジネスのプロとして、仕組物商品に組み込まれているバリアオプションやショートポジションなどのリスクの重大さを認識しなければならない。

また、これらの商品は高い手数料が確保できる好都合な商品となっていることから、金融機関には、仕組物商品にオプションを複数組み込み、商品性を過度に複雑化するインセンティブが存在する。複雑な仕組を組み込むことで見掛け上の高クーポンを実現する商品では、投資家は高クーポンの魅力に惹かれるが、その公正な価格がいくらで、どの程度の手数料が内在しているかをますます把握しにくくなっている。このような問題が含まれていることを、投資家だけでなく金融機関も理解・認識すべきである。

5　仕組債のリスク

仕組物商品がノックインする確率は短期では低くても、長期になると無視できない水準になる。本節では、一定の条件の日経平均リンク債を想定して、KI条件とKO条件が発動する確率がどれくらいあるのかをシミュレーションによってあきらかにする。

いま、①購入時のクーポンレートが年率8.5％だが、日経平均株価が当初価格の80％になるとクーポンレートが年率0.1％に低下するKI条件、②日経平均株価が当初価格の56％になると、償還額が日経平均株価の騰落率に連動するというKI条件、③日経平均株価が当初水準の103％に上昇すると償還されるKO条件が組み込まれている仕組債を想定する。また、日経平均株価の当初価格を２万円、期待収益率を年率５％とする。

これらの条件のもとで、ボラティリティが10％と20％の２通りのケースについてモンテカルロシミュレーションを1,000回行った結果を図表９－14に示した。期待値と標準偏差は、各時点の日経平均株価の期待値と標準偏差である。

まず、日経平均株価が103％以上になって期限前償還条項が発動する確率は、ボラティリティが10％の場合でも20％の場合でも、１年後にはほぼ70％となり、５年後には90％を超える。当初の103％という条件では、この仕組債が期限前償還される可能性が非常に高いことがわかる。

次に、日経平均株価が80％以下になって低クーポンとなる確率は、ボラティリティが10％の場合には、10年後でもその可能性は10％ほどだが、ボラティリティが20％になると５年後に確率が50％近くなり、低クーポンが実現する可能性も無視できないことがわかる。

さらに、日経平均株価が56％以下になり償還額が毀損する確率をみると、ボラティリティが10％の場合には、10年後もほぼ０％だが、ボラティリティが20％になると、５年後にはその確率が20％を超え、償還額が減少する可能性も無視できなくなる。

図表９－14　シミュレーション結果

ボラティリティ	年数	期待値（円）	標準偏差（円）	103%以上の確率（%）	80%以下の確率（%）	56%以下の確率（%）
10%	１年後	20,972	2,060	67.20	0.30	0.00
	２年後	22,021	3,049	83.40	2.50	0.00
	５年後	25,467	5,538	94.00	7.00	0.10
	10年後	32,837	10,469	98.10	9.60	0.40
20%	１年後	20,828	4,036	71.40	17.40	0.40
	２年後	21,870	6,120	80.20	30.60	2.90
	５年後	25,721	11,695	90.10	46.40	11.00
	10年後	32,921	23,097	94.30	56.60	20.90

ちなみに、日経平均株価のボラティリティは第７章で示したとおり大体10～30%にあるなど、20%はめずらしい数値ではない。シミュレーション結果から、この仕組債は期限前償還の可能性が非常に高く、高クーポンを短期間しか受け取れない可能性が十分にある。また、参照資産である日経平均株価の変動リスクをどの程度と認識するかによって、期限前償還や低クーポンが発動する可能性が相当程度異なっている。

高クーポンの仕組債は、オプションのショートを組み込むことでその商品性の魅力を高めている。その際、どのようなオプションが組み込まれているのかを理解し、どのようなリスクが内在しているかを認識することが何よりも重要である。高クーポンの対価としてオプションが行使された場合には、大きな損失が発生する構造となっていることを十分に認識しなければならない。

キーワード

仕組債、日経平均リンク債、EB債、PRDC債、参照日、インデックス連動債、参照体、期限前償還、原債券、デジタルオプション（バイナリーオプション）、バリア、バリアオプション、ノックイン（KI）、ノックアウト（KO）、KI条件、KO条件、KIバリア、KOバリア、アップ&イン（アップ&アウト）オプション、ダウン&イン（ダウン&アウト）オプション、エキゾチックオプション、レシオ、ギャップ、DC債、RDC債、クーポンスワップ、仕組預金、仕組ローン、為替レート特約付定期預金、コーラブルオプション、コーラブル定期預金、キャップローン、リバースフローターローン、ゼロコストオプション、シンセティックオプション、フォワードレート、裁判外紛争解決手続（金融ADR）、適合性原則違反、説明義務違反、モンテカル

ロシミュレーション

参考文献

・Hull, John, *Options, futures, and other derivatives (9th edition)*, Pearson, 2014.（ジョン・ハル『フィナンシャルエンジニアリング（第9版）―デリバティブ取引とリスク管理の総体系』金融財政事情研究会、2016年）
・大村敬一・俊野雅司『証券論』有斐閣、2014年
・藤井睦久・中村恭二『デリバティブのすべて』金融財政事情研究会、2001年
・毎日新聞「仕組債残酷物語」『週刊エコノミスト』毎日新聞出版、2012.3.6号

注

1 単元株数未満の部分については、他社株の現物交付ではなく、現金で清算される。

2 転換社債では、債券の保有者が社債を（社債と同一発行企業の）株式へ転換する権利を保有しており、コールをロングしていると考えられる（第8章の議論を参照)。これに対して、EB債では、(債券の発行者が）債券の償還額のうち元本部分を定額の額面から他社株の株価へ変換する仕組が組み込まれており、EB債の保有者の立場からみると、プットをショートしているとみなすことができる。

3 ゼロコストオプションの組成方法は、同一行使価格でロングとショートの比率調整で金額を一致させる方法と、行使価格を調整して金額を一致させる方法がある。

4 単純な金利パリティで考えると、$F=(1+r_J)/(1+r_U)\times X$となり、日本とアメリカの金利がともに0％ならば、スポットレートXとフォワードレートFは一致する。ただし、r_Jは日本の金利、r_Uはアメリカの金利とする。

5 損害賠償等請求事件（神戸地方裁判所明石支部2011年（ワ）第118号）

6 損害賠償等請求事件（大阪地方裁判所2004年（ワ）第5101号）

7 東京地方裁判所2012年9月11日判決

第 10 章

クレジットデフォルトスワップ

クレジットデリバティブの登場によって、クレジットリスクの移転・軽減がより効率的に行われるようになった。本章では、その代表的な商品であるクレジットデフォルトスワップ（CDS）に焦点を当て、その商品性がプットオプションであり、その価値をオプションのプレミアムとして評価できることを示す。最後に、CDS市場の現状を説明する。

1 クレジットリスクの移転に対するニーズとクレジットデリバティブ

与信取引では、債務不履行に陥る事象（「クレジットイベント」という）が生じる可能性を避けられない。たとえば銀行は、貸出に際して、この可能性を考慮して貸倒引当金を積むと同時に、貸出額・金利等貸出条件を決定する。ところが、元本返済や利息支払が遅滞・停止されるなど、銀行は債権を予定どおりに回収できないリスク（「クレジットリスク」という）に直面する。

これまでは銀行によって丸抱えされてきたことで意識されなかったクレジットリスクだが、不良債権の増大で銀行破綻リスクが顕在化したことを背景に、関心が高まっている。このリスクを管理するために、新BIS規制[1]（バーゼルⅡ）以降、銀行の自己資本規制が強化され、クレジットリスクの評価が精緻化された。また、クレジットリスクは銀行にとってだけの関心事ではない。そのなかには、企業間信用において債務不履行に陥るリスクや社債のクーポンや償還金の不払などのリスクも含まれる。社債を保有・運用する法人や機関投資家にとっても、そのマネジメントが重要になっている。

このようなニーズを背景に、クレジットリスクをヘッジする目的でクレジットデリバティブが開発された。クレジットデリバティブは、クレジットリスクをスワップ取引（コラム**【スワップ取引】**参照）あるいはオプション取引の形態で売買することで、クレジットイベントが顕在化した場合に生じる損失等のリスクを別の主体に移転させてヘッジ機能を果たす。

代表的なクレジットデリバティブとして、取引のリスク全体を包括的に移転しようとするトータルリターンスワップ（TRS[2]）とクレジットリスクのみを移転するクレジットデフォルトスワップ（CDS[3]）がある。以下、TRS、CDSの順番で、これらのデリバティブ取引の仕組について考えることとする。

1　Bank for International Settlements
2　total return swap（total rate of return swapとも呼ばれる）
3　credit default swap

コラム

スワップ取引

スワップ取引は、一定期間、定期的に相対でキャッシュフローを交換する契約である。代表的なものは、固定金利と変動金利での支払を交換する金利スワップ取引と、異なる通貨間、たとえばドルと円の支払を交換する通貨スワップ取引である。

図表は、固定金利と変動金利のキャッシュフローを交換するプレーンバニラ[1]の金利スワップ取引の例を示している。

いま、1億円のファイナンスを予定している2つの企業がある。資本市場を通じて直接ファイナンスする際、両企業に利用可能な金利条件は図表の下段に示されているとおりである。すなわち、企業Xの場合は、固定金利では3.0%、変動金利ではLIBOR+0.5%、企業Yの場合には固定金利では5.0%、変動金利ではLIBOR+1.5%とする。いずれの形態でも、企業Xのほうが適用される金利は低いが、固定金利では2.0%の金利差があるのに対して、変動金利では1.0%しか差がない。したがって、企業Xにとっては固定金利、企業Yにとっては変動金利のほうに比較優位があることを意味する。しかしながら、企業Xは変動金利、企業Yは固定金利でのファイナンスを希望しているものとする。

このようなときには、両企業ともに比較優位のある方法でファイナンスをしたうえで、同時にスワップ取引を行うことで、そのコストを節減できる。すなわち、まず企業Xが固定金利の3%、企業Yが変動金利のLIBOR+1.5%で資本市

図表　金利スワップ取引

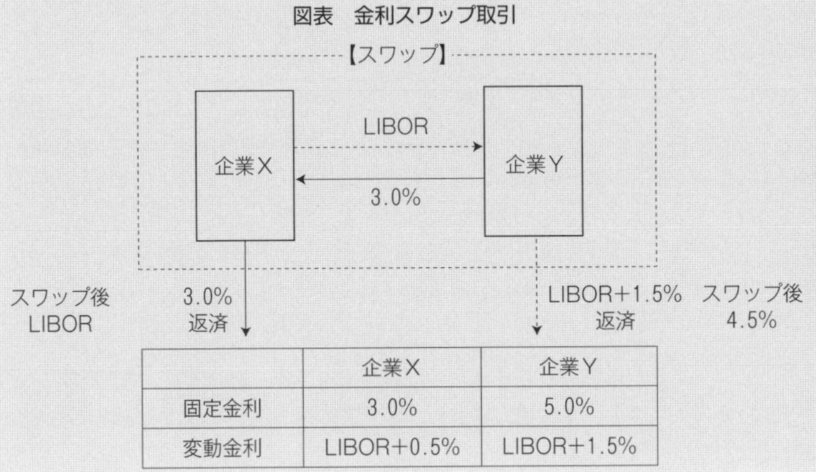

	企業X	企業Y
固定金利	3.0%	5.0%
変動金利	LIBOR+0.5%	LIBOR+1.5%

場を通じてファイナンスを行う。それと同時に、企業Xが企業YにLIBORの利息を支払い、企業Yが企業Xに3%の利息を支払うスワップ取引を行うものとする。これによって、実質的な金利負担は、企業XはLIBOR（=3.0+LIBOR−3.0）%の変動金利の支払、企業Yは4.5（=LIBOR+1.5−LIBOR+3.0）%の固定金利の支払ということになる。

スワップ取引の結果、両社の希望どおり、企業Xは固定金利から変動金利、企業Yは変動金利から固定金利に変更できただけでなく、ともに当初の（資本市場でファイナンスすると想定した場合の）借入条件より、金利負担が0.5%ずつ軽減されている。

このように、固定金利と変動金利の条件間に比較優位の差がある場合、両企業はスワップ取引を活用してともに低コストのファイナンスを達成できる。

2 トータルリターンスワップ

TRSは、基本的にはその名称のとおり、対象となっている与信の元利金や元本の評価損益などペイオフ全体を移転する契約であり、クレジットリスクだけでなく、債務契約に伴うリスク全体を移転する。

いま、銀行Aは、企業Cに固定金利での貸出を行っているが、負担するクレジットリスクが過大になることを懸念し、リスクの軽減を希望している。また、固定金利で貸出をしているが、変動金利での与信を希望しているものとする。このようなとき、銀行Aは、金融機関BとTRS契約を交わすことで、金利の種類を切り替えたうえで、クレジットリスクだけを移転できる。図表10−1はTRSの仕組を使ってクレジットリスクだけについて、そのすべてを移転する一例を示している。

通常時では、銀行Aは毎期、金融機関Bに企業Cから受け取る返済利息（固定金利）をそのまま支払い、同時に、金融機関Bから変動金利を受け取るものと想定する。このとき、通常時の取引は、固定金利と変動金利のキャッシュフローを交換する金利スワップ取引と同じような資金の流れになる。ただし、金利スワップ取引とは異なり、TRSでは、企業Cの倒産などのかたちで銀行Aに対する利息や元本の支払が滞った場合、金融機関Bには債務返済を肩代わりするという追加的な負担が生じる。

TRSによって、銀行Aは、固定金利の受取から変動金利の受取に切り替えられ、クレジットリスクを金融機関Bに移転し、その対価として（固定金利−変動金利）を支払っていることになる。この取引において、企業Cを参照体、銀行Aをペイヤー、金融機関Bをレシーバーという。

図表10－1　トータルリターンスワップの仕組

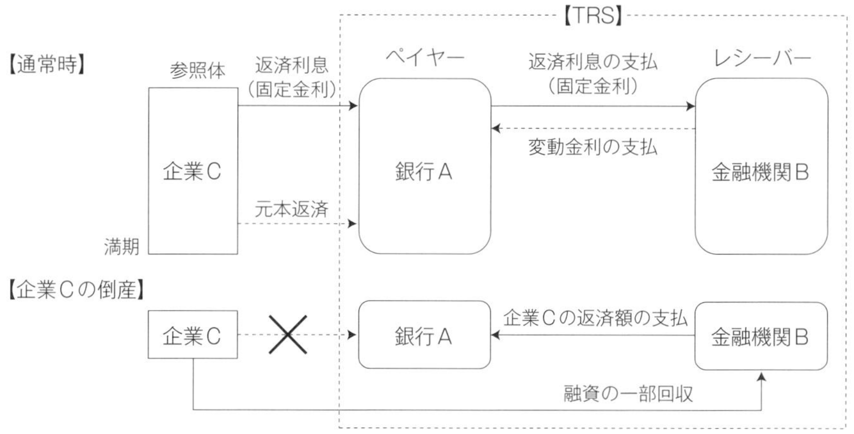

この結果、銀行Aは貸出を継続したまま、クレジットリスクだけを移転できる。一方、金融機関Bは、変動金利を支払うことで、貸出を行わずに貸出利息を受け取ることになる。こうして、銀行Aは、企業Cとの間の融資関係はそのまま継続したうえでTRSを行うことによって、実質的に金融機関Bから変動金利を受け取る見返りに、企業Cから元利金を回収する業務を請け負っているのと同じ効果がもたらされる。これは、証券化商品におけるサービサー[4]と同じ役割である[2]。図表10－1では、銀行Aは企業Cから利息のみを受け取っているが、通常、銀行Aは元利金の回収を行い、その手数料収入も得る。この業務はTRS契約後も継続することになる。

ここでは、キャッシュフローだけの移転の事例を示しているが、実際には、貸出債権のオフバランス化を同時に実現させるために、元本も移転させてしまう契約形態もみられる。その場合、銀行Aは変動金利の収入を確保しつつ貸出債権をオフバランス化して、債務の縮小を実現できる。

TRSは、貸出のような与信サービス以外に、債券を対象にしても契約できる。たとえば、図表10－1において、銀行A（ペイヤー）は、企業Cが発行する債券（社債）を保有しており、これを参照体（参照資産）として、金融機関B（レシーバー）との間でTRS契約を結んでいるとしてみよう。このとき、銀行Aは金融機関Bから変動金利を受け取る見返りに、保有債券から発生する利子収入を金融機関Bへそのまま支払うことになる。ただし、債券は貸出債権と異なり、市場で取引されており、各時点で

4　servicer

債券価値が時価評価され、キャピタルゲインやキャピタルロスが発生する。そのため、債券を基にしたTRSの場合には、ペイヤーはキャピタルゲインが発生したとき、これをレシーバーへ支払い、キャピタルロスが発生したとき、これをレシーバーから補填してもらえる[3]。また、債務不履行（デフォルト）が発生して、債券発行者からの元利金の支払が滞る事態が発生した場合、レシーバーには債務返済を肩代わりするという追加的な負担が生じる。

債券を参照資産としたTRSでは、ペイヤーは参照体の債券を保有したまま、クレジットリスクだけでなく、債券の価格変動リスクも移転しており、取引のリターンとリスクすべてを移転している。一方、レシーバーは債券投資を行うことなく、変動金利を支払った資金で、債券へ投資しているのと同様の効果を得られる。このとき、クーポン収入だけでなくキャピタルゲインも投資収益として得ることができるが、キャピタルロスや債務不履行リスクの負担も同時に負うこととなる。

このほかにもクレジットリスクを軽減する方法として、銀行は再保険契約を結ぶことができるが、再保険の場合、リスクの引受手は保険会社に限定されてしまう。TRSの登場によって、保険会社以外の金融機関や機関投資家、さらに企業もクレジットリスクの引受手となって、貸出債権からの利息収入を受け取れることになった。この収入を求めて、さまざまな主体がクレジット市場に参入し、クレジットリスクの引受手は多様化している。

3　クレジットデフォルトスワップ

TRSの枠組のなかでも、クレジットリスクを移転することは可能だが、TRSは負債性の契約にかかわるすべての債務を対象にした取引であり、クレジットリスクのみを移転したい主体にとっては追加的な仕組が必要となる。そこで、クレジットリスクのみを直接移転する金融商品として、CDSが取引されるようになった。

CDSは、クレジットイベントが発生したときにCDSの売手が買手に損失を補償することを約束する代りに、毎期、買手が売手に補償料（プレミアム）を支払う取引である。たとえば、企業の倒産（デフォルト）をクレジットイベントとして設定すると、デフォルト発生時に買手はその損失を売手から補填される。図表10－2は、図表10－1と同様に、銀行Ａが企業Ｃのクレジットリスクを移転するために、銀行Ａが金融機関Ｂと契約したCDSの仕組を示している。

このCDS契約では、企業Ｃの倒産がクレジットイベントとして想定されており、銀行Ａを「プロテクションの買手」、金融機関Ｂを「プロテクションの売手」という[5]。クレジットイベントが発生しないかぎり、プロテクションの買手（銀行Ａ）は満期ま

図表10－2　クレジットデフォルトスワップの仕組

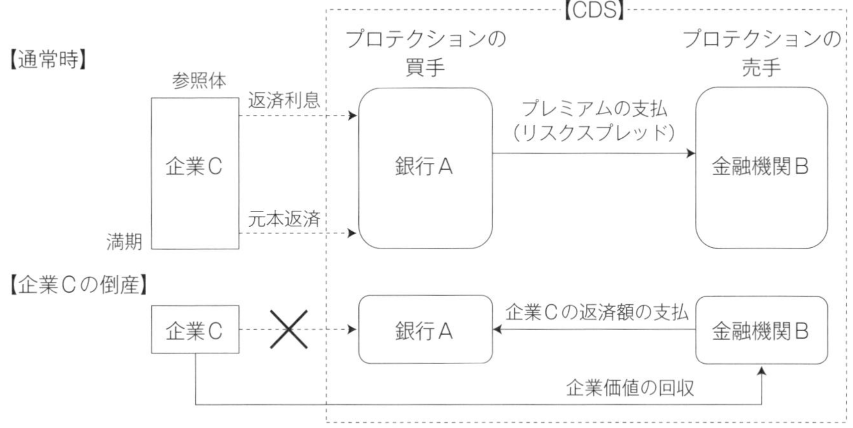

で定期的にプレミアムを支払い、プロテクションの売手（金融機関B）は定期的にプレミアムを受け取る。このプレミアムはクレジットリスクに対する保険料と考えるとわかりやすい。TRSでは、2つの主体が金利をスワップすることで、クレジットリスクを移転したが、CDSではプロテクションの買手がプレミアムを支払うだけで、クレジットリスクを移転できる。

クレジットイベントが発生した場合、すなわち、企業Cが倒産した場合には、銀行Aは金融機関Bから（約定）返済額を一括して受け取って補填に充てることで損失リスクを免れられる。このとき、金融機関Bは企業Cに対する債権を受け取り、企業Cの残余財産のなかから支払額の一部を回収できる。

このCDSは、クレジットイベントを行使条件とするオプション契約であるといえる。図表10－3の損益ダイアグラムに示すように、クレジットイベントとして企業の倒産を想定するならば、CDSは貸出先（企業C）の企業価値を原資産、（約定）返済額を行使価格とするプットオプションとみなせる。満期時点で企業Cの企業価値V^*が返済額Kを下回って倒産した場合には、銀行Aはオプションを行使して、返済額から企業価値を引いた金額を受け取ることができる。

プロテクションの買手（銀行A）はプットのロングポジション、売手（金融機関B）はそのショートポジションをとっていることになる。プロテクションの売手は受け取ったプレミアム分だけキャッシュフローを増やせるが、クレジットイベントが発

5　プロテクションの買手はTRSのペイヤー、売手はTRSのレシーバーに相当する。

図表10－3　クレジットデフォルトスワップの損益ダイアグラム

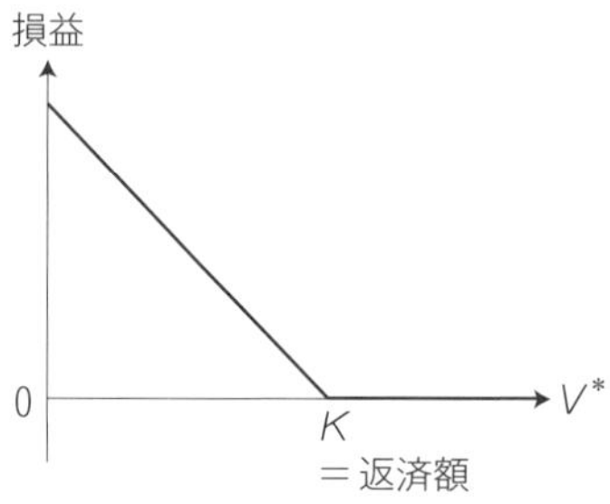

生した場合には、債務不履行になった金額を買手に支払わなければならない。

CDSは、クレジットイベントが発生した場合の損失リスクを移転する金融商品である。これによって、通常時では、銀行Ａは企業Ｃからの返済利息を受け取ることができるので、金利収入は確保したまま、クレジットリスクのみを分離して移転したことになる。世界的なクレジットリスクの高まりを背景に、CDSは、その取引規模を拡大しており、クレジットデリバティブの最も代表的な商品となっている。

CDSやTRSが広がったことの別の理由として、プロテクションの売手がプレミアム収入を確保できる点が挙げられる。クレジットリスクの移転といっても、実際のCDSの参照体は、一般的に破綻の可能性の低い優良企業に限定されているため、プロテクションの売手には、このリスク負担を十分に自覚しないまま、単にプレミアム収入狙いで安易に取引を行う傾向がみられる。

4　クレジットイベントの設定方法

ここまでの説明ではクレジットイベントの対象を銀行が実際に抱えている債務の不履行や企業の倒産としたが、利息支払の延滞・停止・条件変更や企業債務の格付の引下げなどのクレジットリスクを対象とするCDS契約も交わすことができる。債務の有無と関係なくCDSを発行できるならば、銀行以外の金融機関や事業法人などさまざまな主体が企業格付の引下をクレジットイベントとするCDS契約の買手（プロテクションの売手）にもなれる。

さらに、CDSのショートポジションをファンドなどに組み込み、そこから得られるプレミアムをリターンの源泉とした仕組債も取引されている。ただし、このような商品では高いリターンが期待できても、ひとたびクレジットイベントが発生したならば価値を大きく毀損する。

格付の引下などのクレジットリスクを原資産としたCDSでは、債務の授受は発生しない。クレジットイベントが発生した時点で、参照体の企業価値や債券価値を基準に評価損益のみを現金で支払うことで清算が行われる。この方法は現金決済といい、実際に債券を受け渡す方法は現物決済という。

ここまでは参照体が単一銘柄である場合のCDSを紹介した。これは「シングルネームCDS」と呼ばれる。実際の債権債務関係がなくても任意の企業を参照体に設定できることから、多くのシングルネームCDSが取引されている。シングルネームCDSは、ISDA[6]の定めに従って契約の標準化が行われ、大企業や国を参照体として、1年から10年まで幅広い満期の銘柄が取引されている。

シングルネームCDSに対して、複数の参照体をもつCDS（「マルチネームCDS」という）も取引されている。複数の参照体を原資産として組み込むならば、満期までにいずれか1つのクレジットイベントが発生する可能性は、参照体が1つのときよりも高くなる。

マルチネームCDSの場合、クレジットイベントの発生で契約が終了するか、あるいは、発生後も存続するかどうかの設定が必要になる。参照体のうちの1つに倒産等のクレジットイベントが発生したとするとき、当該参照体に関する債務を決済したうえで、CDS取引全体を終了する契約をファースト・トゥ・デフォルト型（FTD型[7]）という。FTD型では、ほかの参照体のプロテクションも消滅する。一方、クレジットイベントが発生した参照体の決済は行うが、ほかの参照体のプロテクションはそのまま継続する契約形態もあり、これをプロラタ型[8]という。

たとえば、企業A、企業B、企業Cを参照体とするマルチネームCDSを組成するとき、契約形態をFTD型とするならば、企業Aに関してクレジットイベントが発生した場合、企業Aのみ決済を行い、残りの2企業のプロテクションも消滅する。一方、プロラタ型とするならば、残りの2企業のプロテクションは継続し、プレミアムの受渡も継続する。

マルチネームCDSでは、プレミアム計算方法の設定も必要となる。各参照体のリスクを単純平均してプレミアムを算出する方法はリニア型バスケットといい、参照体ごとにウェイトづけして計算する方法をレバレッジ型バスケットという。

マルチネームCDSでは、シングルネームCDSに比べてプレミアムを高められるため、プロテクションの売手はより大きな収入が見込める。各クレジットイベントのウェイトづけによって、プレミアムをより高くすることも可能である。

6　International Swaps and Derivatives Association（国際スワップ・デリバティブズ協会）
7　first to default
8　proratableの略称である。

5 CDSのプレミアムの推計

CDSのプレミアムを求める方法は多様だが、ここでは簡単なものとして、期待値を利用した方法とオプションモデルを利用した方法を示す。

(1) 期待値を利用した推計

リスク中立の世界を想定した場合、プロテクションの買手が支払うプレミアムと、クレジットイベント発生時に補填されるキャッシュフローの期待値は同一になるはずである。このような前提のもとで、具体的に、3年満期のCDSのプレミアムを計算してみよう。回収率を40%、金利を年率3%、債務の額面を10億円とし、期首にプレミアムを支払い、デフォルトは毎年1%の確率で期末に発生するものとする。ただし、プレミアムの債務額面に対する比率(「スプレッド」という)をsとする。

上記の前提条件より、1年後のデフォルト確率は1%、存続確率は99%となる。2年目のデフォルト確率は、1年目の存続確率(99%)に1年間のデフォルト確率(1%)を乗じた確率であるから0.99×0.01=0.0099(0.99%)となり、2年間存続する確率は0.99×0.99=0.9801(98.01%)となる。3年目も同じように計算できる(図表10－4参照)。これらの確率に基づいて、このCDSの理論プレミアムsを計算することとする。

まず、デフォルトせずにCDSが存続している場合、プレミアムは各年の期初に支払われるため、10s、9.9s、9.801s(億円)が各年の期初に支払われると想定されるプレミアムの期待値である。これらを現在価値に割り引いて合計すると、図表10－4の最終行および(1)式に示したとおり、28.850s(億円)となる。ただし、2年目と3年目の期初のプレミアムについては、現在価値に換算するために、それぞれ1年間と2年間のディスカウントファクター(それぞれ0.9709と0.9426)を乗じている[4]。

$$10s+0.9709\times0.99\times10s+0.9426\times0.9801\times10s\fallingdotseq28.850s \quad (1)$$

図表10－4 CDSスプレッドの計算過程

年	デフォルト確率(%)	存続確率(%)	ディスカウントファクター	回収率(%)	プレミアムの現在価値(億円)	プロテクションの現在価値(億円)
1	1.00	99.00	0.9709	40	10.000s	0.0583
2	0.99	98.01	0.9426	40	9.612s	0.0560
3	0.98	97.03	0.9151	40	9.238s	0.0538
合計					28.850s	0.1681

一方、デフォルトが起こった場合に、CDS契約に伴って補填される金額（プロテクション）は、各期において債務額面（この例では10億円）×デフォルト確率×（1－回収率）となる。この例では、デフォルトは各期の期末に起こると想定しているため、それぞれ1～3年のディスカウントファクターを乗じて合計することで、プロテクションの現在価値を計算することができる。この例で計算した金額は、図表10－4の最終行および(2)式に示したとおり、0.1681（億円）となる。

$$0.9709\times10\times0.01\times0.6+0.9426\times10\times0.0099\times0.6$$
$$+0.9151\times10\times0.0098\times0.6\fallingdotseq0.1681 \quad (2)$$

最終的に、両者が一致するという仮定のもとで、プレミアムの理論値を計算することができる。

$$28.85s=0.1681 \quad (3)$$
$$s\fallingdotseq0.005827 \quad (3')$$

(3')式より、スプレッド（s）は0.5827%（58.27bps）となるため、この方式によって求められるプレミアムの理論値は、10×0.005827＝0.05827（億円）となり、プロテクションの買手は売手に対して毎期約583万円のプレミアムを支払うことになる。

実際には、投資家はリスク中立的ではないので、リスクプレミアムの追加を要求する。したがって、債券価格などから推定したリスクプレミアムを含めて計算して、その分だけ実際に支払われるプレミアム（スプレッド）は大きくなるものと考えられる。

(2) ブラックショールズ・モデルを利用した推計

CDSは、倒産をクレジットイベントとすると、企業価値が負債の価値を下回った場合に権利行使されるプットに等しく、プットの評価モデルを用いて理論プレミアムを推計することができる。原資産を企業価値、行使価格を負債額、ボラティリティを企業価値のボラティリティとすると、プレミアムは、企業のボラティリティが高いほど高くなり、負債が大きいほど高くなる。特に企業のボラティリティの推定は重要であり、その値をどのように想定をするかでプレミアムの水準が大きく変わってくる。

具体的に、満期まで3年間のCDSを想定して理論プレミアム（スプレッド）を計算してみよう。いま、ある企業の企業価値が20億円であり、3年後に満期を迎える負債10億円を発行しているとする。CDSの買手は期首にプレミアムを支払い、3年後の企業価値V^*が負債額を下回り、デフォルトが発生した場合、売手は負債額と企業価値の差額を買手に支払うものと想定する。企業価値のボラティリティが4億円（20%）の正規分布に従っており、金利を年率3%として計算する。

CDSは、原資産価格20億円、行使価格10億円のプットオプションとみなせる。そこで、第６章で示したプット版のブラックショールズ・モデルを用いてプレミアムの理論値を計算すると、次式より、約0.019億円（190万円）となり、スプレッド（負債額10億円に対するプレミアムの比率）は0.19％（=19bps）と計算できる。プロテクションの買手は、想定元本10億円に対して約190万円のプレミアムを売手に支払うことになる。

$$d=\frac{ln\frac{20}{10}+\left(0.03+\frac{0.2^2}{2}\right)\times 3}{0.2\sqrt{3}}\fallingdotseq 2.43$$

$$P=-20\times N(-d)+10\times e^{-0.03\times 3}\times N(-d+0.2\sqrt{3})\fallingdotseq 0.0190$$

プレミアム推定においてはボラティリティの設定が重要である。ボラティリティが30％や40％になると、理論プレミアム（スプレッド）はそれぞれ1,977万円（198bps）や5,816万円（582bps）となり、上記の推計値とは大きく異なる。

さらに、この例ではデフォルトが満期にしかないヨーロピアンオプションを想定したが、実際には満期前にデフォルトする可能性がある。この場合はアメリカンとして導く必要があるので、ブラックショールズ・モデルではなく、シミュレーションを用いて計算することになる。

6　CDSインデックス

クレジットリスクの推移はスプレッドの動向からみることができる。市場全体の平均的なクレジットリスクを示す指標として、CDSインデックスがある。

代表的なインデックスとして、アメリカの125銘柄から成るCDX.NA.IG、ヨーロッパの125銘柄から成るiTraxx Europ、アジアの40銘柄から成るiTraxx Asia、日本の40銘柄から成るiTraxx Japanがある[5]。これらの指標は金融情報を提供する企業であるMarkit社が作成し、提供している。CDSインデックスのスプレッドはリニア型バスケットで、インデックスに含まれる個別企業のクレジットスプレッドを単純平均して求めている。

これらのインデックスは、いずれも投資適格企業のCDS銘柄から構成されており、Markit社の定めるルールにより、流動性の高い銘柄から選定された新しいインデックスを半年ごとに公開し、複数のインデックスが並行して取引される。インデックスの構成銘柄の１つがデフォルトした場合、デフォルト銘柄のみ決済され、残りの銘柄は継続し、指数もそのまま継続する。すなわち、プロラタ型が採用されている。

たとえば、iTraxx Japanは、トヨタ自動車、富士通や三井化学などの50銘柄から構成され、更新は毎年３月と９月に行われるが、構成銘柄の１つがデフォルトした場合、残りの49銘柄を想定元本全体として継続している。クレジットイベントが発生した銘柄、クレジットスプレッドが50ポイント以上上昇した銘柄、流動性が国内で76位以下になった銘柄は削除され、削除された銘柄の数だけ、適格な銘柄のなかから流動性が上位のものが補充される。

図表10－5は、iTraxx Japanの2007年1月4日～2008年12月30日の日次スプレッドと日経平均株価（ともに、終値ベース）を示している。2008年9月15日にリーマンショックが発生するが、その時点までのCDSスプレッドの推移をみてみる。リーマンショックの約1年前の2007年8月9日にフランスのBNPパリバが傘下のミューチュアル・ファンドの解約を凍結し、サブプライムローン関連商品の買手がつかなくなり、信用不安が広がった。翌日のCDSスプレッドは33.85bps（前日比＋6.25bps）であり、2007年第4四半期は約40bps前後の水準で推移していった。

その後、CDSスプレッドは緩やかに上昇し、2008年3月16日にJPモルガン・チェースが投資銀行ベアー・スターンズの救済を発表すると、翌日のCDSスプレッドは242.36bps（前日比＋29.86bps）となり、大きく上昇した。CDSスプレッドの動きをたどると、救済発表前の2月25日時点でCDSスプレッドは100bpsを超え、直前には200bpsを超えている。さらに、リーマンショックが発生した翌日には、175.00bps（前日比＋44.25bps）となり、12月には約380bpsにまで上昇している。CDSスプレッドは、株式市場よりも動きが激しいだけでなく、大きなリスクイベントが生じたときには、より顕著な上昇を示す傾向のあることがわかる。

図表10－5　クレジット指標（Markit iTraxx Japan 5Y）　2007/1/4～2008/12/30

（出所）　日本取引所グループ、Bloombergデータ

7 CDS市場の現状

(1) わが国のCDS市場

わが国におけるCDS取引の想定元本合計は図表10－6に示されたとおりである。わが国のCDS取引は、1990年代末に金融機関の間で始まり、2004年以降に大きく拡大した。これはバーゼル規制を受けて、世界の金融機関と同じようにクレジットリスクをマネジメントするニーズが高まってきたことが背景にある。

さらに、2000年代を通じて極端な低金利環境が続くなかで、金融機関はリターンの向上を求めてCDSを利用し始めた。金融機関は、単独でCDSを取引するだけでなく、CDSを組み込んだクレジットリンク債や債務担保証券（CDO[9]）などの商品開発も行った。金融機関がこの種の仕組商品を投資家に販売して収益拡大を図ったことから、取引が急拡大したという背景もある。2008年のリーマンショック後、一時的にCDSの取引が縮小し、その後、取引は再び拡大したが、2012年のヨーロッパ財政危機

図表10－6　わが国のクレジットデフォルトスワップ取引の規模

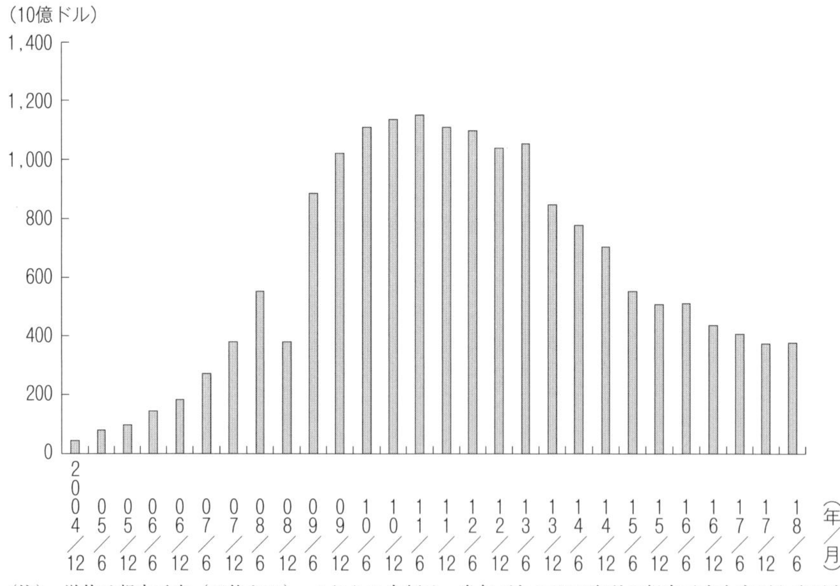

（注）単位は想定元本（10億ドル）。これらの金額は、半年ごとのCDS取引の想定元本を主要な取引主体のデータから集めて集計した結果であり、同じ取引の売りと買いが二重計上されている。

（出所）日本銀行「デリバティブ取引に関する定例市場報告」

9　collateralized debt obligation

の発生を契機に、CDS取引の規模は伸び悩んでいる。

CDS取引では、プロテクションの買手は、銀行だけではなく、証券会社や海外のヘッジファンドなども含まれる。これらの主体はリスク移転だけでなく、裁定利益を得ることを目的として取引している。一方、売手には、証券会社、再保険会社、国内機関投資家、海外のヘッジファンドなどのほか、銀行も含まれる。銀行は、従来、リスクを移転する買手であったが、積極的にリスクをとることで、低金利環境下で少しでも利回りを高めようとする目的から売手にもなっている。また、大手銀行は、CDS取引の参加者というだけでなく、ディーラーとして主要な参照体のスプレッドを提示することで、マーケットメーカーとしての役割も果たしている。

⑵ 世界のCDS市場

2018年6月時点では、わが国のCDS市場の想定元本は約3,771億ドルであったが、世界市場全体では、CDS市場の想定元本は8.3兆ドルと20倍以上もの規模になっている。そこで、世界全体のCDS市場の動向を確認しておく。

クレジットデリバティブが世界中に広がり始めた背景として、スワップ取引の広がりがある。アメリカでは、1970年代初頭にニクソンショックや変動相場制移行などで為替リスクが顕在化したことから、貿易等の国際取引を展開する企業を中心に通貨スワップの利用が広がった[6]。同じ頃、まだ預金金利が規制されており、市場金利が上限金利に張り付いて、事実上固定状態であった。そのなか、自由金利のマネーマーケット商品を運用対象とした投資信託であるMMF[10]が登場して、預金離れが進展した。これを契機に、預金金利の上限規制が撤廃されて金利自由化が進展したことから、金利リスクへの関心が高まっていった。これらの為替リスクや金利リスクを回避する手段としてスワップ取引が広がり、同時に、リスクヘッジをする目的でクレジットデリバティブの取引ニーズが出てきた。

また、BISの自己資本比率規制によって、銀行がクレジットリスクを削減するニーズが高まったことも背景として挙げられる。2004年に改定されたバーゼルⅡで、銀行が達成すべき自己資本比率はバーゼルⅠと同じままだが、リスク評価についての精緻化が行われた。これにより、クレジットリスクを減らすことは銀行経営にとって重要事項となり、貸出の解約や再保険以外の手段を求めて、クレジットデリバティブが広がった。

図表10－7は、2004年以降、世界のCDS想定元本の推移を示している。クレジットリスクの管理に対するニーズが高まるなかで、クレジットデリバティブの取引高は

10　money market fund

ISDAが契約書のひな型を決めたことで、さらに拡大した。しかし、2008年のリーマンショックで大打撃を受け、取引が縮小する。この時の代表的な出来事が、大手保険会社であるAIG[11]への公的資金投入である。

リーマンショック前、アメリカの金融機関（住宅ローン会社）はサブプライムローンの提供を積極的に行っていた。サブプライムローンは、たとえば、多重債務者やローン契約の債務不履行者などサブプライム層の顧客に対する住宅ローンであり、債務不履行となる可能性は通常の貸付に比べて高かった。

金融機関は、CDSを利用してサブプライムローンのクレジットリスクを移転していた。AIGは、このCDS取引のカウンターパーティ（プロテクションの売手側）となり、金融機関からプレミアムを受け取ることで収益を増やしていった。

リーマンショックが発生し、多くのサブプライムローンが不良債権化し、AIGは金融機関に対して多額の支払に迫られた。この時点で、AIGが保有するCDSは想定元本で4,410億ドルに達していたが、その流動性は支払に対して不十分な状態であり、そ

図表10－7　世界全体のクレジットデフォルトスワップ取引の規模

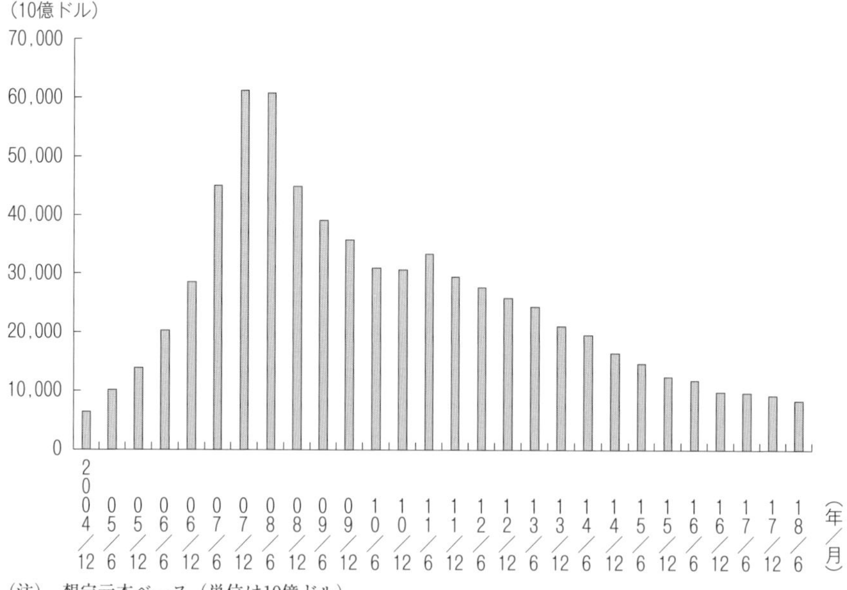

（注）　想定元本ベース（単位は10億ドル）
（出所）　BIS Semiannual OTC derivatives statistics

11　American International Group, Inc.

の格付が低下するなどAIGの破綻可能性は高まっていた。

AIGの破綻は、保険契約者に影響を及ぼすだけにとどまらず、世界的な金融不安を招くおそれがあったことから、FRBは850億ドルもの貸出を行い、アメリカ政府がAIGの株式の79.9%を取得し、政府の管理下で経営再建を行った。AIGへの最終的な政府支援額は1,733億ドルにも達した。

平常のCDS取引で生じる取引金額は小さいものであっても、ひとたびクレジットイベントが発生すると、その損失額は非常に大きく、CDSは市場に対して大きな影響を与えるようになっていた。CDSの市場規模は、リーマンショックを境に大きく縮小したが、2010～11年にかけて再び拡大する兆しをみせていた。しかし、2012年のヨーロッパ危機を受けて、再度、縮小したが、依然として年間10兆ドル程度の規模でのCDS取引が行われている。これは、クレジットリスクを管理するニーズは依然として高く、このリスクをコントロールする手段として活用されているためと考えられる。

(3) 近年のCDS市場の変化

現在取引されているクレジットデリバティブは、BIS統計によると95%以上がCDSである。この理由として、リーマンショック後、2009年９月のピッツバーグサミットで、標準化されたすべての店頭デリバティブが中央清算機関（CCP[12]）を通じて決済されることとなるなど、CDS市場の整備が進んだことが挙げられる。

CDS取引のデフォルトは市場全体へ波及するおそれがあるが、CCPを置くことで、カウンターパーティリスクを軽減している。わが国でも、変動金利をLIBORとするプレーンバニラ型の円建て金利スワップとCDSの指数銘柄であるiTraxx Japanは、日本証券クリアリング機構をCCPとする清算が義務づけられた。

この変動金利の代表的な指標であるLIBORは、2011年に不正操作の不祥事が発生し、2021年以降、別指標を利用する方針となっている。FRBは、2018年から担保付翌日物調達金利（SOFR[13]）の利用を進めているが、BISは2019年３月に１つの金利でLIBORの役割すべてを担うことは望ましくないという見解を示しており、どのような指標に代替されるかは現時点であきらかではない。

また、従来、クレジットイベントの判断は当事者間で認定されていたため不透明な部分があり、プロテクションの買手からも売手からも不満が出ていた。そこで、決定委員会（DC[14]）の導入によって、クレジットイベントの認定基準が明確化された。この委員会のもとでクレジットイベントを認定する作業が標準化されたことで、流動

12 central counterparty
13 secured overnight financing rate
14 Credit Derivatives Determinations Committee

性が向上し、CDS取引の拡大が期待されている。

キーワード

クレジットイベント、クレジットリスク、新BIS規制（バーゼルⅡ）、クレジットデリバティブ、スワップ取引、トータルリターンスワップ（TRS）、クレジットデフォルトスワップ（CDS）、参照体、ペイヤー、レシーバー、サービサー、参照資産、債務不履行（デフォルト）、再保険契約、プロテクション、現金決済、現物決済、シングルネームCDS、マルチネームCDS、ファースト・トゥ・デフォルト型（FTD型）、プロラタ型、リニア型バスケット、レバレッジ型バスケット、スプレッド、ディスカウントファクター、CDSインデックス、CDSスプレッド、クレジットリンク債、債務担保証券（CDO）、中央清算機関（CCP）、担保付翌日物調達金利（SOFR）、決定委員会（DC）

参考文献

・Hull, John, *Options, futures, and other derivatives (9th edition)*, Pearson, 2014.（ジョン・ハル『フィナンシャルエンジニアリング（第９版）―デリバティブ取引とリスク管理の総体系』金融財政事情研究会、2016年）
・大村敬一・俊野雅司『証券論』有斐閣、2014年
・河合祐子、糸田真吾『クレジットデリバティブのすべて』財経詳報社、2007年
・杉本浩一・福島良治・若林公子『スワップ取引のすべて（第５版）』金融財政事情研究会、2016年
・ジョージ・チャッコ、アンダース・ソジョマン、本橋英人、ヴィンセント・ダッサン（著）、中川秀敏（訳）『クレジットデリバティブ　クレジットリスク商品ハンドブック』ピアソンエデュケーション、2008年
・関雄太「AIG問題の複雑化と巨大複合金融機関の公的管理に関する課題」野村資本市場研究所研究レポート、2009年
・日本銀行「デリバティブ取引に関する定例市場報告」2019年

注

1「プレーンバニラ（plain vanilla）の」とは、「バニラアイスクリームのように定番商品の」という意味である。

2 証券化商品の仕組については、大村・俊野［2014］の第16章を参照。

3　債券を対象とするTRS契約では、クーポンと変動金利の交換は毎期行われるが、キャピタルゲインやキャピタルロスの受渡については、各期に清算する方式と満期に一括して清算する方式がある。

4　ディスカウントファクターは、金利をr、期間をnとすると、$1/(1+r)^n$によって定義され、現在価値へ換算する際の倍率を表している。たとえば、この例では、金利が3％のため、1期間のディスカウントファクターは、$1/(1+0.03)=0.9709$と計算される。

5　これら以外に、投機的な格付を受けている100銘柄を対象とするインデックスなども取引されている。

6　最初のスワップ取引は、1981年の世界銀行とIBMの間の通貨スワップ取引とされており、ドルとスイスフランを対象としたものであった。

第11章

ストックオプション

本章では、役職員等に対するインセンティブ報酬制度として活用されているストックオプションを取り上げる。ストックオプション制度の概要や意義について説明したうえで、実際の活用状況や評価事例を整理する。

1 ストックオプションとは何か

ストックオプションとは、あらかじめ定められた期間内に、あらかじめ定められた価格で自社株を購入できる権利のことを指す。付与された役員や従業員（以下「役職員」という）は、権利を行使することで、時価と取得価格の差額を報酬として受け取ることができる。

大企業では、ストックオプションは企業内で影響力の大きい役員や管理職に与えられることが多い。ベンチャー企業のように、すべての従業員の活動が企業経営にとって大きな影響をもたらす場合などには、全従業員にストックオプションが付与されることも少なくない。第3節で述べるとおり、わが国でも2001年以降は商法改正によって規制緩和が進み、企業の役職員以外にもストックオプションを付与できるようになっている。

ストックオプションとは、文字どおり、（コール）オプションのように株式を買う権利を役職員等関係者に提供するインセンティブ報酬制度である。一般的なオプション取引と同様、ストックオプションにも行使期間と行使価格が定められている。

ストックオプションを付与する際には、その時点の株価よりも高い行使価格が設定されることが一般的であった[1]。すなわち、インセンティブ型の典型的なストックオプションはOTM型のコールである。このときの（行使価格－株価）/株価をアップ率という。ただし、付与されてから行使可能になるまでに一定期間の経過が求められることがある[2]。さらに、行使可能になってから一定期間有効であり、その期間中はいつでも行使できる。このように、典型的なストックオプションでは、通常数年間の行使可能期間内に行使できる設計になっている。

ストックオプションを付与された役職員等は、自社株の株価が行使価格以上に上昇した場合に、オプションを行使して、「（上昇後の株価－行使価格）×単位株式数×ストックオプションの個数」相当分の利益を得ることができる。

2 ストックオプションのインセンティブ制度としての有効性

アメリカでは、1960年代からインセンティブ制度としてストックオプションが活用されており、企業経営者の報酬の大半をストックオプションで支給する企業もめずらしくない。

図表11－1は、2008年時点の大手アメリカ企業（10社）におけるCEO[1]の報酬額と支払形態の構成を示している。株式やストックオプションなど、株式関連の報酬の比率がきわめて大きい企業が多い。たとえば、アメリカの電力会社カルパイン[2]のフスコ[3]CEOの年間報酬額約3,240万ドルの96％に相当する3,111万ドルはストックオプションの付与によるものであった。また、金融大手のアメリカンエクスプレス[4]のシェノルト[5]CEOの報酬額も、総額2,202万ドルの約94％に相当する2,077万ドル分がストックオプションによって占められていた。

アメリカでストックオプションが積極的に活用されている背景には、この制度が株主と経営者の間のエージェンシー問題の緩和に貢献できるのではないかという考え方がある。エージェンシー問題とは、経営者が、プリンシパルである株主のエージェントであるにもかかわらず、必ずしも株主のために最善の企業経営を行うとはかぎらず、自己の利益のために行動して、株主価値を毀損させるような事態を意味する。ストックオプションを付与された経営者には、株価の上昇が自らの利益にもなる仕組になっているため、企業経営者と株主の利害を一致させ、経営者と株主の利益相反状態を緩和する効果が期待されているのである。

しかも、ストックオプションは、現金を支給する報酬制度とは異なり、株式の追加発行によってまかなうことができ、キャッシュアウトを伴わないという利点がある。企業にとってはキャッシュフロー上の負担が少ないインセンティブ報酬制度と考えることができる。ベンチャー企業のように、キャッシュアウトフローの発生を極力抑制したい場合には、特にストックオプションのような報酬形態が好まれる傾向がある。

一方、インセンティブ報酬制度としてのストックオプションの有効性については懐疑的な見方も存在する。株価は経済環境などの外部要因の影響を強く受けるため、役職員の努力と株価上昇との因果関係が不明瞭という問題が背景にある。ストックオプションの付与後に株式相場全体が低迷した場合には、役職員が努力したからといって株価は容易には上昇せず、株価の上昇に伴う報酬の獲得を目指して役職員の努力を引き出すという効果は期待しにくくなる。

ストックオプションのインセンティブ制度としての有効性については懐疑的な見方があるものの、この仕組は、アメリカでもわが国でもかなり普及している。そこで、

1 chief executive officer
2 Calpine
3 Jack Fusco
4 American Express
5 Kenneth Chenault

図表11－1　アメリカ大手

社　名	CEO	産　業	基本給（千ドル）
Motorola	Sanjay Jha	通信	485
Occidental	Ray Irani	石油・ガス	1,300
Walt Disney	Robert Iger	娯楽	2,000
CC Media Holdings	Mark Mays	金融	895
Apache	Steven Farris	石油・ガス	1,494
Federal-Mogul	Jose Maria Alapont	消費	1,500
Citigroup	Vikram Pandit	金融	958
Philip Morris	Louis Camilleri	タバコ	1,567
Calpine	Jack Fusco	電力	396
American Express	Kenneth Chenault	金融	1,250

（注）2008年の報酬額。
（出所）中井［2010］表2。元データはウォール・ストリート・ジャーナル紙のCEO報酬サーベイ。

次節以降では、ストックオプション制度の具体的な内容や活用状況について概観する。

3　わが国におけるストックオプション制度

(1)　制度の導入と普及の経緯

わが国でストックオプション制度の導入が検討され始めたのは、1990年代に入ってからである。バブル崩壊後のわが国では、長期間にわたって株式市場も企業経営も低迷が続くなか、景気対策の一環としてインセンティブの付与による企業経営の活性化が模索されたのである[3]。アメリカでは1990年代も、IT革命の影響もあって企業経営は好調で、株価は上昇した。ストックオプションがインセンティブ制度として幅広く活用されたことが、企業経営の活性化に寄与しているという見方も、経済界からの導入要望の背景にあった。ところが、当時、わが国では、ストックオプション制度がなかった。

1995年以降、企業経営を活性化しようとする自助努力の一環として、ソニーやソフトバンクなどの先進的な企業がインセンティブ制度の一環として、擬似的なストックオプション制度を導入した[4]。このような動きを受け、1997年に、議員立法によってストックオプション制度が正式に導入された。役職員の士気向上、人材確保、企業業

企業のCEOの報酬額構成

賞与等 (千ドル)	株　式 (千ドル)	ストックオプション		報酬合計 (千ドル)
		(千ドル)	(%)	
0	36,014	67,535	64.9	104,034
3,630	0	0	0.0	4,930
13,946	0	28,450	64.1	44,396
4,500	20,000	20,213	44.3	45,608
500	34,545	0	0.0	36,539
3,075	0	33,700	88.0	38,275
0	28,830	8,433	22.1	38,221
9,450	25,352	0	0.0	36,369
896	0	31,111	96.0	32,403
0	0	20,768	94.3	22,018

績向上、国際競争力の増大への寄与などが制度導入の効果として掲げられた。

ストックオプション制度の導入時には、自己株式（金庫株）の保有状況に応じて、自己株式方式と新株引受権方式のいずれかを選択できた。前者では、会社がすでに保有している自己株式を、あらかじめ設定した価格で取得できる権利が役職員に与えられた。後者では、一定の価格で新株を取得する権利（新株引受権）が役職員に与えられ、実際に権利が行使された段階で新株が発行された。行使期間は、どちらの方式でも、株主総会の決議日以降２年以上10年以内と定められていた。また、ストックオプションの行使によって増加する株式数は発行済株式数の10％以内に抑えるよう、数量の制限が加えられた。さらに、付与対象者は発行企業の役職員に限定されるなど、さまざまな点で制約の強い制度であった。

その後、2001年11月の商法改正時には、自己株式方式に関する規定が削除され、新設された新株予約権制度に統一された。その結果、ストックオプションは、第８章で説明した転換社債やワラント債[5]に含まれる新株予約権と商法上、同等の制度と位置づけられることとなる。また、それまでは、ストックオプションの発行対象は発行企業の役職員に限定されていたが、対象者が拡張され、子会社の役職員や顧問弁護士、コンサルタントなどにも付与できるようになった。これにより、報酬の一部をストックオプションに換えることで、キャッシュアウトを大幅に節約できる手段が提供されることとなった。これは、資金力の乏しいベンチャー企業などの新興企業にとって特に大きな支援となった。さらに、発行量についても、発行済株式数の10%以内という制約が撤廃されたほか、10年を超える行使期間も設定可能となった。このような規制緩和措置もあって、わが国におけるストックオプションの普及が急速に進んだ（**【コラム：わが国におけるストックオプションの普及】**参照）。

2006年5月には会社法が施行され、ストックオプション制度の位置づけに大きな変化がみられた。ストックオプションの提供は役職員等に対する報酬の一環とみなされ、それ以降に付与されるストックオプションは費用計上が義務化されたのである[6]。ストックオプションが付与されたとしても、実際には行使されずに無価値になることも少なくないが、付与された時点で報酬が支払われたとみなしたうえで、その評価額を人件費等の費用として計上することが求められるようになった。その際、オプションの公正価値を評価することが必要となり、第6章で説明したオプション理論が活用されることとなる。また、ストックオプションの付与状況は財務諸表上で明記され、株主に公開されるようになった。

最近は、行使価格を1円あるいはかなりの低価格に設定するストックオプションが提供されるようになった。特に、前者の場合には、実質的に株式の現物支給とほぼ同様の効果をもつため、株式報酬型ストックオプションと呼ばれている[7]。この仕組は、株式のかたちでの役職員に対する報酬の供与という意味合いが強く、株価を上昇させようとする役職員のインセンティブを引き出すことを目的とする本来のストックオプション制度の趣旨とは整合的でない。むしろ、株主にとっては、株式価値の希薄化という悪影響だけが生じることにもなりかねない。さらに、2016年には、リストリクテッド・ストック（特定譲渡制限付株式）制度が導入された。これにより、付与された役職員等に対して一定期間の譲渡制限を条件に、報酬として自己株式を提供できるようになった[8]。

わが国におけるストックオプションの普及

花崎・松下［2010］では、ストックオプション制度が1997年に導入されてから約10年経過後までの間に、同制度を導入した日本の企業数の分布が示されている。

まず全体的な傾向としては、当時の全上場企業数約2,400社のうち3分の1を超える877社がストックオプション制度を導入していた。市場別にみると、特にベンチャー企業の多い東証マザーズ市場では、189社中163社（86.2%）において導入実績があり、キャッシュフロー余力の乏しい新興企業において、ストックオプション制度が魅力的であることを裏付けている。大企業中心の東証第一部市場でも1,731社中604社（34.9%）において導入実績があり、ストックオプション制度は導入後、短期間のうちに普及が進んだことがわかる。

業種別にみると、製造業（導入比率は1,137社中315社で27.7%）よりも非製造業（1,259社中562社で44.6%）の採用比率のほうが高かった。特に情報・通信業では72.7%（176社中128社）、保険業では66.7%（9社中6社）、証券・商品先物取引業では63.6%（22社中14社）、サービス業では61.1%（175社中107社）がストックオプション制度を導入している。

図表は、ウイリス・タワーズワトソンと三菱UFJ信託銀行が定期的に実施している調査結果に基づいて、最近の年間付与数を示したものである。2016年7月～2017年6月の1年間で、全上場企業数約3,654社（2016年末時点）のうち2割弱の企業（643社）がストックオプションを役職員等に付与している。時価総額の上位100社に限定すると、ちょうど3割の企業がストックオプションの付与を行っている。全上場企業ベースでみると、付与企業数は2006年7月～2007年6月

図表　ストックオプションの年間付与企業数

	全上場企業ベース			時価総額上位100社ベース		
付与期間	会社数（社）	付与社数（社）	比率（%）	会社数（社）	付与社数（社）	比率（%）
2006年7月～07年6月	2,811	333	11.8	100	32	32.0
2007年7月～08年6月	2,809	367	13.1	100	38	38.0
2008年7月～09年6月	2,787	381	13.7	100	38	38.0
2009年7月～10年6月	2,710	383	14.1	100	37	37.0
2010年7月～11年6月	2,659	405	15.2	100	39	39.0
2011年7月～12年6月	2,646	448	16.9	100	36	36.0
2012年7月～13年6月	2,645	476	18.0	100	38	38.0
2013年7月～14年6月	3,542	535	15.1	100	39	39.0
2014年7月～15年6月	3,584	602	16.8	100	36	36.0
2015年7月～16年6月	3,626	628	17.3	100	38	38.0
2016年7月～17年6月	3,654	643	17.6	100	30	30.0

（注）全上場会社数は、2006～16年末時点の全国上場会社数（日本取引所グループ東証統計月報）。2013年6月までは、大証JASDAQ上場会社（旧ヘラクレスおよびジャスダック証券取引所上場会社を含む）およびTOKYO AIM取引所上場銘柄を除く。

（出所）ウイリス・タワーズワトソン、三菱UFJ信託銀行［2017］、日本取引所グループの資料から作成。

の333社から2016年７月〜2017年６月の643社まで２倍近くにも増加しており、ストックオプション制度は、わが国でもかなり普及していることが確認できる。

⑵　会計制度

わが国の会計基準を定めている企業会計基準委員会（ASBJ[6]）は、2006年からストックオプションの費用義務化が開始されるのに先立って、その前年（2005年）に「ストック・オプション等に関する会計基準[9]」（以下「会計基準」という）および「ストック・オプション等に関する会計基準の適用指針[10]」（以下「適用指針」という）を公表した。会計基準では、企業がストックオプションを付与してから権利行使されるまでの間の会計処理の方法が明記されており、適用指針では、具体的な費用計上額の計算方法などの細目が定められている。

会計基準では、ストックオプションが付与されてから権利行使または失効するまでの間は、付与された決算期にストックオプションの公正な評価額を費用計上するとともに、その金額を貸借対照表上の純資産の部に「新株予約権」として資産計上することを求めている。そのうえで、行使されて新株が発行された場合には、その対応部分を新株予約権から払込資本に振り替え、権利が失効した場合には、新株予約権として資産計上した金額のうち当該失効に対応する部分を企業の利益として計上するよう定めている[11]。また、この会計基準では、公正な評価額を策定する際には、「株式オプションの合理的な価額の見積りに広く受け入れられている算定技法を利用する」ことを求めている。

適用指針では、ストックオプションの公正な価格評価額の算定方法として、二項モデル（離散時間型モデル）とブラックショールズ式（連続時間型モデル）が含まれることを示している。また、オプションの満期までの期間やボラティリティ、無リスクの金利（割引率）などの基礎数値の算定方法についても、具体的な指針を提示している。

満期までの期間（予想残存期間）については、行使可能な期間内のどのタイミングで行使されるかわからないため、ストックオプションに関する過去の行使の状況や株価変動性を考慮して見積もることを求めている。成長企業で、ストックオプション付与後、おおむね１年以内に行使される傾向がある場合には、予想残存期間を１年程度とするかもしれない。ところが、予想残存期間を合理的に見積もることができない場合には、「公正な評価額の算定時点から行使期間の中間時点まで」を予想残存期間と

6　Accounting Standards Board of Japan

推定することが認められている。たとえば、ストックオプションの行使期間が付与後2年後から10年後までの場合、その中間の6年が満期までの期間と推計される。

ボラティリティの推計に関しては、算定時点の直近の株価に基づくヒストリカルボラティリティ（HV）を基本とし、十分な情報量の確保という観点から、日次、週次、月次のいずれを用いてもよいと定められている。ただし、当該企業の有価証券オプションが市場（大阪取引所）で取引されている場合には、プレミアムから逆算したインプライドボラティリティ（IV）を用いることも認められている。

無リスク金利としては、予想残存期間に対応する期間の国債、政府機関債、優良社債の利回りを用いることができる。また、配当利回りに関しては、実際に株価が配当落ちして、ストックオプションの価値に影響が生じるのは、過去ではなく将来の配当になる。そのため、付与以降満期までの間の予想配当額を用いることが理論的には正しいが、配当は将来の企業業績も加味して決定されるため、発行企業であったとしても事前に予測することはむずかしい。そこで、適用指針では、過去の実績配当額を用いて配当利回りを計算するよう定めている。

以上が、わが国におけるストックオプション関連の会計制度の概要だが、課題が存在することも事実である。たとえば、ボラティリティは、推計が容易なヒストリカルボラティリティを基本としているが、第7章でみてきたように、ボラティリティの推計方法によってオプションの理論価格は大きく異なる。また、ヒストリカルボラティリティは、リターンの計測方法（日次・週次・月次の別）や計測期間によって大きく変動する傾向があり、推計方法によって費用計上額が大きく異なることにもなりかねない。さまざまな推計方法を試したうえで、企業側が最も費用計上額が少なくなるような条件を選択するという恣意性も認められることになる。

4　ストックオプション価値の評価事例

図表11－2は、大和証券グループ本社が2017年2月8日に付与したストックオプションに関する条件と、2016年度の損益計算書における費用計上額および算定根拠に関する有価証券報告書上の公開情報を示している。

同社では、同じ時期に2種類の新株予約権を割り当てている。

図表11－2の①（2017年2月発行新株予約権）は、役員（取締役、執行役、執行役員）に対してだけ付与されており、行使価格は1円であること、行使期間が付与日から20年近くもの長期に設定されていることが特徴的である。本章では、本来のストックオプションの意義として、「行使価格を現時点の株価よりも若干高めに設定することで、役職員に対して株価を上昇させるよう、インセンティブを与えること」と記述

図表11－2　ストックオプションに関する開示事例

	①2017年２月発行新株予約権	②第13回新株予約権
付与対象者の区分、人数	当社の取締役、執行役、執行役員：19名 当社の子会社の取締役、執行役員：90名	当社の使用人、当社子会社と関連会社の取締役、執行役員、使用人：3,482名
株式の種類、付与数	普通株式：574,000株	普通株式：7,448,000株
付与日	2017年２月８日	
権利確定条件	付されていない	付与日以降、権利確定日（2021年６月30日）まで継続して勤務
対象勤務期間	定めはない	2017年２月８日～2021年６月30日
権利行使期間	2017年２月８日～2036年６月30日	2021年７月１日～2026年６月27日
権利行使価格	１円	767円
付与日の株価	709円	
付与日における公正な評価単価	707.9円	122.1円
使用した評価技法	二項格子モデル	ブラックショールズ式
株価変動性	42.6％	33.5％
予想残存期間	１日	6.9年
予想配当	29円／株	
予想配当利回り	4.09％	
無リスク金利	0.71％	－0.01％

（注）　・費用計上額：1,356百万円
・科目名：販売費・一般管理費の人件費
・ボラティリティの算出対象期間：①については付与日からオプションの満期までの期間19.4年をさかのぼった1997年９月以降、②については付与日から予想残存期間6.9年（付与日から行使期間の中間時点までの期間）をさかのぼった2010年３月以降の株価実績に基づいて算出
・予想配当：2016年３月期の実績値
・無リスク金利：①についてはストックオプションの満期までの期間、②については予想残存期間に対応する期間の国債利回り

（出所）　大和証券グループ本社［2017］

した。行使価格が１円ということは、（企業業績を向上させて株価を高めようと努力するまでもなく）権利行使して株式を取得すれば確実に利益が得られることを意味しており、その性格はストックオプションというより、むしろ、株式による報酬の現物給付に近い。また、20年もの長期の行使期間が設定されていることから、退職慰労金

や年金に近い性格の制度である。株式報酬型ストックオプションに相当する。

このように低い行使価格を設定する企業はめずらしくない。ユニクロのブランド名で知られているファーストリテイリングもストックオプションの行使価格は１円である。また、東京海上日動を主力会社とする東京海上ホールディングスは、行使価格100円のストックオプションを何度も発行しているが、同社の2017年３月末時点の株価は4,696円であり、この行使価格は株価水準の２％強にしかすぎない。実質的に株式報酬型ストックオプションといえる[12]。

一方、図表11－２の②（第13回新株予約権）のストックオプションは、付与日（2017年２月８日）の株価が709円だったのに対して、行使価格は767円と１割近いアップ率が設定されており、本章で説明したOTM型のストックオプションとなっている。行使期間も2021年７月１日～2026年６月27日と設定されており、付与日以降４年以上経過した段階で、株価が行使価格以上に上昇した場合にはじめて権利を行使して株式を取得できる。こちらは、本社の使用人のほかに、子会社および関連会社の取締役、執行役員、使用人を対象に付与されており、対象人数（3,482名）も付与株式数（744万8,000株）も、①のストックオプションよりも圧倒的に多い（①の対象人数は109名、付与株式数は57万4,000株）。

同社では、一般役職員向けの標準的なストックオプションと役員向けの退職慰労金の色合いの濃いストックオプションの２つのタイプを併用していることがわかる。

また、図表11－２では、大和証券グループ本社が2017年２月８日に付与した２種類のストックオプションについて、評価の際に用いた前提条件と評価結果（１株当り）が示されている。まず、評価手法については、①では二項格子モデル、②ではブラックショールズ式と記されている。①については、予想残存期間が１日とされている。①の行使価格は１円となっており、直ちに行使して株式を取得することができることから、１円払えば付与日時点で709円の価値のある大和証券の株式を取得できる。そのため、①のストックオプションの価値は、おおむね$S-K=709-1=708$円となる。ただし、ここでSは付与日時点の原資産価格、Kはストックオプションの行使価格を表している[13]。

②のストックオプションについては、ボラティリティが33.5％、予想残存期間が6.9年、予想配当が１株当り29円（2016年３月期の実績）、付与日の株価から計算した予想配当利回りが4.09％[14]、無リスク金利が－0.01％と設定されている。

第１に、予想残存期間については、予想がむずかしい場合、付与日から行使期間の中間時点までの期間と定めるよう、適用指針第14項に示唆されており、この基準に準じて計算されている。ちなみに、付与日は2017年２月８日、行使期間は2021年７月１日～2026年６月27日（中間時点は、2023年12月末）となっており、6.9年は、2017年

２月８日～2023年12月末日に対応している。

第２に、ボラティリティについては、予想残存期間の分だけ過去にさかのぼった期間分の実績株価からヒストリカルボラティリティを計算する例が一般的である。このケースでは、付与日に至るまでの6.9年間の過去のリターンということになり、2010年３月～2017年１月のリターンのボラティリティを使用している。この間の月次リターン（配当を含まない）のボラティリティは9.88％で、$\sqrt{12}$倍して年率換算すると34.24％となり、開示情報の33.5％とかなり近い水準となる。

第３に、配当利回りの予想がむずかしい場合には、過去の実績値を用いてもよいとされており、2016年３月期の29円と付与日の株価709円を用いて4.09％という配当利回りが用いられているものと考えられる。

第４に、無リスク金利は、適用指針では、「予想残存期間に対応する期間の国債、政府機関債、優良社債の利回りを用いることができる」と示されており、ここでは、ストックオプション予想残存期間（6.9年）に対応する国債流通市場の利回り－0.01％が用いられている。

以上の数値を第６章の(10)式で示された配当利回り考慮後のブラックショールズ・モデルに代入することで、②のストックオプションの適正価値を計算できる。$S=709$、$K=767$、$r=-0.0001$、$q=0.0409$、$\sigma=0.335$、$\tau=6.9$より、$d'\cong 0.03$、$d'-\sigma\sqrt{\tau}\cong -0.85$となる。標準正規分布の累積密度関数表より、$N(0.03)\cong 0.5120$、$N(-0.85)\cong 0.1977$であるから、これらの数値を(10)式に代入して、$C=122.0$円となり、図表11－２②に示された公正な評価単価122.1円に近い数値が得られる。

最後に、①の評価単価707.9円と②の評価単価122.1円に、それぞれに付与株数の57万4,000株と744万8,000株を乗じてストックオプションの評価額の合計を計算すると約13億1,600万円となり、2017年３月期に関するストックオプション関連の費用計上額（13億5,600万円[15]）に近い水準となる。

キーワード

インセンティブ報酬制度、ストックオプション、行使期間、行使価格、OTM、アップ率、エージェンシー問題、自己株式（金庫株）、自己株式方式、新株引受権方式、新株予約権、株式報酬型ストックオプション、リストリクテッド・ストック（特定譲渡制限付株式）、企業会計基準委員会（ASBJ）、ストック・オプション等に関する会計基準（会計基準）、ストック・オプション等に関する会計基準の適用指針（適用指針）、二項モデル、ブラックショールズ式、ボラティリティ、ヒストリカルボラティリティ（HV）、インプライドボラティリティ（IV）

参考文献

・Berle, Adolf, Jr., and Gardiner Means, *The Modern Corporation and Private Property,* Macmillan, 1932.

・Mehran, Hamid, "Executive compensation structure, ownership, and firm performance," *Journal of Financial Economics* 38, 1995, pp. 163-184.

・Nagaoka, Sadao, "Determinants of the introduction of stock options by Japanese firms: An analysis from the incentive and selection perspectives," *Journal of Business* 78（6）, 2005, pp. 2289-2315.

・Uchida, Konari, "Determinants of stock option use by Japanese companies," *Review of Financial Economics* 15, 2006, pp. 251-269.

・阿萬弘行「ストックオプションと株式所有構造」『現代ファイナンス』第11号、2002年、43～59頁

・荒井邦彦・大村健『新株予約権・種類株式の実務―法務・会計・税務・登記（第２次改訂版）』第一法規、2013年

・井上清香「わが国における自己株式取得の規制緩和」『立教経済学研究』第64巻第１号、2010年、115～138頁

・ウイリス・タワーズワトソン、三菱UFJ信託銀行「株式報酬の導入状況」2017年８月

・神田秀樹『会社法（第15版）』弘文堂、2013年（第３章第５節「新株予約権」）

・企業会計基準委員会『企業会計基準第８号　ストック・オプション等に関する会計基準』2005年12月(1)

・企業会計基準委員会『企業会計基準適用指針第11号　ストック・オプション等に関する会計基準の適用指針』2005年12月(2)（2006年５月改正）

・太陽ASG監査法人『ストック・オプションのすべて―会計・税務・手続』税務研究会出版局、2006年

・大和証券グループ本社「有価証券報告書（2016年度）」2017年６月

・中井誠「近年におけるアメリカの役員報酬とコーポレート・ガバナンス改革」『四天王寺大学紀要』第50号、2010年９月、91～104頁

・中村慎二『新しい株式報酬制度の設計と活用―有償ストック・オプション&リストリクテッド・ストックの考え方』中央経済社、2017年

・花崎正晴・松下佳菜子「ストック・オプションと企業パフォーマンス―オプション価格評価額に基づく実証分析」『経済経営研究』30(4)、2010年３月

・ポール・ミルグロム・ジョン・ロバーツ『組織の経済学』NTT出版、1997年

・村中健一郎『ストック・オプション―公正価値測定の実務』ダイヤモンド社、2007年

注

1　最近は行使価格がきわめて低いストックオプションが付与されるようになっており、ストックオプションの性格に変化がみられる。

2　最近は行使可能期間についても、１日経てば行使できるものなど、従来のストックオプションとは異なる性格の制度が採用されるようになってきている。

3　ストックオプション制度導入の経緯については、井上［2010］や太陽ASG監査法人［2006］（第１章　総論）を参照。

4　ソニーは、分離型のワラント付社債を発行して証券会社に引き受けてもらったうえで、ワラント部分を買い戻して、これを役職員に報酬の一部として支給した。一方、ソフトバンクは、大株主である社長自身の持ち株を拠出して、役職員とストックオプション契約を締結するという方法を採用した。

5　第８章でも説明したとおり、正式名称は、それぞれ転換社債型新株予約権付社債と狭義の新株予約権付社債。

6　企業会計基準委員会［2005］⑴、⑵を参照。

7　荒井・大村［2013］第５編第２章を参照。大和証券本社グループのストックオプション制度でも、株式報酬型ストックオプションが併用されている。

8　中村［2017］を参照。

9　企業会計基準第８号。

10　企業会計基準委員会［2005］⑵第11号「ストック・オプション等に関する会計基準の適用指針」、このセクションの説明は、この適用指針の内容に準じて行っている。

11　それぞれ企業会計基準委員会［2005］⑴第８号の第８項と第９項。

12　これらの会社のストックオプションの付与状況や方針については、各社の有価証券報告書やストックオプションに関する開示資料を参照。

13　①のストックオプションについても、株価変動性や配当利回り、無リスク利子率に関する設定条件が示されているが、省略する。

14　大和証券グループ本社の有価証券報告書には、配当利回りは明示されていないが、付与日（2017年２月８日）の大和証券グループ本社の株価と配当額から計算した。

15　販売費・一般管理費の人件費として計上。

第12章

リアルオプション

企業経営者は、なんらかの意思決定を行った後でも、状況の変化に応じてその決定を柔軟に変更することができる。このような柔軟性をあらかじめ考慮したうえで、最適な意思決定のあり方を検討する研究領域をリアルオプションという。本章では、リアルオプションの意義や応用分野について概観したうえで、リアルオプションの類型や評価方法などを解説する。

1　リアルオプションとは何か

1997年のノーベル経済学賞受賞者マートン[1]は、「オプション理論の応用：その25年後」というテーマで授賞講演を行った*1*。そこでは、1973年にオプション理論が公表されてから四半世紀におけるオプション理論の活用状況や今後の展望が披露された。マートンは、オプションの応用領域が、当初は原資産の数量化の容易な金融資産を対象とするオプション取引に限定されていたが、次第に、原資産の価値の評価や、そもそも原資産の特定化すらむずかしい企業や個人の意思決定に関する問題にも広がってきたと指摘した。これらの応用領域が「リアルオプション[2]」と総称されるものである*2*。企業経営者の意思決定問題としては、プロジェクトの採否や企業買収の是非など、コーポレートファイナンスの議論のなかでリアルオプションの考え方が応用されている。

これまでの標準的な議論では、企業がなんらかの投資プロジェクトを採択するかどうかを判断する際に、正味現在価値（NPV[3]）法が用いられることが多い。プロジェクトから発生すると予想されるキャッシュフローの流列を想定したうえで、これをプロジェクトあるいは企業のリスク水準に応じた割引率で現在価値に還元した値から投資金額を引いた価値が正であるかどうかで採択の是非を判断する。ここでは、このアプローチを「標準NPV法」と呼ぶこととする。

実際には、意思決定時に想定した状況がその後も不変であることはまれであり、環境の変化に応じて、最適な意思決定も変化する。そのため、状況の変化に応じてプロジェクトの開始時期を遅らせたり、開始後にプロジェクトの規模を変更したり、プロジェクトから撤退したりするなど、状況に応じた柔軟な対応を適宜行うことが企業経営者には求められている。そこで、リアルオプション分析では、企業経営者がもっているさまざまな経営上の柔軟性を考慮したうえで、プロジェクト採択の可否を判断すべきであると考える。標準NPV法では不採択とされる事業であっても、柔軟性を考

1　Robert Merton
2　real option
3　net present value

慮することによって採択に変わるケースが少なくない。

リアルオプション分析では、さまざまな種類の柔軟性に対して、その価値をオプションプレミアムというかたちで推計しようと試みる。これを標準NPV[4]に加味して、(1)式のように拡張NPV[5]と定義したうえで、拡張NPVが正であるかどうかでプロジェクトの採択の是非を決定すべきだとと指摘する[3]。

拡張NPV＝標準NPV＋柔軟性の対価（オプションプレミアム） (1)

リアルオプションの議論は、企業経営ばかりでなく、個人の意思決定にも応用可能である。このような個人の意思決定への応用例をプライベート・リアルオプションと呼ぶことがある[4]。

2 リアルオプションの種類

ここでは、主要なリアルオプションについて、掲げておくこととする[5]。

⑴ 延期オプション

プロジェクトを行う権利を確保して（すなわち、事業価値を原資産とするコールをロングして）、その後の投資環境次第でそのプロジェクトの開始時期を遅らせることのできる柔軟性を延期オプション[6]という。

たとえば、天然資源の将来価格が採算に合うほど上昇した場合にだけ採掘権を行使でき、そうでなかった場合には、一定のコストを支払うことによって採掘権を放棄できるものとする。このとき、標準NPV法を用いて評価すると、採掘権の購入に対して否定的な結論が導かれる場合でも、延期オプションを考慮することで時間価値が生じ、採掘権の購入に対して前向きの結論を導くことができる可能性がある。

⑵ 拡大・縮小オプション（規模変更オプション）

プロジェクトの開始後に、規模を拡大できる柔軟性を拡大オプション[7]、逆に、規模を縮小できる柔軟性を縮小オプション[8]という。両者をまとめて、規模変更オプション[9]と呼ばれることもある。拡大オプションはプロジェクトを追加購入できる権利であるためコール、縮小オプションはプロジェクトの一部を売却できる権利である

4 static NPV
5 expanded NPV
6 option to defer
7 option to expand
8 option to contract
9 option to alter operation scale

ためプットとみなすことができる。これらの規模変更が期限内のいつでも可能な場合はアメリカンオプションとみなすことができる。

たとえば、スーパーマーケットやコンビニエンスストアなどの小売事業を展開する場合に、売上が好調な場合に店舗数を増加するのは拡大オプション、不調な場合に店舗数を減少させるのは縮小オプションの適用例である。

(3) 撤退オプション

プロジェクトから途中で撤退できる柔軟性を撤退オプション[10]という。中止オプションとも呼ばれる。撤退オプションはプロジェクトを期限前に売却する権利であるため、アメリカンプットとみなすことができる。

環境の変化に伴って採算が悪化した場合には、プロジェクトを継続するより途中で撤退したほうが有利という事態がありえる。特に、土地や高額の固定資産[6]を保有している場合には、その資産を売却して撤退することで、プロジェクトを継続するよりも有利な状況が発生しやすい。

(4) 休止・再開オプション

プロジェクトを開始した後で、需要の一時的な低迷をふまえてプロジェクトを休止したり、需要が再び回復した後で再開したりできる柔軟性のことを休止・再開オプション[11]という。

撤退オプションでは、プロジェクトの運営環境が大幅に改善したとしても、プロジェクトを再開できないという点で柔軟性に欠ける。たとえば、鉱物資源採掘プロジェクトにおいては、資源価格が低迷して採算が悪化した場合でも、プロジェクトから撤退するより最低限の維持コストを負担しながら、採掘を一時的に休止するほうが有利な場合がありえる。休止後に資源価格が大幅に回復した場合には、採掘を再開することができるからである。

(5) 切替オプション

製造関連では、プロジェクトの開始後でも、製造に必要な原材料や製造ラインを変更できる。この柔軟性を切替オプション[12]という。

たとえば、携帯電話機のようにレアメタル（希少金属）を用いて生産されている製品の場合には、原材料の生産量の減少や輸出規制などの影響で、原材料が入手困難あ

---

10 option to abandon
11 option to shut down and restart
12 switching option

るいは高コストになるリスクがある。このような状況のときに、生産工程を変更して、レアメタルを使わずに製品化することがある。また、自動車メーカーでは、景気の低迷によって高級車の販売台数が減少したときに、同じ車体を用いて、需要拡大の見込みの高いレクリエーション車に製造ラインを変更することがある。

このような切替オプションを考慮することで、原材料価格の高騰や製品に関する需要の低迷に関するリスクを緩和できる。

3 リアルオプションのプレミアムの評価事例

本節では、前掲のリアルオプションのうちから、対照的な拡大と縮小の2つのリアルオプションを取り上げて、まずは1期間での評価方法を例示する。次節では、さらに設定を2期間に拡張したうえで、撤退オプションを加え、経営上の柔軟性を考慮することで、プロジェクトの採否に関する意思決定がどのように変化するかを考える。

(1) 事例の設定

いま、ある企業が石油関連プロジェクトについてその採否を検討している。事業実績はないが、石油関連なので、通常、その価値は原油価格と共変動するであろう。そこで、簡単化のために、同プロジェクトの価値が原油価格と完全相関し、原油価格の情報はプロジェクト決定前に与えられているものとする。また、無リスク金利は8％とする。

図表12－1(a)は原油価格の推移、図表12－1(b)には石油関連プロジェクトの価値の推移を示している。

原油価格は、上昇と下落の各確率が2分の1で、上昇率がu倍、下落率がd倍の二項過程に従うものとする。図表12－1(a)は、原油価格が現在20ドル/バレルで、翌期に60％上昇（$u=1.6$）するか、40％下落（$d=1-0.4=0.6$）するか、のいずれかであることを示している。

図表12－1　基本的な設定

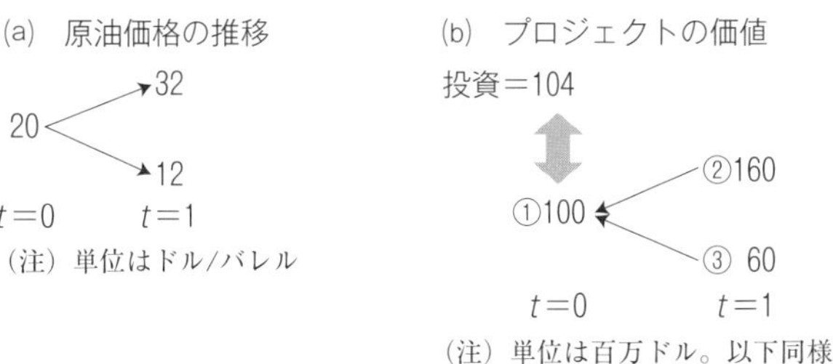

他方、検討中の石油関連プロジェクトは、その初期投資額が104百万ドルで、その後の価値は、図表12－1(b)に示されるとおり、原油価格に連動しており、その上昇時（②）には160百万ドル、下落時（③）には60百万ドルとなる。プロジェクトの現在価値は、図表12－1(a)に示された原油価格の二項過程から導かれる割引率（10.0%）を用いると100百万ドルとなる[7]。この値は、原油価格とプロジェクトの価値が完全相関であることからも同様に導ける。したがって、初期投資額がプロジェクトの現在価値（100百万ドル）を超え、標準NPVが－4（＝100－104）百万ドルとなるため、本プロジェクトは不採択となる。

そこで、第(2)項では拡大オプション、第(3)項では縮小オプションを考慮した場合の拡張NPVを計算し、プロジェクトの採否について再検討する。すでに(1)式で示したとおり、拡張NPV＝標準NPV＋柔軟性の対価であるから、柔軟性の対価であるオプションの価値（プレミアム）が標準NPV（－4百万ドル）を超えれば採択に変わることになる。

(2) 拡大オプション

いま、図表12－1と同様の設定のもとで、1期目（$t=1$）のはじめに55百万ドルの追加投資を行えばプロジェクトの価値を50%拡大できるものとする。このとき、拡大オプションを行使してプロジェクトを1.5倍に拡大したときの価値のほうが、行使せず当初のままであるときよりも大きければ、追加投資コストを負担して拡大することが合理的となる。そうでなければ、不行使が合理的な選択となる。したがって、プロジェクト価値は*Max*［当初プロジェクト価値×1.5－55百万ドル, 当初プロジェクト価値］として示される。これは当初プロジェクト価値とオプション価値の合計なので、(2)式で示すとおり、当初プロジェクト価値を差し引くことで1期目のオプション価値が得られる。

$$\begin{aligned}\text{オプション価値} &= Max[\text{当初プロジェクト価値}\times 1.5-55,\ \text{当初プロジェクト価値}]\\ &\quad -\text{当初プロジェクト価値}\\ &= Max\ [\text{当初プロジェクト価値}\times 0.5-55,\ 0]\end{aligned} \tag{2}$$

したがって、拡大オプションは、拡大後における当初プロジェクト価値からの増加額（以下「拡大額」という）を原資産価格、追加投資額を行使価格とするコールとみなせる。ここでは、原資産価格は「当初プロジェクト価値×0.5」百万ドル、行使価格は55百万ドルである。

図表12－2は、この拡大オプションの価値を表している。原油価格の上昇時（②）では、拡大オプションを行使すると、プロジェクト価値が160百万ドルから240百万ドルに増加する。拡大額の80百万ドルが追加投資額の55百万ドルを上回るので、拡大オ

図表12－2　拡大オプションの価値

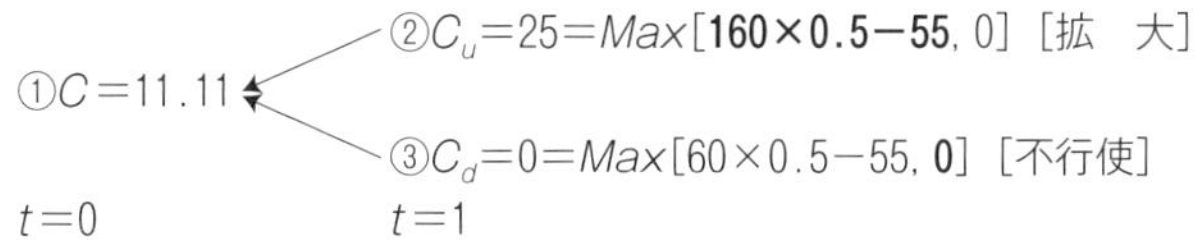

プションを行使する。このときのオプション価値C_uは25（＝80－55）百万ドルである。他方、原油価格の下落時（③）では、拡大オプションを行使するとプロジェクト価値は60百万ドルから90百万ドルに増加するが、拡大額の30百万ドルが追加投資額の55百万ドルを下回るので行使せず、当初のプロジェクトをそのまま進める。このときのオプション価値C_dは不行使なので０ドルである。したがって、原油価格が上昇した場合にのみ拡大オプションを行使する。

次に、拡大オプションの価値を第６章で示したコールの二項モデル（(3)式として再掲）を適用して計算する。そこでは、リスク中立確率pを使ってp、１－pで按分し、無リスク金利で割り引くことでその現在価値が得られた。なお、一般的なリアルオプションの評価では、経路依存型モデルを用いるが、ここでは単純化のために、原油価格が定常確率過程に従うものと仮定する。

$$C=\frac{pC_u+(1-p)C_d}{R} \tag{3a}$$

ただし、

$$p=\frac{R-d}{u-d} \tag{3b}$$

$u=1.6$、$d=0.6$、$R=1.08$であるから、(3b)式より、$p=(1.08-0.6)/(1.6-0.6)=0.48$となる。$C_u=25$、$C_d=0$であるから、これらの数値を(3a)式に代入すると、拡大オプションの現在価値Cは$(0.48\times25+0.52\times0)/1.08\fallingdotseq11.11$百万ドルとなる。

当初のNPVは－４百万ドルであるから、(1)式より拡張NPVは7.11（＝－４＋11.11）百万ドルとなり、標準NPVでは不採択であったプロジェクトは、拡大オプションを柔軟性として加えることで採択となる。

(3)　縮小オプション

次に、１期目のはじめに設備の50％を39百万ドルで売却して、プロジェクトの価値を50％縮小できるものとしよう。このとき、縮小オプションを行使してプロジェクトを50％縮小したときの価値、すなわち、設備の50％を売却することで売却額の39百万ドルを受け取り、当初の50％規模でプロジェクトを進めた場合の価値のほうが、行使せず当初のままであるときよりも大きければ、設備の50％を売却してプロジェクトを縮小することが合理的となる。そうでなければ不行使が合理的な選択となる。したがって、1期目のプロジェクト価値は*Max*［39百万ドル＋当初プロジェクト価値×0.5, 当初プロジェクト価値］として示される。これは当初プロジェクト価値とオプション価値の合計なので、(4)式で示すとおり、当初プロジェクト価値を差し引くことで、1期目のオプション価値が得られる。

$$
\begin{aligned}
\text{オプション価値} &= Max[39+\text{当初プロジェクト価値}\times 0.5,\ \text{当初プロジェクト価値}] \\
&\quad -\text{当初プロジェクト価値} \\
&= Max[39-\text{当初プロジェクト価値}\times 0.5,\ 0] \qquad (4)
\end{aligned}
$$

したがって、縮小オプションは、設備の部分売却によるプロジェクト価値の減少額（以下「縮小額」という）を原資産価格、設備の売却額を行使価格とするプットとみなせる。ここでは、原資産価格は「当初プロジェクト価値×0.5」百万ドル、行使価格は39百万ドルである。

図表12－3は、この縮小オプションの価値を表している。原油価格の上昇時（②）では、縮小オプションを行使すると、プロジェクトの価値は160百万ドルから80百万ドルに減少するが、縮小額の80百万ドルが売却額の39百万ドルを上回るので行使せず、当初のプロジェクトをそのまま進める。このときのオプション価値P_uは不行使なので0ドルである。他方、原油価格の下落時（③）では、縮小オプションを行使すると、プロジェクトの価値は60百万ドルから30百万ドルに減少するが、縮小額の30百万ドルが売却額の39百万ドルを下回るので、縮小オプションを行使する。このときのオプション価値P_dは9（＝39－30）百万ドルである。したがって、原油価格が下落した場合にのみ縮小オプションを行使する。

これより、縮小オプションの価値は、第6章で示したプットの二項モデル（(5)式として再掲）を適用することで計算できる。

$$P=\frac{pP_u+(1-p)P_d}{R} \qquad (5)$$

原資産は共通なので$p=0.48$であり、$P_u=0$、$P_d=9$であるから、これらの数値を(5)式に代入すると、縮小オプションの現在価値Pは（0.48×0＋0.52×9）/1.08≒4.33百万ドルとなる。

当初のNPVは－4百万ドルであるから、拡張NPVは0.33（＝－4＋4.33）百万ド

図表12－3　縮小オプションの価値

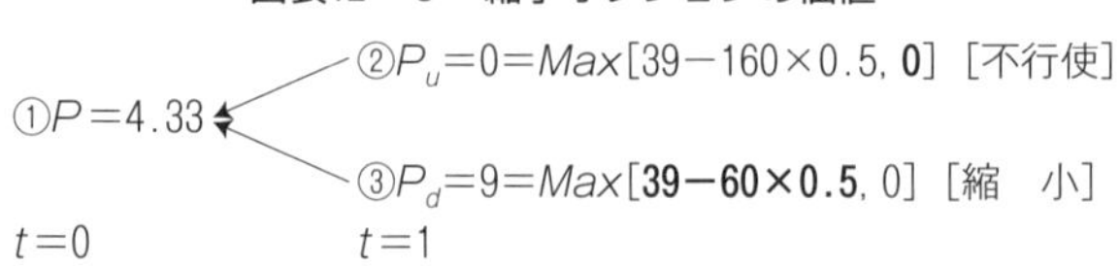

ルとなり、縮小オプションを柔軟性として加えることで採択となる。

4 複数のリアルオプションの評価事例

⑴ 事例の設定

前節では、簡単化のために拡大と縮小の2つのオプションを対象に1期間のプロジェクトモデルで評価したが、実際には、すでに第2節で掲げたより多様なリアルオプションを同時に、しかも多期間にわたって複合的に検討する場合が一般的である。このように、企業経営はリアルオプションのポートフォリオとみなせる。

以下では、まずプロジェクトの期限設定を1期間から2期間へ拡張したうえで、第⑵項では拡大オプション、第⑶項では縮小オプション、第⑷項では撤退オプションを考慮した場合の拡張NPVを計算し、プロジェクトの採否について再検討する。最後に第⑸項では、それらすべてが可能であった場合のプロジェクトの採否について検討する。

図表12－4は、前掲の1期間モデルを繰り返して2期間モデルに展開した場合のプロジェクトの価値を示している。上昇を2期間続けた場合（④）には156％上昇（$u \times u = 1.6 \times 1.6 = 2.56$）して256百万ドル、上昇後下落あるいは下落後上昇の場合（⑤）には4％下落（$u \times d = d \times u = 1.6 \times 0.6 = 0.96$）して96百万ドル、下落を2期間続けた場合（⑥）には64％下落（$d \times d = 0.6 \times 0.6 = 0.36$）して36百万ドルとなる。これより、このプロジェクトの現在価値は100百万ドルとなる。

このとき、標準NPVでは－4百万ドルとなり、投資金額がプロジェクトの価値に達しないため、前節⑴と同様、標準NPV法に従って判断すると不採択となる。ここではプロジェクト価値が定常プロセスに従い、原油価格と完全相関しているので、この結果は図表12－1⒝と変わらない。

⑵ 拡大オプション

いま、1期目（$t=1$）あるいは2期目（$t=2$）で55百万ドルの追加投資を行え

図表12－4　プロジェクトの価値

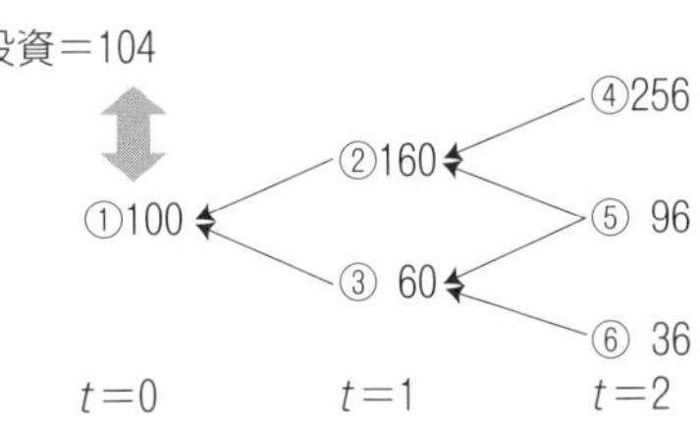

ば、プロジェクトの価値を50%拡大できるものとする。現実には、1期目と2期目とで50%の事業拡大に必要な追加投資額は異なるが、簡単化のために同一とする。この点は、以下の縮小オプションでも、撤退オプションでも同様に取り扱う。

図表12－5は、この拡大オプションの価値を表している。2期目からさかのぼるかたちで現在価値に還元している。④では、拡大オプションを行使すると、プロジェクトの価値は256百万ドルから384百万ドルに増加する。拡大額の128百万ドルが追加投資額の55百万ドルを上回るので行使し、オプションの価値C_{uu}は73（＝128－55）百万ドルとなる。⑤では、拡大オプションを行使すると、プロジェクトの価値は96百万ドルから144百万ドルに増加するが、拡大額の48百万ドルが追加投資額の55百万ドルを下回るので行使せず、オプション価値C_{ud}（＝C_{du}）は0ドルである。⑥では、拡大オプションを行使すると、プロジェクトの価値は36百万ドルから54百万ドルに増加するが、拡大額の18百万ドルが追加投資額の55百万ドルを下回るので行使せず、オプション価値C_{dd}は0ドルである。

次に、1期目にさかのぼると、拡大オプションを行使するか、あるいは、拡大オプションを行使せずにプロジェクトをそのまま継続するという2つの選択肢がある。そこで、両者の価値を比較して、いずれか大きいほうを選択することが望ましい。

まず②では、継続した場合の価値を、前節同様に、コールの二項モデルを用いて④と⑤から導くと、$p=0.48$、$C_{uu}=73$、$C_{ud}=0$であるから、$(0.48\times73+0.52\times0)/1.08 \fallingdotseq 32.44$百万ドルとなる。他方、行使した場合は$160\times0.5-55=25$百万ドルとなり、継続した場合の価値を下回るので、継続するのが望ましく、オプション価値C_uは32.44百万ドルとなる。

同様に、③では、継続した場合の価値を⑤と⑥から導くと、$p=0.48$、$C_{uu}=0$、$C_{ud}=0$であるから0ドルとなる。他方、行使した場合は拡大額の30百万ドルが追加投資額の55百万ドルを下回っているので、継続するのが望ましく、オプション価値C_dは0ドルとなる。

したがって、②と③から、拡大オプションの現在価値Cは$(0.48\times32.44+0.52\times$

図表12－5　拡大オプションの価値

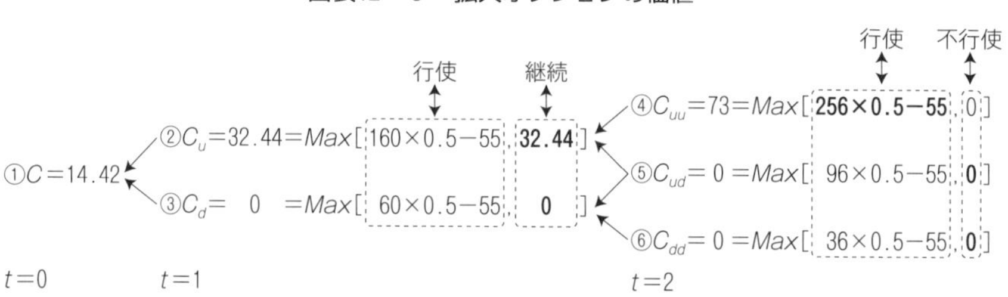

0)/1.08≒14.42百万ドルとなる。

当初のNPVは－４百万ドルであるから、拡張NPVは10.42（＝－４＋14.42）百万ドルとなり、拡大オプションを柔軟性として加えることでプロジェクトは採択となる。

また、２期間に拡張したことで、オプション価値が11.11百万ドルから14.42百万ドルに増加している。これは、１期目に追加投資するよりも、プロジェクトをそのまま継続して２期目に追加投資するほうが、価値が高まることを反映している。以下の縮小、撤退の事例でも２期間に拡張することで同様の結果が得られる。満期が長くなることでオプションの価値が増加することについては、すでに第６章で示した。

さらに、上掲の数値例では、図表12－４に示されるとおり、２期目についても１期目と同一の分布が繰り返される定常確率過程を想定したが、これはあくまでも評価の考え方を理解しやすくするための簡単化にすぎない[8]。たとえば、原油価格が上昇して拡大オプションが行使された場合、その前後で、プロジェクト価値の分布が変化するので、１期目と２期目の各状態で共通のリスク中立確率を用いてオプション価値を評価することはできない。これは第⑶項の縮小オプション、第⑷項の撤退オプション、第⑸項の複数のオプションを同時に考慮する場合についても同様である。

⑶　縮小オプション

１期目あるいは２期目でプロジェクトの設備の50％を39百万ドルで売却して、プロジェクトの価値を50％縮小できるものとする。図表12－６は、この縮小オプションの価値を表している。

２期目からみていくと、④では、縮小オプションを行使すると、プロジェクトの価値は256百万ドルから128百万ドルに減少するが、縮小額の128百万ドルが売却額の39百万ドルを上回るので行使せず、オプション価値P_{uu}は０ドルである。⑤では、縮小オプションを行使すると、プロジェクトの価値は96百万ドルから48百万ドルに減少するが、縮小額の48百万ドルが売却額の39百万ドルを上回るので行使せず、このオプション価値P_{ud}（＝P_{du}）も０ドルである。⑥では、縮小オプションを行使すると、プ

図表12－６　縮小オプションの価値

t＝0	t＝1			t＝2		
		行使	継続		行使	不行使
				④P_{uu}＝0＝Max[	39－256×0.5,	0]
	②P_u＝　0　＝Max[	39－160×0.5,	**0**]			
①P＝4.87				⑤P_{ud}＝0＝Max[	39－ 96×0.5,	0]
	③P_d＝10.11＝Max[	39－ 60×0.5,	**10.11**]			
				⑥P_{dd}＝21＝Max[	**39－ 36×0.5**,	0]

ロジェクトの価値は36百万ドルから18百万ドルに減少し、縮小額の18百万ドルが売却額の39百万ドルを下回るので行使し、オプション価値P_{dd}は21（＝39－18）百万ドルとなる。

次に、1期目にさかのぼると、②では、継続した場合の価値は、p＝0.48、P_{uu}＝0、P_{ud}＝0であるから0ドルとなるが、行使した場合は縮小額の80百万ドルが売却額の39百万ドルを上回っているので、継続するのが望ましく、このオプション価値P_uは0ドルとなる。

同様に、③では、継続した場合の価値を求めると、p＝0.48、P_{ud}＝0、P_{dd}＝21であるから、(0.48×0＋0.52×21)/1.08≒10.11百万ドルとなるが、行使した場合は39－30＝9百万ドルとなるので、継続するのが望ましく、オプション価値P_dは1,011百万ドルとなる。

したがって、②と③から、縮小オプションの現在価値Pは（0.48×0＋0.52×10.11)/1.08≒4.87百万ドルとなる。

当初のNPVは－4百万ドルであるから、拡張NPVは0.87（＝－4＋4.87）百万ドルとなり、縮小オプションを柔軟性として加えることでプロジェクトは採択となる。

⑷　撤退オプション

1期目あるいは2期目で、すべての設備を68百万ドルで売却処分して撤退できるものとする。このとき、撤退オプションを行使してすべての設備を売却処分することで、売却額の68百万ドルが行使せず当初のままであるときよりも大きければ、すべての設備を売却処分して撤退することが合理的となる。そうでなければ不行使が合理的な選択となる。したがって、2期目のプロジェクト価値は*Max*［68百万ドル，当初プロジェクト価値］として示される。これは当初プロジェクト価値とオプション価値の合計なので、(6)式で示すとおり、当初プロジェクト価値を差し引くことで、2期目のオプション価値が得られる。

オプション価値＝*Max*[68，当初プロジェクト価値]－当初プロジェクト価値

Max[68－当初プロジェクト価値，0]　　　　(6)

したがって、撤退オプションは、撤退によって喪失するプロジェクトの価値（以下「撤退額」という）を原資産価格、設備の売却額を行使価格とするプットとみなせる。ここでは、原資産価格は「当初プロジェクト価値」百万ドル、行使価格は68百万ドルである。

図表12－7は、この撤退オプションの価値を表している。2期目からみていくと、④では、撤退額の256百万ドルが売却額の68百万ドルを上回るので行使せず、オプション価値P_{uu}は0ドルである。⑤では、撤退額の96百万ドルが売却額の68百万ドル

図表12－7　撤退オプションの価値

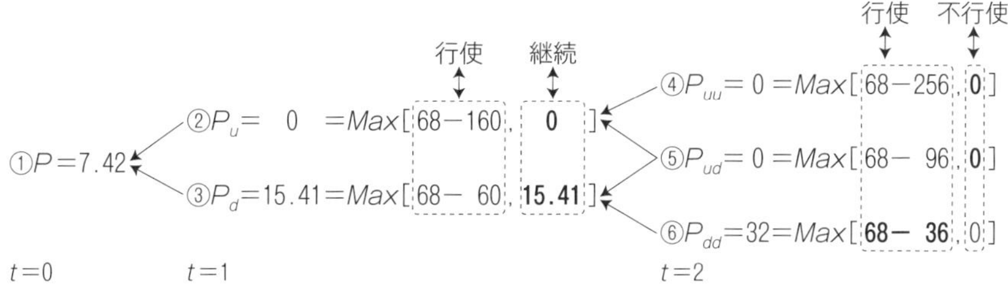

を上回るので行使せず、オプション価値P_{ud}（$=P_{du}$）は０ドルである。⑥では、撤退額の36百万ドルが売却額の68百万ドルを下回るので行使し、オプション価値P_{dd}は32（＝68－36）百万ドルとなる。

次に、１期目にさかのぼると、②では、継続した場合の価値、$p=0.48$、$P_{uu}=0$、$P_{ud}=0$であるから０ドルとなる。他方、行使した場合は、撤退額の160百万ドルが売却額の68百万ドルを上回っているので、継続するのが望ましく、オプション価値P_uは０ドルとなる。

同様に、③では、継続した場合の価値を求めると、$p=0.48$、$P_{ud}=0$、$P_{dd}=32$であるから、(0.48×０＋0.52×32)÷1.08≒15.41百万ドルが得られる。他方、行使した場合は、68－60＝８百万ドルとなるので、継続するのが望ましく、オプション価値P_dは15.41百万ドルとなる。

したがって、②と③から、撤退オプションの現在価値Pは（0.48×０＋0.52×15.41)/1.08≒7.42百万ドルとなる。

当初のNPVは－４百万ドルであるから、拡張NPVは3.42（＝－４＋7.42）百万ドルとなり、撤退オプションを柔軟性として加えることでプロジェクトは採択となる。

⑸　複数のリアルオプションの考慮

本節⑵～⑷では、２期間モデルに拡張し、拡大、縮小、撤退のいずれかのオプションを単体で導入したときの効果を示したが、実際には、それらすべての柔軟性は同時に検討される。図表12－８は、これらのオプションを同時に考慮した場合の価値を表している。２期目の④～⑥には、拡大オプションを行使したときの価値（[拡大]）、縮小オプションを行使したときの価値（[縮小]）、撤退オプションを行使したときの価値（[撤退]）、行使しなかったときの価値（[不行使]）を示している。これらの数値は、すでに本節⑵～⑷で導いたものである。

この結果、④では、拡大オプションを行使したときの価値が最大で73百万ドルとなる。⑤では、いずれのオプションも行使しないときの価値が最大で０ドルとなる。⑥

図表12－8　複数のオプションの価値

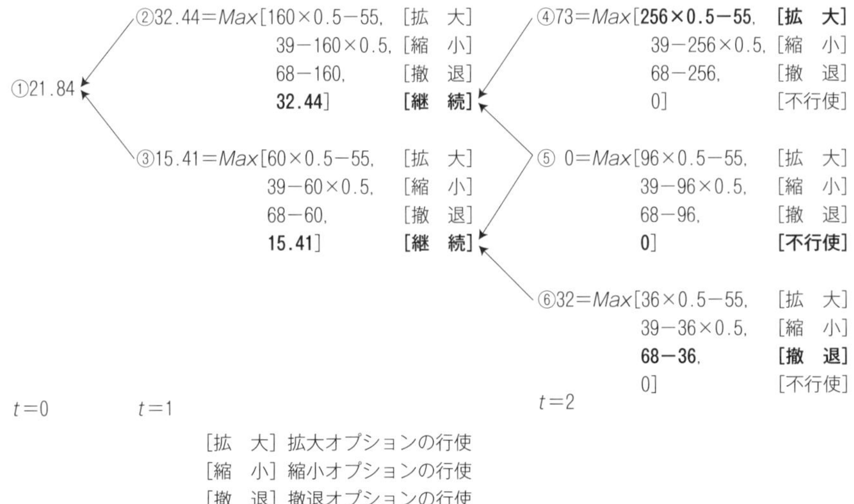

では、撤退オプションを行使したときの価値が最大で32百万ドルとなる。

次に、１期目にさかのぼると、本節(2)～(4)の数値が［拡大］［縮小］［撤退］の当該箇所に転記されており、さらに、行使せずにプロジェクトをそのまま継続して２期目に進む場合のオプション価値（[継続]）が追記されている。

ここで、継続した場合のオプション価値を求める必要があるが、これらのオプションにはコールとプットの両方が含まれている。コールの(3a)式とプットの(5)式を振り返ると、どちらの価値も、リスク中立確率を使ってp、１－pで按分して満期におけるオプションの期待値を求め、無リスク金利で割り引くことによって導かれている。無裁定条件が成立しているリスク中立の世界では、リスク資産の現在価値はこの方法で評価できる。したがって、コールかプットかにかかわりなく、継続した場合のオプション価値は、リスク中立確率を使ってp、１－pで按分して満期におけるオプションの期待値を求め、無リスク金利で割り引くことで導くことができる。

②では、継続した場合のオプション価値を求めると、(0.48×73＋0.52×０)/1.08≒32.44百万ドルが得られる。行使した場合の最大値は［拡大］の25百万ドルとなるので、プロジェクトの継続が望ましく、オプション価値は32.44百万ドルとなる。

同様に、③では、継続した場合のオプション価値を求めると、(0.48×０＋0.52×32)/1.08≒15.41百万ドルが得られる。行使した場合の最大値は［縮小］の９百万ドルとなるので、プロジェクトの継続が望ましく、オプション価値は15.4百万ドルとなる。

したがって、②と③から、［拡大］［縮小］［撤退］の各オプションを同時に考慮した場合の現在価値は（0.48×32.44＋0.52×15.41）/1.08≒21.84百万ドルとなる。

当初のNPVは－４百万ドルであるから、拡張NPVは17.84（＝－４＋21.84）百万ドルとなり、複数のオプションを考慮に加えると、プロジェクトを採択するとの判断はより確かなものとなる。

この数値例では［拡大］、［縮小］、［撤退］の３つのリアルオプションが同時に考慮された。導かれたオプション価値は2,184万ドルであり、本節(2)～(4)での個別単位で導いた［拡大］＝14.42百万ドル、［縮小］＝4.87百万ドル、［撤退］＝7.42百万ドルの合計である26.71百万ドルより小さいが、これは単に縮小オプションが行使されず、そのオプション価値が０ドルと評価されたことによる。事実、行使された［拡大］と［撤退］だけをみれば、そのオプション価値の線形和である21.84（＝14.42＋7.42）百万ドルに等しくなっていることがわかる。

ただし、本節では、オプション価値の導出を簡単化し、１期目における②と③で、いずれかのオプションを行使した場合の価値が継続のオプション価値より低く、［継続］となるような数値例に設定したため、線形和となっているにすぎない。ところが、現実的には、上掲の事例とは異なり、推移する各段階（期）でオプションが行使されるなど、経路依存関係が生じる。たとえば、縮小オプションを行使した後に撤退オプションを行使することがありえるが、このとき⑥での決定は③での決定に影響されるので、それぞれのオプションの価値を独立して評価することはできない。そのため、一般的に複数のオプションが存在するリアルオプションのポートフォリオの価値は、上記の数値例とは異なり、個々のオプションの価値の線形和とはならない。

5 リアルオプションの実証分析

最後に、リアルオプション概念の実証的な分析事例を２つ紹介する。

(1) リアルオプションに関する初期の分析事例

リアルオプションという呼称を論文等で初めて用いたのは、マイヤーズ[13]である[9]。マイヤーズは、1980年代に企業経営者のもつ柔軟性の存在について言及し、プロジェクトの評価を行う際には、(1)式に示されているように、このような柔軟性も加味し

13 Stewart Myers

て判断すべきであると指摘した。

マイヤーズと同じ時期に、ケスター[14]は、プロジェクト等への投資判断は、そのプロジェクト単独の損益だけを考慮するのでは十分でなく、プロジェクトの遂行を通じて獲得できる業務上のノウハウや人材の育成効果なども加味して行うべきであると指摘した。ケスターは、このような付加価値のことを成長オプション[15]と称し、その価

図表12－9　株式価値の成

業界 企業名	株式時価総額 （百万ドル）	予想利益 （百万ドル）	理論時価総額	
			割引率15% （百万ドル）	同20% （百万ドル）
エレクトロニクス				
Motorola	5,250	210	1,400	1,050
Genrad	550	17	113	85
RCA	2,200	240	1,600	1,200
コンピュータ関連				
Apple Computer	2,000	99	660	495
Digital Equipment	5,690	285	1,900	1,425
IBM	72,890	5,465	36,433	27,325
化学製品				
Celanese	1,010	78	520	390
Monsanto	4,260	410	2,733	2,050
Union Carbide	4,350	280	1,867	1,400
タイヤ・ゴム製品				
Firestone	1,090	88	587	440
Goodyear	2,520	300	2,000	1,500
Uniroyal	400	47	313	235
食品加工				
Carnation	1,790	205	1,367	1,025
Consolidated Foods	1,190	171	1,140	855
General Foods	2,280	317	2,113	1,585

（注）予想利益：バリューライン・インベストメント・サーベイ、1983年８月12日
　　　理論時価総額は、予想利益をそれぞれの割引率で現在価値に換算した金額（成長率は０と仮定）。
（出所）Kester［1984］Table 3.1

14　Carl Kester

値は、投資金額を行使価格とするコールの評価方法を用いて算定できることを示した[10]。

ケスターは、アメリカの15社を対象にして、各社の予想利益に基づいて理論的な時価総額を推計した。そのうえで、各社の実際の株式時価総額と理論時価総額を比較して、成長オプションの比率を推計しようと試みた[11]。この実証研究では、利益の成長

長オプション価値の構成比

	成長オプションの価値		成長オプションの構成比	
同25%（百万ドル）	下限値（百万ドル）	上限値（百万ドル）	下限値（%）	上限値（%）
840	3,850	4,410	73	84
68	437	482	79	88
960	600	1,240	27	56
396	1,340	1,604	67	80
1,140	3,790	4,550	67	80
21,860	36,457	51,030	50	70
312	490	698	49	69
1,640	1,527	2,620	36	62
1,120	2,483	3,230	57	74
352	503	738	46	68
1,200	520	1,320	21	52
188	87	212	22	53
820	423	970	24	54
684	50	506	4	43
1,268	167	1,012	7	44

15 growth option

率は0とみなして各企業の予想利益e_1が永続的に実現するという仮定のもとで、15%、20%、25%という3通りの割引率rを適用して(7)式に基づいて理論時価総額を推計している[12]。

$$V=e_1/r \tag{7}$$

図表12－9に実証結果が示されている。たとえば、モトローラ[16]の場合には、予想利益が210百万ドルであり、これを15%で割り引いた場合の理論時価総額が1,400（＝210/0.15）百万ドル、25%で割り引いた場合の理論時価総額が840（＝210/0.25）百万ドルであることを示している。これらを実際の時価総額5,250百万ドルと比較したうえで、差額の3,850百万ドルと4,410百万ドルをそれぞれ成長オプションの価値の下限値、上限値とみなした。そのうえで、モトローラの場合には、株式の時価総額において成長オプションの占める割合は、73～84%と推計した。

同様の計算を15社について行ったうえで、成長オプションの構成比の下限値と上限値の中心値を平均は約54%であったことから、株式時価総額の50%以上は成長オプションによって占められていたと推計した。

⑵　金鉱経営における休止・再開オプションの計測事例

金などの鉱物性資源の価格は、地政学リスクや政治・経済の影響を受けやすく、ボラティリティがきわめて高いため、合理的に予測することがむずかしい。鉱山経営などのプロジェクトの収支は産出対象となる鉱物性資源の価格動向の影響を受けやすく、特に、長期間にわたって鉱山を経営することを想定すると、その収支を投資時期の当初に判断することは不可能といってよい。そのため、標準NPV法によって鉱山経営権の取得の是非などの判断を行うことは、適切な意思決定方法とはいえない。

実際に稼働していた金鉱の稼働状況を対象にして、金鉱の経営者がリアルオプションの考え方と整合的な経営を行っているのかを調査した研究成果がある[13]。たとえば、金価格の低迷期には、金の採掘を行っても、採算割れになる可能性が高いため、休止オプションを発動することが合理的行動となる。逆に、価格の低迷期を過ぎて、再び金価格が上昇し始めた頃に、金の採掘を再開することが合理的である。実際の金価格の推移と金鉱の稼働状況を調べたところ、金価格の低迷期には、最低限の鉱山の維持コストを負担しながら、生産活動を休止し、金価格が回復した段階で生産を再開している金鉱が多かったことが示されており、リアルオプションの考え方と整合的な柔軟な経営が行われていたと指摘されている。

この分析事例では、金鉱経営における休止・再開オプションの価値に影響を与える

16　Motorola

要因として、金価格以外に、金の埋蔵量、金価格のボラティリティ、鉱山の運営コスト、鉱山の維持コスト、閉鎖・再開コスト、割引率などが挙げられている。たとえば、埋蔵量が多いことが判明すると、稼働している金鉱は稼働を継続し、休止している金鉱は再開する可能性が高まると考えられる。また、鉱山の運営コストが高い時期には、稼働している金鉱は休止し、休止している金鉱は休止し続けることが合理的である[14]。

この研究では、実際に、稼働している金鉱の稼働状況や休止している金鉱の休止継続／再開状況を分析したところ、これらの変数の符号条件とおおむね整合的な関係が得られたことを示した。そのうえで、金鉱の経営者は、リアルオプションの考え方とおおむね整合的な経営を行っていたと結論づけられている。

キーワード

正味現在価値（NPV）法、標準NPV法、拡張NPV、オプションプレミアム、プライベート・リアルオプション、延期オプション、時間価値、拡大・縮小オプション（規模変更オプション）、撤退（中止）オプション、休止・再開オプション、切替オプション、経路依存、定常プロセス、成長オプション

参考文献

- Berger, Philip, Eli Ofek, and Itzhak Swary, "Investor valuation of the abandonment option," *Journal of Financial Economics* 42, 1996, pp. 257-287.
- Dixit, Avinash, and Robert Pyndick, *Investment under uncertainty*, Princeton University Press, 1994.
- Kester, Carl, "Strategy as a portfolio of real options," *Harvard Business Review* 62, March-April 1984, pp. 153-160.
- Merton, Robert, "Applications of option-pricing theory: Twenty-five years later," *American Economic Review* 88, June 1998, pp. 323-349.
- Moel, Albert, and Peter Tufano, "When are real options exercised? An empirical study of mine closings," *Review of Financial Studies* 15, Spring 2002, pp. 35-64.
- Myers, Stewart, "Determinants of corporate borrowing," *Journal of Financial Economics* 5, November 1977, pp. 147-175.
- Myers, Stewart, "Finance theory and financial strategy," *Interfaces* 14, January-February 1984, pp. 126-137.
- Schwartz, Eduardo, and Lenos Trigeorgis (edit.), *Real options and investment*

under uncertainty: Classical readings and recent contributions, MIT Press, 2001.
・Trigeorgis, Lenos, "Real options: An overview," in Schwartz and Trigeorgis [2001] Chapter 7, 2001, pp.103-134.
・Trigeorgis, Lenos, and Scott Mason, "Valuing managerial flexibility," *Midland Corporate Finance Journal* 5, Spring 1987, pp. 14-21.
・マーサ・アラサム、ナリン・クラティラカ『リアル・オプション―経営戦略の新しいアプローチ』東洋経済新報社、2001年
・今井潤一『リアル・オプション―投資プロジェクト評価の工学的アプローチ』中央経済社、2004年
・刈屋武昭・山本大輔『入門　リアル・オプション―新しい企業価値評価の技術』東洋経済新報社、2001年
・トム・コープランド、ウラジミール・アンティカロフ『決定版　リアル・オプション―戦略フレキシビリティと経営意思決定』東洋経済新報社、2002年
・レノ・トゥリジオリス『リアルオプション』エコノミスト社、2001年
・ジョナサン・バーク、ピーター・ディマーゾ『コーポレートファイナンス【応用編】(第2版)』ピアソン桐原、2013年

注

1 Merton [1998] を参照。

2 Merton [1998] のp.339頁を参照。

3 Trigeorgis and Mason [1987] を参照。

4 今井 [2004] の第9章 (9.4) では大学の学部や勤務先の決定、住宅の購入への応用例が示されている。

5 リアルオプションの応用分野については、Trigeorgis [2001] Table 7.1やトゥリジオリス [2001] を参照。

6 よく取り上げられている例としては航空機などがある。

7 原油価格の現在価値が20ドルなので、割引率kは$20=(0.5\times32+0.5\times12)/(1+k)$から、$k$は10.0%となる。したがって、プロジェクトの現在価値は$(0.5\times160+0.5\times60)/1.10=100$となる。

8 本章では、リアルオプションの評価に際し、原資産価値の推移が定常確率過程に従うことを仮定し、そのような前提のもとでオプションモデルをそのまま適用して導く方法（「直接法」という）を示すが、このほかに、意思決定ノードの各段階においてリスク中立ポートフォリオを組成する手続を繰り返して現在価値を求める方

法（「間接法」という）がある。定常確率過程に従う場合にはリスク中立確率が一定であるため、いずれの方法でも同一の結果となるが、途中段階で分布が変化したり、柔軟性が行使されて与件が変化したりするようなより現実的な事例では、直接法を適用することはできない。したがって、リアルオプション分析が得意とするような環境下では、直接法ではなく間接法を使うのが一般的である。本章では、第6章で示したオプション理論の枠のなかでリアルオプションを評価する方法を理解してもらうために、直接法で評価可能な数値例にしている。

9 Myers［1984］を参照。Schwartz and Trigeorgis［2001］において、リアルオプション概念の誕生の経緯やリアルオプションの種類、評価方法などに関する幅広い研究成果のサーベイが行われている。

10 オプションの概念を用いた成長オプションの評価という考え方そのものは、Myers［1977］において最初に提示された。

11 Kester［1984］を参照。

12 計測が行われた1980年代前半は、1970年に発生した石油ショックの影響で、インフレ率が高かった時期に当たっており、20％前後の割引率は現実的な水準だったものと考えられる。

13 Moel and Tufano［2002］を参照。

14 これらの符号条件については、Moel and Tufano［2002］Table 1を参照。

事項索引

【か行】

【さ行】

【た行】

【な行】

【は行】

【ま行】

【や行】

【ら行】

【わ行】

オプション――理論・制度・応用

2020年3月26日　第1刷発行

著　者　大　村　敬　一
俊　野　雅　司
楠　美　将　彦
発行者　加　藤　一　浩

〒160-8520　東京都新宿区南元町19
発　行　所　一般社団法人 金融財政事情研究会
企画・制作・販売　株式会社 き　ん　ざ　い
出 版 部　TEL 03(3355)2251　FAX 03(3357)7416
販売受付　TEL 03(3358)2891　FAX 03(3358)0037
URL https://www.kinzai.jp/

校正：株式会社友人社／印刷：株式会社日本制作センター

ISBN978-4-322-13520-6